教育薪火书系·第一辑

张履祥教育思想解读

岳立松 邵颖涛 ◎著

山西出版传媒集团
山西人民出版社

图书在版编目（CIP）数据

张履祥教育思想解读 /岳立松，邵颖涛著.—太原：山西人民出版社，2018.11

（“教育薪火”书系/张斌贤主编）

ISBN 978-7-203-10573-2

Ⅰ. ①张… Ⅱ. ①岳… ②邵… Ⅲ. ①张履祥（1611—1674）-教育思想-研究 Ⅳ. ①G40-092.49

中国版本图书馆 CIP 数据核字（2018）第 233745 号

张履祥教育思想解读

著　　者：岳立松　邵颖涛
责任编辑：张书剑
复　　审：贾　娟
终　　审：秦继华
装帧设计：李尚斌　张国仁

出 版 者：**山西出版传媒集团·山西人民出版社**
地　　址：太原市建设南路 21 号
邮　　编：030012
发行营销：0351-4922220　4955996　4956039　4922127（传真）
天猫官网：https://sxrmcbs.tmall.com　电话：0351-4922159
E - mail：sxskcb@163.com　发行部
sxskcb@126.com　总编室
网　　址：www.sxskcb.com

经 销 者：**山西出版传媒集团·山西人民出版社**
承 印 厂：山西出版传媒集团·山西人民印刷有限责任公司

开　　本：787mm × 1092mm　1/16
印　　张：18
字　　数：300 千字
印　　数：1—3000 册
版　　次：2018 年 11 月　第 1 版
印　　次：2018 年 11 月　第 1 次印刷
书　　号：ISBN 978-7-203-10573-2
定　　价：83.00 元

教育薪火　传承不息(总序)

钟秉林

在人类的历史长河中,教育一直伴随人类的文明进程在不断发展进步,那些弥足珍贵的教育著作、教育思想、教育人物和事迹,无时无刻不在拨动着教育工作者的心弦。我们永远无法忘记那些给我们留下宝贵思想财富的教育家,他们的思想、言论和实践,依然是激励我们教育工作者前进的动力。时至今日,教育的发展与变革更成为世界各国应对日趋激烈的国际竞争的重要战略。在科教兴国战略的指导下,党和国家对教育工作给予了高度的重视,深刻认识到教育家对教育事业的重要性。《国家中长期教育改革和发展规划纲要(2010—2020年)》就明确提出:"创造有利条件,鼓励教师和校长在实践中大胆探索,创新教育模式和教育方法,形成教学特色和办学风格,造就一批教育家,倡导教育家办学。"

要想成长为教育家或者在教育实践中能够起到扛鼎作用并非易事,需要我们教育工作者吸收过往教育家留下来的丰富教育营养,清晰地认识什么是真正的教育家,教育家应该具备什么样的素质和条件,做到融会贯通,大胆实践,自成一家。与此同时,在教育改革的大背景下,普通教师同样迫切需要能够在教书育人过程中得到启迪和突破的催化剂,教育家的思想和实践是经过检验的真理,是教学启迪催化剂的最佳选择。

然而,在浩瀚的书海中,以教育家为主线、囊括中外、跨越古今、自成体系的书系并没有面世。山西的《新课程》杂志社和《现代职业教育》杂志社,在教育的广袤园地上深耕多年,熟知一线教师的需求,希望为普通教师策划一套教育理论普及读物，以使广大中小学教师能够“近距离”地接触中外历代教育家的教育思想、实践经验和办学理念，促进教育理论水平的提高，从而更好地开展教育教学实践。书系的策划人与张斌贤教授为理事长的中国教育学会教育史分会的夙愿不谋而合，合作编写一套大规模的、以教育家为主线的书系的想法随之形成。

策划团队把书系命名为“教育薪火”，是希望教育家的教育思想能够薪火相传，不断推动人类文明的发展。“教育薪火”书系拟分为三辑出版，按照中国古代、中国近现代、外国古代和外国近现代分类。第一辑共选择了一百余位中外教育家，一位教育家一本书，规模宏大，应该说能够在中国教育出版史上留下浓墨重彩的一笔。所选教育家都是经过书系编委会认真研究、充分论证而定的，他们在教育史上有较大的影响，能够启迪或者感染教育工作者，推进教育和教学的发展。当然，其中有的教育家更为名声在外的不是在教育上，但是他们在教育上的贡献毫不逊色于其他方面的贡献，比如我们熟知的一些革命家；另外，还包括了一些具有地方特色的教育家以及还没有被人们真正认识的教育家。

必须提及的是，中国教育学会教育史分会非常荣幸地邀请到我国著名的教育学者顾明远教授、叶澜教授、史宁中教授、宋乃庆教授、田正平教授、裴娣娜教授和朱小蔓教授等担任书系的顾问，成立了由40位教育学界具有重要影响的学者组成的编委会，为书系的质量保驾护航。

还需提及的是，《新课程》杂志社和《现代职业教育》杂志社为物色学有专长的作者付出了巨大的辛劳。书系的作者地域和院校分布广泛，既有北京师范大学、华东师范大学、东北师范大学、华中师范大学、陕西师范大学、南京师范大学、首都师范大学等师范院校的学者，也包括武汉大学、四川大学、南京大学、南开大学、天津大学、河北大学、河南大学等综合大学的教师。作者以教育史专业的中青年教师为主力军，他们朝气蓬勃、时代感强，研究范围涉猎较广，能大胆地探索和怀疑，一些新的教育研究成果不断涌现，为书系注入了难得的新鲜气息；他们与一线中青年教师同处一个频道，其思维模式很容易被接受。

客观而言,现在每年出版的教育类图书很多很多。一类为实践性强和操作性强的教学类图书,教师拿来就可以在课堂上使用;另一类为理论性强和学术性强的图书,印数少,流通范围小,普通教师往往望而却步。然而,教育理论只有指导教育实践才有存在的价值。在我看来,书系最具特色的价值就是秉承了教育理论通俗化这一理念, 在教育理论研究者和普通教师之间架起了一道桥梁。书系以教育家为主线,坚持学术性与普及性并重,用通俗化的语言,或阐述教育家的教育思想精华,或叙写教育家的精彩教育事迹和教育实践,力图"润物细无声",让教师喜欢读,在读中提高素养,深刻理解教育家,形成自己的理论,推进"教育家办学"。

当然,书系在真实性上也颇下功夫。以史料为依据,实事求是叙述,客观全面评价,不有意拔高教育家的贡献,注重教育家闪光点的挖掘和传播,是教育家历史画卷现代版的呈现。书系成规模、系统化,学术性和可读性强,具有较强的收藏价值,非常适合各中小学图书室和大学图书馆选择配置。

中国教育学会教育史分会为教育事业做了一件好事,张斌贤理事长请我作序,我觉得理应支持,欣然应允。

希望广大教育工作者能够认真阅读这套图书,为自己的教育职业生涯发展打下坚实基础,为成长为新时期的教育家而不懈努力。

丁酉年正月于北京

(作者系中国教育学会会长、北京师范大学原校长)

前　言

张履祥（1611—1674），字考夫，号念芝，世称杨园先生，是明末清初著名的理学家、教育家。本书对张履祥《初学备忘》《愿学记》《训子语》《训门人语》几部重要的教育著作加以品读和感悟，解读其人生经历，体味其教育言论，探讨其教育理念，领悟其教育思想，触摸其生命温度。

张履祥是明末清初理学发展史上里程碑式的重要人物，他的理学思想承继朱子学说，被后世尊为“理学真儒”。道光五年（1825），他入祀乡贤祠。同治三年（1864），浙江巡抚左宗棠亲自题碑“大儒杨园张子之墓”。同治十年（1871），张履祥获得了从祀孔庙的荣耀。从祀孔庙是古代对儒者最尊崇的礼节，即把诸儒名流纳入孔庙，和圣人孔子一起加以祭祀，据学者统计，至民国八年（1919）孔庙从祀先儒共有 156 人，张履祥便是其中之一。他能享受这项荣誉，机会显然极为难得，因为他一生并没有在政治方面做出丰功伟绩，与同时代的王夫之、顾炎武、黄宗羲等人相比，也并未在学术上取得显赫盛名，他的姓名很长时间都被尘埃遮蔽，尤其是当代社会很少有人知道他的事迹和思想。就是这样一位终身默默无名、隐居桐乡的人物，仅是四处坐馆授徒，却能够声名大显，成为“继往圣而开来学”的儒者。了解他的人生经历及教育著作，借此亦可管窥古之师者的生活范式以及儒者的心路历程。

张履祥这位乡间大儒，在教育思想方面提出很多真知灼见，代表了那个时代较高的水平。他亲身参与教育实践，23 岁时便开始坐馆生涯，一直到生命结束时都在谆谆训诫门人，其从教的经历有效地扩大了他的思想的传播，形成杨园学派；他注重刻印典籍，曾与吕留良等刻印程朱遗书、语类及先儒遗著数十种，这对扩展教育资源和知识传播具有重要意义；他的教学理念主要是宣扬理学思想，这是古代社会常见的教育内容，但他并不空发言论，更注重知行合一，主张“学问固重实践，然必自致知格物始”，这要比一般好清谈的腐儒更为真切。更难得的是，他遵循耕读并重的教育策略，并不像有些儒者高高在上而轻视农业，始终具有接“地气”的特征。他耕种了40余亩田地，常脚穿草鞋，头戴草帽，奔波于田间地头。他还常带领门人去修剪桑枝，园中所种各类树木也都是自己一手打理，积累了丰富的农业经验。他亲自抄录《沈氏农书》，与家人共同研读，并奉为种植依据；撰写《补农书》，如其《补农书跋》所云：“予学稼数年，咨访得失，颇识其端”[1]，创作了农业教育史上的一本重要书籍。正是基于这位儒者知行并重的认知理念，基于其教育思想的重要性，故本书选摘其经典言论并加评析，以助读者从其语言文字中透视他的深邃思想。

全书共分四章，主要涉及《初学备忘》《愿学记》《训子语》《训门人语》四本书：《初学备忘》是张履祥中年时期为教育侄子、弟子而创作的一部蒙学读物；《愿学记》则是作者早年时总结学习方法和思想途径的一部著作；《训子语》是他晚年教诲儿子的修身箴语；《训门人语》是张氏门人记录先生暮年言行的一部书籍。它们集中代表张履祥不同时期的思想结晶，勾勒他的思想发展脉络，堪称张履祥教育思想的代表作。本书针对这四本书籍分章论述，每一章简要描述张履祥的相关经历及思想，突出其教育思想的特征、内涵，重视通过具体话语还原作家的思想，分析具体作品时注重品读与阐释其对当下教育的启示。

尽管我们在撰写过程中精心校核文字，认真注解疑难字句，尽可能准确地传译张履祥教育思想之要旨，但囿于学识，错谬之处在所难免，祈请读者明辨细参，不吝指教。

岳立松

①张履祥：《补农书跋》，《杨园先生全集》（卷49），北京：中华书局，2002年版，第1409页。

目　录

第一章

人生经历与启蒙教育

第一节　张履祥的启蒙教育

一、祖父的行为引导

张履祥9岁时父亲去世，致使其家贫困苦，但幸好有祖父、慈母的呵护教育使其接受了重要的启蒙教育。张履祥的祖父被称作晦庵公，未详大名。晦庵公生性豁达，虽然隐居乡里，未有功名，却颇有古君子的美德风范。传统的农民由于生活局限，都有一种只关注个人生存状态的潜意识，在以乡土农业为生存背景的古代社会，农民虽有忠厚的一面，不像市侩之徒那样势利，但他们缺乏士人“致君尧舜”“治国平天下”的理想抱负，往往“计量稼穑”，营求庄稼利益，在思想上具有与生俱来的狭隘性。然而，晦庵公却是特例，他在乡里具有仁风的君子形象。晦庵公平生心存厚道，喜好成人之美。每闻亲友间有人要做善事，便欣欣然而鼓励终成其事；一旦听说亲友间有人有损善行，遂蹙然改容，犯颜力劝他们不要继续行此恶行。这种行为秉持“勿以善小而不为，勿以恶小而为之”的格言，彰显了古人对善恶的朴素认知。据裴松之注《三国志》引刘备留给后主刘禅的遗诏：“勿以恶小而为之，勿以善小而不为。惟贤惟德，能服于人。”此语原是刘备垂死之际规诫儿子的肺腑之语，却成为后世善恶行为的圭臬，在民众中有着重要影响。善恶观中隐藏着“理”，合于理的叫作善，乖于理的叫作恶，这些表明晦庵公有自己判断善与恶的处事标准，他具有不同于世人的思维意识，还具有实践良知的本心志意。

张履祥的祖父之所以有如此美德卓识，究其原委，与其喜读书有关。晦庵公并非传统的农夫形象，一生好学不倦，农闲之时手不释卷。读书每有不解之处，便恭敬地向当地耆儒宿学请教，洞彻心中的疑问，冰释学业上的疑窦。时间久了，居然对五经、史传、医卜、杂家之书无不通晓，俨然卓有成就。晦庵公的自学奇迹，缘于环境、天资、志趣几个方面。在桐乡这块文化土壤上，人文气息浓郁，历代学者辈出，正如《桐乡县志·杨园瞻礼图说》所云："地灵人杰，夫岂偶然？"[①]晦庵公在学风浓厚的乡闾间磨砺志向，一心向往学问之道，以自己坚贞好学志向与善恶行为准则影响儿子、孙子。张履祥的父亲张明俊，承蒙其父教养，常以"行己率由古道，存心常畏天知"自励，室中就挂此联。张明俊深谙为子之道，事亲孝顺，其孝行为世人称颂。据说他有次赴京城参加礼部省试，忽然得报母亲卧病，于是匆忙收拾行囊打算返归故里。同窗劝告其母卧病在床，尚不严重，告诫他读书人当以科考为重，岂能缺考以致放弃功名。同窗是常人的眼光、世俗的判断，假如张父听从此语，便显示不出他的独特之处，落入世俗的认知俗套。张明俊回答很明确，在功名与亲情方面，他宁肯放弃有可能金榜题名的机会，也不愿留下"子欲养而亲不在"的遗憾。然而不幸的是，万历四十七年（1619），年仅 37 岁的张明俊病逝，临终时还念念不忘高堂，嗟叹不能承欢膝下，其情令人凄然悲怆。

父亲去世时，张履祥仅有 9 岁，尚处懵懂无知之时，自言当时还与群儿嬉戏，不详父病内情。因为年龄尚幼，甚至未能记述父亲事迹，他对父亲的了解还是通过亲友转述而知悉的。父亲去世后，祖父怀抱年幼的张履祥，感慨"天乎哀哉！如此之幼而丧父也"。他的父亲离开人世，张履祥必须要比同龄人经受更多的困难。一般士人的家庭教育是由其父亲来完成的，父亲以社会活动和经济创收支撑家庭正常运转，一旦家庭中缺失父亲角色，母亲需要为冲破世俗眼光与应付生活压力而做出十二分的艰难努力。张履祥与其兄张履祯虽早年丧父，却幸有祖父多加护持。祖父、慈母构成了他启蒙教育的两大重心，这是众多寡母扶孤例子所无法相比的。他曾自述："抚育教诲，出则先大父，入则先慈。自饮食立行，以及守身修业，与人交友之事，罔不有教，教罔不有泪。"换句话说，他归纳其启蒙教育受惠于祖父和母亲，得到两方面不同的指引，祖父在外开店养家，母亲在家督促学习。

张履祥自己回忆祖父、母亲以言传身教影响张氏兄弟二人："忆大父、先慈之言语行事，或得之亲授，或得之传闻，书之于简。兢兢遵守，庶遗教日闻，犹之侍先人，以无忘寡过云耳。"中国人重视知行合一，尤其是阳明学术理论认为"一念发动处即是行""凡谓之行者，只是着实去做这件事"。如果一个人认真思索，努

①严辰等撰修：《光绪桐乡县志》（卷 2），台北：成文出版社，1970 年版，第 78 页。

力做好一件事情,那么自会掌握“知”;若此人行孝尽忠,依照仁义礼智信的原则做事,自然会进一步深入了解这些理论学识。张履祥的祖父、母亲便是通过个人行为替幼小的他确立了一个处事标准。细加分析，祖父、母亲的教育皆发自真心,在不同层面上影响着他。

祖父晦庵公以具体的行为细则影响张履祥。晦庵公虽处乡间,见识绝不浅薄无知,反心怀卓荦见解。正如上文所述“善、恶”认知一样,晦庵公有自己判断事情的价值标准,他曾教诲孙子曰:“凡做事,无大小,一揆之理、义、情,庶几无失。”[①]意思就是说无论大小事情,都应当以理、义、情来审度。这既体现晦庵公处事谨慎,力求完满解决事情,不愿意草率行事,凡事皆以多重标准细加权衡,亦显示他强调理、义、情,有一套合适的处事标准。理是事理,是潜在的规律,“慎观终始,审察事理”是一种源自客观的僵硬套话,而情以温和方式弥补了偏重理的缺憾,从主观私情出发强调感情的作用。如果仅仅有情、理,沿袭的是中庸之道的传统套数,不过是不偏不倚的陈词旧论,乏善可陈。可晦庵公还列出“义”,为情理组合增添道德色彩,在僵硬事理、温和人情间注重合宜的道德、行为。义具有道德准则的引导性,故晦庵公的处事原则倾向于道德层面,这与其励善诫恶心理一脉相承。这种处事之道,迥异于圆滑、老成的行迹,更富有一种温情脉脉的人性魅力,教诲子孙向善求义。

晦庵公以祖父的威严加强了家庭行为规范的约束力。他严肃地告诫孙子“愚而不学则益其愚,智而不学则失其智。汝毋荒嬉不读书,如吾非有所为,然一刻离书策不得”,以自己好学的经验劝勉二孙。张氏兄弟在祖父的教诲下,不敢有丝毫疏忽,“贫而失学有焉,大过则不敢出也”[②]。祖父的德范嘉行对他们影响较深,规诫他们注意个人的行为。祖孙的人生轨迹有相似之处,皆终老乡里,尽管祖父不像张履祥学有所成,却以个人的道德品质渗透到孙儿幼小的灵魂里,影响一位学者的成长,从这个意义上可谓“家风未堕”。

尽管祖父给予孙儿一定的关爱,也努力教育孙儿,但依然无法和父亲相比,

①张履祥:《先世遗事》,《杨园先生全集》(卷21),北京:中华书局,2002年版,第631页。
②张履祥:《愿学记一》,《杨园先生全集》(卷26),北京:中华书局,2002年版,第728页。

这种情形成为张履祥的人生缺憾。

二、慈母的激励启示

张履祥之母多以劝慰、鼓励的方式激励儿子，是一位称职的贤明母亲。张母姓沈，先生尊称沈孺人。“孺人”本是封建时代对士大夫妻子的称呼，明清时七品官的母亲或妻子都能得此封号，张履祥一生未仕，他在文章中将母亲尊称作沈孺人，流露出对母亲的敬爱。对于沈氏身世的记载极少，这是旧时妇女形象的缩影之一，她们往往被历史所淹没，即使曾在历史长空中划过一道灿烂的光芒，也终将消逝得无影无踪，在史籍中找不到多少残留的痕迹。张履祥虽对其母感恩戴德，亦未曾详细记录其母家世信息，从其教化二子的情况来看，她绝非目不识丁的农家女子，而是接受过一定的文化教育。《上母舅书》透露先生舅家的些许信息，沈家居于桐乡钱店渡，并非豪门大户，是从先生外祖父辈才发家的，这就是他所言的“先外王考妣勤劳起家”。到其舅父时，家境衰微，资产已“十亡八九”，但依然有钱延请先生，张履祥在天启元年(1621)便曾前往舅家从馆学先生陆时雍求学。沈孺人生长于衣食无忧的普通家庭中，要比碌碌无为的农家女子幸运得多，略通文书，亦勤修女工，既有内秀，亦有外能。

因此在丈夫早逝之后，沈氏有能力担负重要的家庭职责，以自己的方式教育二子一女。张家原本并不富裕，张履祥父亲九芝公遽然而逝，家境日益贫窘。为了应付一家的日常开销，年迈的晦庵公在炉镇开了一间小店，不得不“锱铢必较”，谋求蝇头小利，而沈氏则纺绩以供家用，陪伴儿女。沈氏勤劳持家，“束脩诸费，惟蚕绩是赖，纺木棉，夜分不寐”，一心供养履祥、履祯二子读书习业。对这个耕读世家而言，生存并不是唯一目的，学业方是育子之本。沈氏深知想要二子出人头地，想要承继家风、续亡夫未尽遗志、取悦家翁心意，就得咬紧牙关，竭尽全力供养二子读书。读书是农家子弟翻身的唯一途径，古往今来有多少人在这条路上努力向前，全然不知后退。

沈氏在丈夫死后备尝人世酸辛，满怀寡居育子却无处诉苦的一腹愁绪，无从宣泄内心苦楚，只好常向子女哭述曰：“人惟此志。孔子、孟子亦只孔、孟两家无父之子，惟有志向上，便做到大圣大贤。汝若不能读书继志，而父九原安得瞑目！”[①]履祥兄弟以此为先训，不敢有忘。哭诉是一种很直观的教育方式，这类似现场的“表演”，发挥感化剧的效果，让子女感受到母亲的辛苦而不敢懈怠。沈氏最终的目的是激励二子读书立志，她认为志向确立对少不更事的二子至关重要，这就是鼓励的效应。沈氏的教诲等同于说：当你们遗忘时，我就给你们现场倾诉一下，让你们回想亡父的心志，时间久了，便成为刻骨铭心的记忆，化为你们向前的动力。张母无疑是伟大的，因为她具有非凡的远见和不同于平凡愚妇的见识，她以孔、孟激励二子。孔子、孟子本是封建社会的圣人，是天下读书人的楷模，一般人是以敬畏之心仰视孔、孟的。可沈氏却在孔孟身上寻找到二子的相似点，刻意褪去圣贤的光环，向二子宣告那些圣人和你们具有相同的经历，都没有父亲的扶持，却因为立志向上，才做到大圣大贤。她满怀信心地期望二子能立志，乘长风破万里浪，终有所成。

沈氏的独特还体现在她的劝诫之语是学问层面上的，并非单纯关注功名利禄，不是庸俗势力的说辞。历史车轮运转到近现代，很多父母教育子女时会告诉子女“要做官”“要赚很多钱”。可沈氏却在子女教育上敏锐地把握学问之道，希望二子立志求学，比肩孔、孟。或许她内心深处也期望儿子获得功名，却分明在日常生活中淡化了功名利禄，以圣贤相励，“先慈沈，抚祥兄弟二人、妹一人，勤劬教诲”“自饮食寝兴，及行步出入，及立身为学，无不谆切教戒”[②]。立身为学，等同于树立理想，放飞梦想，这对于张履祥的成长而言意义非凡。

以志向相励是教育子女的一种方式。苏轼之母在丈夫游学时也曾以鼓励儿子而扬名。有一次，苏母教苏轼读《后汉书》时，读到了《范滂传》。范滂是东汉名士，汉灵帝时宦官专权，把持朝政，几位有识之士便向窦太后建议消灭宦官，重整朝纲。可消息走漏，反被宦官抢先下手软禁窦太后，诬告李膺、杜密等阴谋造反而残杀天下名士，意欲彻底熄灭各地的星星之火。范滂在这场惨祸中也被罗织罪名，因为他是汝南郡的知名人士，木秀于林风必摧之。宦官们特意派汝南郡的官员捉拿范滂，这位官员内心不愿意逮捕名士，却身不由己，无可奈何，只好在供官员休息的驿馆里放声大哭。驿馆中的小吏听到哭声，茫然不解，于是把消

①张履祥：《先考事略》，《杨园先生全集》（卷18），北京：中华书局，2002年版，第545页。
②刘晓东：《明代的塾师与基层社会》，北京：商务印书馆，2010年版，第173页。

息传给范滂。范滂说:“我知道这位大人一定是为了不愿意抓我才哭的。”他就亲自跑到县里去投案。当地县令郭揖是个正直人,他看见范滂来,吓了一大跳。他说:“天下这么大,哪儿不能去,您到这儿来干什么?”郭揖甚至打算交出官印,跟范滂一起逃走。范滂却拒绝县令的好意,他选择牺牲自己而结束抓捕名士的事情,亦不愿连累年迈的母亲,执意入狱。范母闻讯后,来到监狱探望范滂。范滂安慰她说:“我死了以后,还有弟弟会抚养您。您不要过分伤心。”范母说:“你能和李膺、杜密两位一样在历史上留下好名声,我就心满意足了。你用不着因为赴死而感到难过。”苏母读到这一故事时,深为范滂母子不惧生死,重正义而轻死亡的志节所折服,于是掩卷叹息,她的举动连年幼的苏轼也被感动。于是苏轼问母亲:“如果我长大后跟范滂一样,不惜舍身就义,母亲您会允许吗?”苏母肃然答道:“如果你能学范滂那样,难道我就不能做到像范滂母亲一样吗?”她以舍生取义的志向鼓励苏轼:“汝果能死直道,吾无戚而已”,而苏轼一生敢于向权贵抗争,而不愿曲意逢迎,这种志节便是从小培养的。

沈氏不像苏母那样博通典籍,仅略通文字,不可能亲自教养二子,她能做的事情多是帮助、激励。《先人画像记》中所述“长育教诲,未尝一日不疏布勤劬也”,直言母亲每日劬劳家务,绩布贸易,督促履祥、履祯莫生懈怠之心。这种日常生活的悉心照顾,让张履祥感铭五内,他的《先考事略》有近半篇幅追述先母事迹,点点滴滴,充满真情。文章本是追父,却来忆母,因为父亲去世较早已印象模糊,而母亲却成为他成长中最重要的人物,让他无法忘记母亲在父亲去世后所扮演的角色,于是回忆反成了真情的告白。张履祥一生志节高尚,绝意功名,他的这种气度从何而来?沈氏对他的培育经验无疑提供了一种最初的底气,让他受益终生,促使他自幼立下效法圣贤的高远志向,感慨“大凡为学,先须立志,志大而大,志小而小”。

沈氏亡于崇祯四年(1631)六月十八日,终年45岁,此年张履祥已21岁。崇祯十二年(1639),邑中乡党公推沈氏节孝,县令卢国柱遂赐匾“邹国遗风”旌表门闾。张履祥对此自述“表先慈贤节”,无论是“节孝”还是“贤节”,都侧重对沈氏品德的肯定。“节”是指女子在丈夫死后立志不嫁,坚守贞操,抚育子女,直到生命结束的守节行为。随着宋代之后理学的昌盛,儒家“从一而终”的教条成为社会公认的行为标准,而官方试图以常态化的表彰来增强大众对女性守节的荣耀体认。这种张扬“饿死事小,失节事大”的守节实际是泯灭人性,甚至出现鼓励殉节的行为,丈夫去世,妻子也应当追随丈夫而去,做到殉夫自戕。吴敬梓的《儒林外史》描画腐儒王玉辉的女婿死了,王玉辉居然鼓励女儿殉节:“这是青史留名的事情,我难道反拦阻你?”女儿绝食而死,他不但不伤心,反而说女儿:“而今已是成了仙了……死得好!死得好!”大笑着出门去。王玉辉实际要博得美名,要赚取朝廷立的贞节牌坊,恨不得世人周知自己的“高尚情操”。这种贪图虚名的行迹与沈氏有天壤之别,沈氏的确有可加表彰之处。她在丈夫逝世的十二年中,含辛茹苦,不辞劬劳,以贤达明理之术教诲子女,奉行传统女性的“节行”,她恭敬地供养公爹,实践孝行,贤惠之名传扬乡里。

在古代社会,得到乡里认可与官方表彰是一种光耀门楣的荣誉,会获得世人的普遍尊敬,让整个家族都感到脸上生光。官方常以贞节牌坊、赐匾等方式表彰孝行。匾是上面题着作为标记或表示赞扬的文字的长方形的方牌,挂在门或墙的上部。沈氏所得“邹国遗风”之匾,颇具文化深意。邹国暗指孟子生活的国度,邹国遗风将沈氏放到孟母的高度,这是对沈氏极高的评价。邹国,即今山东境内的一个先秦小国,孟子在此生活。孟子自幼丧父,由其母亲抚养成人,而孟母是古代最为光辉的母亲形象之一,这主要体现在“孟母三迁”“断机教子”的故事中。孟家原来居住的地方离墓地很近,处处坟茔,村中儿童终日看到的是丧葬情形,争相模仿大人们埋葬、祭奠的礼仪。孟母眼见儿子只会学些殡葬、痛哭之事,深知此处不利于儿子成长,于是下定决心迁移他处。孟母把家搬到了较为繁华之地,此处毗邻市场。不久,孟母发现孟子耳濡目染,模仿做买卖和屠宰牲畜的行为,磨刀霍霍,锱铢必较。孟母忐忑不安,决心再次搬家,以寻求适宜的居住环境。这次孟母将家迁到邹国学宫旁边,就是官方办的学校旁边。孟子学习学宫中官员揖让进退的礼仪,有模有样,这下让孟母开心不已,由衷感慨总算搬到了好地方,为孟子成长选择了良好的环境。孟母注重在日常小事上教育儿子,据说有一次贪玩的孟子逃学到外面玩了半天。当儿子回家后,孟母不声不响地拿起一把剪刀,将刚织成的一匹布剪成两段。孟子对此疑惑不解,大惊失色。孟母这才训示:“你的废学,就像我剪断织绢!君子学习方能成名,追问则能广知,你今天不读书,半途而废,今后永远就只做一些琐碎小事,无法远离祸患。”孟母用“断织”来警喻“辍学”,指出做事半途而废,后果是十分严重的。这让孟子幡然醒悟,留下了既惊且惧的鲜明印象,从此孜孜汲汲,日夜勤学不息。那么,卢县令以“邹国遗风”赞誉沈氏,充分肯定她教育子女的出色成绩,把她捧到了圣贤母亲的位置。苏惇元在《张杨园先生年谱》中评沈氏得匾:“沈孺人昔尝以孔孟事勖先生兄弟,兹亦记其实也”[1],她以圣人之事劝勉儿子,获得孟母般的赞誉是实至名归的。

具有现实嘲讽意味的是,沈氏并非平白无故获得赐匾,荣耀背后还潜隐着某种因素。崇祯十二年(1639),先生之兄张履祯补县学,此后沈氏才被追赠匾文,这是沈氏获赠的直接原因。县学是供一县读书人读书的学校,补入县学本身就是一件可加恭贺的美事。明代,童试录取后准入县学读书,以备参加高一级之考试,谓之“进学”“入学”或“入泮”,士子称“庠生”“生员”,俗称“秀才”。张履祥生活的时代,进入县学算是有了功名,这是士大夫阶层的最低门槛。尽管秀才的功名不一定可以带来财富,如果未能通过之后的乡试中举,那就无法做官,因此在经济上并不一定富裕,常被称为“穷秀才”。但他们享有各种特权,如免除差徭、见知县时不用下跪、不可随意对其用刑、遇公事可禀见知县等,他们的社会地位要高于平民,成为地方士绅阶层的支柱之一。县学中的生员有资格参加乡试,竞争举人的头衔,这就是曾让范进喜极而疯的那顶桂冠,一旦得中,那真是鲤鱼跳龙门,一飞冲天,前途不可限量,怎能不让人羡慕?

张履祥早在15岁时,即天启五年(1625)便通过童子试,补县学生员。此后的10余年内广交朋友,遍访名师,开馆授学,已经赢得一定的社会威望。十余年后,他的兄长也摘掉“童生”帽子,补入县学,自此宣告张氏一门踏入士大夫阶层,为家族争得新的荣耀。乡里在这个时候公推张母节孝,多少是对这一家族的衷心祝福,而县令不过是把赞誉以官方的形式落到实处,在张母去世八年后对其嘉行予以肯定。

张氏无法看到这振奋人心的一幕:另一个儿子也补入县学,县邑还为此旌表赞誉自己。如果她知道二百年后,张履祥被尊为“理学真儒”,最终获得从祀孔庙的最高荣耀,她一定会含笑九泉,觉得此生无憾,因为这远比一块门匾更具有意义,那是封建时代极少发生的事情,而儿子成才的背后显然有她不可磨

①苏惇元:《张杨园先生年谱》,张履祥:《杨园先生全集》,北京:中华书局,2002年版,第1511页。

灭的功劳。

张履祥对母亲的爱刻骨铭心，他在文字中所记录的母爱都是一种教诲式的关切挚情。《先世遗事》中记录了几件有关母亲的事。万历四十七年（1619）其父辞世后，寡母弱息遽然失去依靠。张家当时尚储备着一些大米，可适逢日益严峻的水灾，全家上下人心惶惶。邻人眼见张家支柱颓圮，遂心怀叵测，打算趁机谋夺张氏地产。邻人先是故意哄抬地产价格，诱使当初卖地产给张家的人也想追加价钱，登门索要钱财，邻人还假意当面劝说原卖主不要增加价钱。沈氏对邻人的伎俩一目了然，气愤地说："这分明是想削弱我们孤儿寡母之家。若是应允加钱，那么剩下的大米就没了，要是不允许加钱则产业将会被人所夺。我宁肯不要大米，也不能舍弃产业！"于是把所有的米都给卖了，再把卖米的钱送给了地产的原卖主。此年，因为水灾缘故导致米价高涨，张家艰难度日，左支右绌，产业却得到了保存。沈氏在这件事上展现出聪慧与果断，她有应付困难的魄力，在处理大事时绝不优柔寡断，并非软弱无助的女子形象。米虽可以用尽，产业却能源源不断产生利益，只要有产业，何愁没有经济来源。还有一次，张家丢了鸡。鸡在农村家庭中扮演重要的角色，平常百姓常通过贸易鸡蛋取得盐等日常物品，同时它也是改善生活的物品。所以婢女发现丢了鸡后有些惊慌，到处寻找，最终在邻家找到已被勒死的鸡。自家的鸡无缘无故死在邻家，必定是因为四处觅食而被邻人勒死。沈氏深明此理，却表现得很宽容，打算软处理此事，"要是让人都知道这事，隔壁的老太太肯定会羞愧难当"。还亲自送了一些谷物给邻家，并安慰老太太说："您不要再想这事了，这都是我家婢女少不更事啊。"第二天，老太太的儿子知道此事，脸上无光，感觉羞愧难当，连连埋怨其母。张履祥旨在赞誉母亲通达事理，称赞她以宽容、包含的胸怀处理邻里复杂的关系。但透过文字记录，读者可能会有其他的想法。不得不佩服沈氏的智慧，表面上看，沈氏吃了亏，她家鸡死了，还折了几把谷。事实上她才是赢家，她通过不简单的手段，让邻人反躬自省，承受道德良知的谴责，洵非愚妇所及。

这位不简单的母亲，竭尽全力让二子接受教育，成为支持他们攻读学业的坚实后盾。她使出浑身解数维持生计，延请老师教育二子，"束脩之资，皆纺绩所就"。有一年冬天，大约在晚上九点之后，普通人早已缩进被窝，张母却忽然想到明天供给老师的饭食还没着落。她平常靠纺木棉来赚钱。木棉是一种植物,它的纤维和棉、粘胶、其他纤维混纺,能织出光泽和手感良好的服装面料。可日前她纺的木棉数量太少,不够贸易。于是决定连夜纺棉,以备翌日换钱后能保障先生有饭吃。在冰冷的冬夜里,暗淡的灯火下,沈氏彻夜未眠,纺绩木棉,她的眼睛布满血丝,纵使疲惫不堪、哈欠连连,内心信念却愈加强烈,似乎张家光明的前景就在自己双手之间。她拼命劳作,只为了保证儿子有书读。这样的事情不过是日常生活中的小插曲,有多少类似的情景上演于这个穷困之家,天下又有多少个耕读家庭不是这样。张履祥记录母亲时曾引用某位刘先生的《祭田记》,文云:“是皆纺绩之余也。登斯田也,粒粒皆辛苦也。奉兹粢盛醴羞也,滴滴皆啼乌血也。”这的确是沈氏的真实写照,供给私塾先生的粒米滴酒都浸透着她的心血。她勤勉不息的劳作动力来自希望,而希望则寄托于履祥、履祯身上,这是她在丈夫亡故后仅有的人生希望,已构成她生存下去的重要理由。

这位年轻母亲为了实现人生理想,她必须花费精力督促二子。老祖父、母亲似乎都是擅长讲大道理的人物,他们日常训话总能联系到人生哲理,随随便便地和儒家伦理观念挂上钩。孔子曾言:“不义而富且贵,于我如浮云。”沈氏则教诲二子:“不义之财,虽得不富,惟劳苦而得者久长。即义者亦如此也。”孔夫子蔑视权贵,摆出一种高高在上的超脱态度,可沈氏的话更接地气,是从经验总结而出的话语。在劝诫孩子时,她甚至有些严厉过头。张履祥有一次要洗手,母亲告诉他盆中有水。因为水凉的缘故,张履祥想要些热水,可沈氏不答应,并侃侃而言:“洗手都畏惧寒冷,那么将来能做什么呢?”她是想磨砺儿子志向,让他自小便能直面艰难。

张履祥将母亲的辛勤付出铭记于心,对其培育之举感恩戴德,曾撰诗《母讳四首》:

其一:婴儿失其母,中夜号不止。云胡更二毛,食息犹如此。

其二:精力未宜衰,劬劳为二稚。父贲志百端,继述之何子。

其三:凡母之训言,儿未能遵者。不忘以终身,子孙世传写。

其四：茹荼十三年，菽水无一日。日往不可追，悔恨总无及。①

第一首讲述失去母亲的婴儿，半夜里会号哭不停。可自己早已迈入暮年，黑发已呈白色，可为什么还时刻思念母亲呢？作者以婴儿行动反观自己，映射出思念母亲的赤子之心。思念母亲并非只是谋求抚育的婴儿行径，亦是成人的真实行动，纵使年老岁增，也无法磨灭对母亲的无尽思念。

第二首诗追述母亲劬劳，她为两个年幼儿子的成长耗尽心血。张父心怀多种志向，却猝然辞世，只能由张母继承遗志教养儿子。这是对张家的实情追忆，沈氏在丈夫去世时才30多岁，正处盛年，却被教养子女的劬劳所累，四十多岁便辞别人世。张履祥写诗时，眼前恍然是无数幅慈母劬劳的图景。

第三首诗满是怀念母亲之情意。沈氏日常颇多谆谆教诲，她的鼓励之语"水分"较少，不乏暗通哲理之言。但对张履祥而言，他并没有全部遵守母亲的训示。当母亲去世后，他追忆母亲话语，才觉得受益匪浅，下决心终生不忘，让子孙后世代代传写。追忆慈训是对母亲最好的悼念方式，突破生死空间距离，让他感觉母亲仿佛就在眼前，以旧日口吻教训儿子。

第四首里流露着作者的悔恨之意。张父辞世的万历四十七年(1619)至沈氏去世的崇祯四年(1631)，从头到尾经历了13年，这些年沈氏含辛茹苦，却从来没有享受过菽水之乐。菽水是古典文学中常出现的词汇，它的字面意思是指豆与水，即所食唯豆和水，形容生活清苦。后来却常用"菽水"指晚辈对长辈的供养，孔子曾言："啜菽饮水尽其欢，斯之谓孝。"张履祥思及乃母恩德，遗憾逝者已去无从弥补，堪称悔恨无尽。

四首诗诗意连成一气，思念、忆苦、铭训、悔恨，将他的心意连接在一起。谁人无母？何人不曾忆母？张诗原本平淡无奇，描述简单，亦没有选择刻骨铭心的记忆片段，但却因为忆母主题而让人动容感怀，足见他对母亲爱之真切。

①张履祥：《母讳四首》，《杨园先生全集》(卷1)，北京：中华书局，2002年版，第5页。

张履祥 20 岁时，祖父亡故。次年，母亲也告别人世，他彻底陷入无亲护持的境况，这意味着他的家庭教育收场了，他必须自己应付来自各方面的压力，以后再也无人为他遮风挡雨。慈母以辛勤劳作支持儿子，且为二子勾画人生的发展远景，那就是立志远大，效法圣贤；祖父则在人生远景中填充个别细节，以读书人的心志教导孙儿。在双重爱意的滋润下，这位儒者逐渐成长，从家庭教育的港湾出发，正式向前启程了。

第二节 《初学备忘》的立志鼓励

古代幼儿在学习儒家经典之前，先得通过蒙学的教学。蒙学，即蒙馆，启蒙的学塾，相当于现在的幼儿园或小学。蒙馆在教孩童读书时，先得找一个好的教材，这种教材往往很浅显，重在让孩童认识简单文字，知道一些典故，明白事理，为日后学习打下基础。在蒙馆学习的教材和内容，相当于现在的小学教材及其内容。其中，影响较大的有《三字经》《百家姓》《千字文》《幼学琼林》等。

《三字经》是宋朝王应麟的作品，是一部传播极广的蒙学读物。此书内容大都采用韵文，每三字一句，四句一组，如首句"人之初，性本善。性相近，习相远"，语义浅显，读来像儿歌一样，既简单好记，又朗朗上口，声韵优美，用它来教育子女不仅便于记忆，更重要的是能启迪心智，让孩童有所醒悟。《三字经》内容广泛，包括历史、天文、地理、道德以及一些民间传说，有人称誉说："熟读《三字经》，可知千古事。"因此这本书获得普遍认可，广为流传，历久不衰，成为历朝历代最重要的童蒙养正教材之一。

《百家姓》是一本关于姓氏的书，它成书于北宋初期，与《三字经》《千字文》并称"三百千"，是古代著名的幼儿启蒙读物。此书原收集姓氏 411 个，后增补到 504 个，其中单姓 444 个，复姓 60 个，首句作"赵钱孙李"，将宋朝皇帝的赵氏、百家姓形成的吴越钱塘地区国王钱氏、吴越国王钱俶正妃孙氏以及南唐国王李氏列为百家姓前四位。全书四字一句，虽然只是列出姓氏，没有什么实际内容，但读来顺口，易学好记，与《三字经》《千字文》形式相近，都是古代蒙学中的固定教材。《百家姓》是中国独有的文化现象，因为它展现中国人的宗族观念和血缘认同感，有助于世人了解姓氏文化，从中勾勒某一家族的发展脉络，让老百姓形成亲切感和归属感。因此，这部内容单调的著作成为不可或缺的童蒙读物，流传至今，影响极深。

《千字文》成书于南朝梁武帝时期，在同类著作中产生的时间较早，流传时间也最漫长。梁武帝喜好王羲之书法，想从王羲之的书法中选取一千个字组成一篇通畅的文章，于是便命令周兴嗣完成这个任务。周兴嗣接到诏令，关上房门，认真思索。他反复把这一千字摊在桌上，摆在地上，逐个揣摩，反复组合。整整花了一晚上的时间，直到第二天天亮，他才豁然开朗，将这些文字连缀成一篇内容丰富的韵文，后人称作《千字文》。文章虽然完工了，可周兴嗣的头发也因为用脑过度，一夜之间全白了。这本书也运用了大量典故，为了解释它出现了很多注释本，书籍内容深刻，音韵谐美，足足教育了一千四百多年间的中国儿童。

《幼学琼林》出现相对较晚，最初是由明人登吉编著，本名《幼学须知》，又称《成语考》《故事寻源》，清代的邹圣脉作了一些增补，才改名为《幼学琼林》，也叫《幼学故事琼林》。本书是由骈体文写成的，即以对偶句为主，讲究对仗的工整和声律的铿锵，如"如来释迦，即是牟尼，原系成佛之祖；老聃李耳，即是道君，乃为道教之宗"。全书容易诵读，便于记忆，最重要的是内容广博、包罗万象，包括历史上的著名人物、天文地理、典章制度、风俗礼仪、生老病死、婚丧嫁娶、鸟兽花木、朝廷文武、饮食器用、宫室珍宝、文事科第、释道鬼神等诸多方面的内容，因此被誉为中国古代的百科全书。人称"读了《增广》会说话，读了《幼学》走天下"。幼儿通过诵习这本书，能掌握不少成语典故，更能从警句、格言中学习哲理，故而将它视为重要的童蒙读物。

这些书都是中国传统的蒙学教材，它们有一个共同的特征：诵读便利，音韵谐美，注重普及不同方面的文化知识，既能让幼儿认识文字，又能增强他们的知识素养。就初级知识的普及而言，它们的确适合一般幼儿的学习。

但这种情况并不适合像张履祥这样的天才人物。张履祥接受教育的起点较高，五岁时，父亲亲自向他讲授《孝经》，这是儒家经典中字数最少的著作，有十八章，约有一千八百字。《孝经》以孝为中心，阐述了儒家的伦理思想，肯定"孝"是上天所定的规范，是诸德之本，提出"夫孝，天之经也，地之义也，人之行也""人之行，莫大于孝"，国君可以用孝治理国家，臣民能够用孝立身理家。《孝经》内容虽相对较为浅显，如我们熟知的"身体发肤，受之父母，不敢毁伤，孝之始也。立身行道，扬名于后世，以显父母，孝之终也。夫孝，始于事亲，中于事君，终于立身”[1]即源自《孝经》。但是《孝经》依然有一定的深度，涉及道德伦理的知识，这有别于普通的童蒙读物，需要从内心深处加以理解。虽然张履祥当时仅有五岁，可已经显示出过人之处，他端坐诵经，高声朗读，能从没有标点符号的古书中辨别音节停顿，还知道字词的读音。这说明至少在五岁之前，他已经认识很多文字，具有一定的文字基础。

这位起点较高且有天赋的学问家，15 岁便通过童子试（科举时代参加科考的资格考试），补入县学，得中秀才。这种教育情形决定他所关注的早期教育具有一定难度，并非简单的开蒙之作。这种差异充分体现在张履祥撰写的《初学备忘》一书中，如果说普通童蒙作品是幼儿版的，那么《初学备忘》这部早期教育著作是针对十几岁少年的少年版教材。

《初学备忘》最早是用来教化张履祥侄子的书籍。清顺治八年（1651），张履祥僦居炉镇，因见侄儿张嗣九无书可读，遂著《初学备忘》教授侄儿，后来同乡的几个小孩都来向先生学习，于是这本书便成为他们的教材。《初学备忘序目》言：“以兄之子失教之故，里中子弟过而学焉，则亦告以所闻。”[2]张履祥当初撰写之时，大概只是一个提纲，却断断续续教了三年。张嗣九系其兄张履祯独子，张履祥自己子嗣早亡，将侄儿视为张家的香火命脉，极为重视，悉心教导。孰料后来侄儿因病而死，张履祥感叹家门无后，悲痛万分，怆然涕下，“适有犹子之痛，方寸摧裂”。后来才重新增补此书，编成上下两卷。此书内容适用于少年，是供具有一定文学修养者学习的教材。成书三年后，他刚成婚的侄儿张嗣九便去世了，据此情况推算这本书大概是供十多岁少年细读的作品（张履祥十六岁成婚，其侄儿成婚时年龄也不会很大，成婚前三年接近于当下中学生的年龄）。

对于早期教育的重要性，张履祥感受深切，他们兄弟二人在家境困窘的情况下仍然努力读书，他很想把自己的读书体会传授给弟子。在这部教材中，留下他少年记忆的痕迹，自然包含来自祖父、母亲的经验总结。开篇即讲“大凡为学，先须立志，志大而大，志小而小。有有志而不遂者矣，未有无志而成者也”，这番话

---

①李隆基、邢昺：《孝经注疏》，上海：上海古籍出版社，2009 年版，第 4 页。

②张履祥：《初学备忘序目》，《杨园先生全集》（卷 36），北京：中华书局，2002 年版，第 990 页。

语与其母“人惟立志”的训诫一脉相承，实际是对自己立志经验的总结。志向指关于立身行事的意图和决心，近乎于理想。人总得有自己的梦想，行动起来才有目标，为了实现目标就得不懈努力。若是没有志向，碌碌无为，只知道混日子，终会一事无成。这就好像盖房子前，先得有一幅房屋建筑图，无论是在心中，还是在纸上，得先把房子大致模式标示出来，房屋建多高，在哪里树立柱子，在哪里开窗，在哪里修门，要是连建筑规划图也没有，随随便便地盖房，想到什么就建什么，估计房子一辈子也盖不好。中国人讲究志向远大，提倡鸿鹄之志。例如秦朝，有一个敢于反对秦始皇、揭竿而起的农民叫陈涉。他年轻的时候，便具有远大志向。因为家庭贫困，没有土地，只能被人雇佣耕地。有一天在地里干活时，陈涉忽然停下手头的活计，连声感慨，嗟叹自己直到现在还没啥出息。他转头对一起干活的雇工说：“有朝一日我们谁要是富贵了，可不要忘记老朋友啊！”那些雇工们都嘲笑他说：“咱们不就是个穷种地的，怎么可能会富贵呢？”陈涉长叹一声说：“唉，燕雀怎么知道鸿鹄的志向呢！”自此之后，“燕雀安知鸿鹄之志哉”便成为流行语。

试看那些叱咤风云的人物，谁不心怀宏远志向，这正是应了张履祥“志大而大，志小而小”“少年立志要远大”的话语。秦朝之时，还有一位志向远大的人物——西楚霸王项羽。项羽少年时，有一次看到秦始皇出巡。天子出巡时讲究排场，光是追随的侍从便成千上万，有手持武器的皇家士兵，有冠冕堂皇的文武大臣，有扬尘奔驰的高头大马，有仪容整齐的大批车队，让整个道路都沸腾起来。小项羽哪里见过这排场，觉得很神往，不由得感慨“彼可取而代也”，你瞧，这口气多狂妄！连他阅事无数的叔父也吓了一大跳，赶紧把他的嘴巴给捂住了。项羽的“彼可取而代也”，也是一种远大的人生志向。就是在这种志向的推动下，他步步为营，越来越接近梦想，推翻秦朝，自立为西楚霸王。秦始皇所拥有的天下，所享有的荣华富贵，都被他“取而代之”了。倘若没有当初秦始皇出巡的刺激，谁能知道这个毛头小子最终会做什么呢？

张履祥讲的立志不是项羽等人的皇帝梦、发财梦，而是有关学问上的志向。他认为，立志之道所立的志向得有所甄择：“立志之道，先须辨别何者是上等人所为，何者是下等人所为，我所愿学者是何等样人，我所不屑为者是何等样人。”言下之意是说，你得选择上等人的志向，不要效仿下等人的行为，心中要存有分辨榜样与蔑视者的标准，不能懵懂无知。一般人都有心中的楷模，但不是每个人都有对某些行为表示不屑的勇气，这需要站在一定高度去审视事物。一旦立志，不是把志向当作摆设品放到心里不闻不问，得有所作为。就像立志画一幅优美的风景，从集市里买回纹理纯净、洁白无瑕的纸张，不能束之高阁，得调汁研墨，挥毫泼墨，绘就心中美丽的风景画。所以他说"此志一定，却须坚定不移"，鼓励为了志向而付诸行动。

张履祥在《澉湖塾约》中也强调立志的重要："为学先须立大规模。万物皆备于我，天地间事，孰非分内事？不学，安得理明而义精？既负七尺，亦负父兄，愧怍如何！功夫须是绵密，日积月累，久自有益。毋急躁，毋间断，急躁、间断，病实相因。尤忌等待，眼前一刻，即百年中一刻。日月如流，志业不立，率坐等待之故。"①立志就当为此付出努力，目力所见，耳力所听，只要有利于志向的实现就应"勉而求之"。张履祥所言的立志、勉而求之类似王国维的人生三重境界论，都有分步实现目标的意味，不过王国维引用诗词而将此演绎得更诗意、唯美。第一重境界出自晏殊的《蝶恋花》："昨夜西风凋碧树，独上高楼，望尽天涯路。"王国维以这句话形容学海无涯，需要登高远望才能寻找到自己要达到的目标。第二重境界出自柳永的《凤栖梧》："衣带渐宽终不悔，为伊消得人憔悴。"王国维以此比喻为了寻求真理或者追求自己的理想，应废寝忘食、夜以继日，即使为此累得憔悴不堪，也没有什么可以后悔的。立志很简单，可实现志向就不那么容易了。以著名的桥梁学家茅以升为例，他为实现建设桥梁之梦付出很多艰辛。茅以升很小的时候，举家迁移到南京，临近秦淮河畔。每年端午时，人们喜欢在秦淮河里赛龙舟，全城人都要去看热闹。一年端午节前，茅以升和同学约好一起去看赛龙舟，可因为闹肚子而未能赴约。茅以升非常沮丧，只能在心里想象秦淮河畔庆祝端午的盛况。当天傍晚，却有一个同学跑来告诉他："秦淮河上出大事了！挤在文德桥上的人多得不能再多，结果硬生生把不结实的桥压塌了，咱们班好几个同学都被淹死了！"南京城里的哭声，秦淮河畔的叫声，河里的尸体，一切悲惨的情景仿佛就在茅以升眼前。茅以升用颤抖的声音，立下了人生宏愿："我长大了，一定要学造桥，为大家造最结实的桥。"自此之后，茅以升就同桥结下了不解之缘。他的心好像全都被桥占据，不管走到什么地方，只要看到桥，就得从上到下看个够，仔细思索建桥的技巧。凡是书上有关桥的介绍，他都急忙抄在本子上；凡是发现

①张履祥：《澉湖塾约》，《杨园先生全集》（卷35），北京：中华书局，2002年版，第987页。

桥的图画、照片，也会像珍宝一样收藏起来。就是通过这样不懈的努力，茅以升终于成为优秀的桥梁学家，他建的钱塘江大桥被网民热捧为“桥坚强”。第三重境界出自辛弃疾的《青玉案》：”蓦然回首，那人却在灯火阑珊处。”

张履祥的母亲告诉他要效仿孔孟，“自幼有不甘流俗之志”。他把志向分得很清楚，“立志不高，则溺于流俗；持身不严，则入于匪辟”，所谓的流俗，就是平庸之辈粗俗之志，无非是一些贪图蝇头小利、个人享受的东西。这些东西生不带来，死不带去，根本没有什么意义，被张履祥嗤之以鼻。他所追求的志，在于圣贤之志，“人有必为圣贤之志，后来工夫不整密，意思渐衰惰，不免终于庸人”。圣贤与庸人本属于两个不同的阵营，圣贤高高在上，凡庸沉落下层。可在他看来，只要努力，就能成圣成贤，一旦心中产生惰意，不愿意努力，必然沦落为平庸之人。他的见解有些类似王安石《伤仲永》中讲的道理。金溪有个神童叫方仲永，从来没有上过学，也不认识文字，可有一天却忽然能写诗。诗的内容包含赡养父母、团结宗族的意思，读过这首诗的秀才称赞不已，认为很有文采。自此，谁要是让他写诗，他就能运思如神，挥笔而就，诗的文采和道理颇值一看。方仲永走红了，县城里的豪门大户都花钱求仲永题诗。方仲永的父亲认为儿子的诗有利可图，干脆不种庄稼了，每天拉着仲永四处拜访同县的人，好混些钱财。方仲永也不学习，整天出了东家进西家。过了几年，他写的诗已经平庸无奇。又过了几年，才能已经完全消失，彻彻底底变成普通人。

《孟子》提出“人皆可以为尧舜”，谁都有机会做圣贤。当理学家朱熹读到这句话时，击节叹赏，高兴地跳了起来。他自言自语地说：“是啊，只要努力，人人都可以成为尧舜那样的人，只要努力就可以做圣贤。”现在，张履祥的凡、圣之论与其如出一辙，都是鼓励之语，抹杀了凡圣间森严的对立，只要认准目标，就能位列圣贤。

第三节 《初学备忘》的述学理念

《初学备忘》是一部适合早期教育的教材，尽管它的适用范围不是很广泛，但依然有其可取之处。《初学备忘》的语言往往朴实无华，没有生僻字眼，在阅读上较为便利，如“一念放逸而百邪并起，一念戒惧而群私退听，故敬为德之聚”，这对已经受过启蒙教育的少年来说并不困难，读罢便知其意，心领神会。

《初学备忘》有别于朗朗上口、注重押韵的童蒙读物，它没有采用惯用的骈文形式，也不讲求押韵，文章形式随意，颇多半文不白之句，如“虽一物之细，非吾所有，不可妄取”，只是如实述说道理，字句长短不一，没有句法之限制。

《初学备忘》不专注于普及天文、历史、地理、文学等一般童蒙读书教授的百科知识，它要完成的学业任务是如何掌握学习的方法。它不是单纯记载前代圣贤的嘉言懿行，更注重对名言的理解阐发。如作者引用程子之语：“学者先须理会气象，气象好时，百事是当。”并非满足于程颐说了什么话，而是透过程颐所说来启示学生。所谓的气象，就是动容貌、正颜色、出辞气之类。他针对程颐注重气象的观点，联系当时风气，说：“此义今之学者全不理会，但好说个心字，不知容貌、颜色、辞气，何一而非心之符。”认为当今读书人毫不理会气象，只一味耽于心学，忽视学者应关注的容貌、颜色、辞气等细节问题。由此启发学生注重气象，说话做事、仪容着装、面部表情都得细心思虑。这和明代学者陈宪章所说的“言语动静便是理会气象的头，变急为缓，变激烈为和平，则有大功，亦远祸之道也”[①]是一个道理，都注重外在显示出的态度。

①黄宗羲：《明儒学案》，北京：中华书局，1985年版，第83页。

《初学备忘》无论是书籍的内容，还是讲述的方法，都不同于简单的童蒙读物，它不是简单的普及知识，而是介绍方法，不是填鸭式灌输，而是启发思考，它旨在开拓器识，所论大多关乎学问，有助于在学生掌握童蒙知识后，进入钻研知识的环节。

就全书启示的内容而言，主要体现在几个方面：怎么读书，怎么治学，怎么处事。这构成了张履祥教育弟子的几个侧重点，其教育并非把弟子限定在某一个问题上，不是简单给弟子讲治学道理，而是形成扇面式的教学理念，面面俱到。

少年之人当做什么？读书自然是最好的选择。张履祥的祖父曾以自己爱读书的例子教育孙子，莫要嬉戏而不读书，“如吾非有所为，然一刻离书策不得”。张履祥一生都在读书，他上课时也谆谆训诫弟子要读书，引用谚语“活到老，学到老”。人生短暂，时光从手指缝悄悄流逝，朱自清在《匆匆》中写道：

> 我的日子滴在时间的流里，没有声音，也没有影子。我不禁头涔涔而泪潸潸了。去的尽管去了，来的尽管来着；去来的中间，又怎样地匆匆呢？早上我起来的时候，小屋里射进两三方斜斜的太阳。太阳他有脚啊，轻轻悄悄地挪移了；我也茫茫然跟着旋转。于是——洗手的时候，日子从水盆里过去；吃饭的时候，日子从饭碗里过去；默默时，便从凝然的双眼前过去。我觉察他去的匆匆了，伸出手遮挽时，他又从遮挽着的手边过去，天黑时，我躺在床上，他便伶伶俐俐地从我身上跨过，从我脚边飞去了。等我睁开眼和太阳再见，这算又溜走了一日。①

谁也无法阻止光阴飞转，时光从手指缝里流过去、从脚底下滑过去，光明和黑暗都无法改变时间运转的节奏。谚语有云：“一寸光阴一寸金，寸金难买寸光阴。”唐末诗人王贞白早年在江西庐山五老峰下的白鹿洞书院读书时，曾写下《白鹿洞诗二首》，其中亦有“读书不觉春已深，一寸光阴一寸金”的句子，以惜时读

---

①朱自清：《朱自清散文精选》，长沙：湖南师范大学出版社，2011年版，第2页。

书相鼓励。张履祥也说:“凡闲思想、闲言语、闲行走,自少至老,断送多少岁月。往不可谏,来犹可追,可发深省也。”少年人乌七八糟、不切实际的空想奇思,不着边际、轻佻无知的浮辞浪语,寻花访艳、饮酒作乐的行为,都是浪费生命,白白断送岁月。过去的永远无法再返回了,然而未来却可期待,这正是《论语》所言的“往者不可谏,来者犹可追”。照张履祥看来,人就得读书,不要做些浪费光阴的事情,因此他在江南文人结社风气中抽身而出,从不参加当地文士活动,这并非是因为他孤芳自赏,狂妄自大,而是想在有限的时间里好好读书。因此他说:“读书须立准课程,量其力之所及而遵行之,朝考夕省,勿使一日虚度。人生少壮要不多时,人世间之读书之日有几,当深思古人惜日之义。”历史上有多少成功人士都怀有这样的想法啊！当代著名数学家陈景润为了学习知识,曾给自己拟订出一张学习时间表,把一天 24 小时的分分秒秒都充分利用起来。即使走在路上也要读读背背,有一次在路上还思考着演算问题,不知不觉撞到了一棵树上,却以为自己撞到了人,连声向树说对不起。他为了攻克“哥德巴赫猜想”这一难题,经常废寝忘食,从来没有任何的娱乐时间。正是靠着这种学习劲头,这种珍惜时间的方式,终于摘取了数学皇冠上的明珠,攻克了“哥德巴赫猜想”。

读书并非是认识几个字、随便拿本书读起来那么简单的事情,不是每个人都能掌握读书的方法,也不是每个人都能读好书。在张履祥看来,读书绝非孤立的行为,得注重多种与之相关的情形,讲求姿态,摆正心态:

> 初学最紧要是恭俭二字。恭非貌为恭。以敬存心,则颜色语言步趋之际,节文自谨;在家庭敬父兄,在学舍敬师长,是恭之实事。俭非吝啬琐细。日常遇小物,有不敢暴殄之意;凡居处、饮食、衣服,有不敢过求之意,是俭之实事。

“恭”是一种态度问题,这不是表面上摆出彬彬有礼的样子就行了,需要从心里有恭敬的念头,神情气色、说话语气要合乎恭谨。具体来说,在家里要尊敬父兄长辈,父是一家之主,兄是重要角色,敬父为孝,尊兄为悌,这是儒家伦理要求;在学堂里,得尊敬师长,师道尊严,师为传道授业解惑之人。“俭”是美德,一种品质，这不同于吝啬，不是教导学生爱惜钱财，一毛不拔，而是劝导学生莫要浪费，不要随意糟蹋挥霍，凡住宿的房子、日常吃喝、身上穿戴，满足需要即可，不要刻意去追求这些东西。西晋富商石崇与皇室贵戚王恺斗富，王恺饭后用糖水洗锅，石崇便用蜡烛当柴烧；王恺做了四十里的紫丝布步障，石崇便做五十里的锦步障；王恺用赤石脂涂墙壁，石崇便用花椒粉墙。可结果怎么样，石崇最终被诬为乱党，灭了三族。恭是持有感恩之心，感谢父兄供己读书，感谢老师传授学业，只有这样才能知道读书并不是那么简单的事情，牵涉一家、一学堂的事情，这才能从中蕴发动力。俭与其说是劝告读书人得摆正心态，还不如说是一种安慰，天下穷困的读书人多的是，莫生怨恨，不讲摆场，将物质享受抛于脑后，一心一意读书，自然很容易进入读书状态。

读书时的心态很重要，心态不正，读再多的书也是无用，终会陷入歧途。张履祥如此教导弟子："读书先要正其心术。心术者，如木之根，谷之种。根先坏，千枝万叶总无着处。"居心若纯正良善，做事必会无往不利，人的思想品质如同树木的根，根要是坏了，怎么可能长出枝枝叶叶，只能空等枯黄而死。读书人得有读书人的体面、读书人的样子。商人读书为了发财，权谋家读书是为了权术，军事家读书为了排兵布阵，可读书人不应当为升官发财梦而读书，得有一颗为国为民的正心，所以"凡人既读书，须实做个读书人。有读书人之容貌，有读书人之言语，有读书人之行事，要之以心术为本"。从这个方面来看，张履祥谈的读书并不仅仅是阅读典籍那么简单，他讲的是一大套的道理，是能把书读好的前提条件，而这些条件都和人的心态有关，预备工作做好了，自然接近成功。

> 读书岂是徒要识字，记故事而已？只要讲明事物之理，而求以处之，大小各得其宜。是故大学之道，可以修身，可以齐家、治国、平天下也。故云："非学无以广才。"

读书不是以认识几个字，看几个风花雪月、称王作雄的故事为目的的。从读书中体会道理，以所悟的道理指导人生，这才是读书有成。《礼记》讲明德、亲民大学之道，明白这个道理，就能修身养性，就能实现齐家、治国、平天下的大志，这就是学以致用,以所读之书来引导人生。张履祥注重实学,读书要怀有作为之目的,莫读死书而不懂得用到生活中,所以说“读书为学,须是切实。切实者,切己也”。读有用的书,读罢做些实事,切切实实才是读书的真谛。

要把读书落到实处,得身体力行。读前辈贤达的撰著,学先代圣贤的道理,还得亲身实践圣贤之道,否则就是隔靴搔痒,永远体会不了读书的真意。张履祥论述:“读圣贤书,不笃信圣贤,而邪说是信,何以异于不爱其亲而爱他人,不敬其亲而敬他人乎?以是为聪明才智,吾不识也。”践履圣贤之道,就是实现圣贤儒家伦理。

第四节 《初学备忘》品读

一、《初学备忘》上

【原文】

大凡为学，先须立志，志大而大，志小而小。有有志而不遂者矣，未有无志而有成者也。立志之道，先须辨别何者是上等人所为，何者是下等人所为，我所愿学者是何等样人，我所不屑为者是何等样人。此志一定，却须坚确不移。凡平日诵读讲习，与夫目之所见，耳之所闻，其为我志所愿勉而求之，其为非我志所愿决而去之，自能向上。他日长进，则所志又别。若知其上等而不肯学，知其下等而不能去，此为无志，民斯为下而已。

【品读与感悟】

宋代理学大师张载强调立志之重要，《正蒙至当》云："志大则才大、事业大，故曰'可大'，又曰'富有'；志久则气久、德性久，故曰'可久'，又曰'日新'。"①张履祥作为理学传承者也极强调立志。首先，他强调立志在治学活动中的作用，指明立志的方法，他的立志途径宣扬榜样的指引效应，希望立志者能选择一条好的道路；其次，他提出了人的理想一旦实现，还应树立新的更远大的志向，告诉人们在学习过程中应不断地追求新的目标，一段使命结束，预示另一段将重新开始。相反，那些连该学什么、不该学什么都不知道的人，终日浑浑噩噩，只能庸碌度日，了无生趣。

【原文】

或问："刘先生始终讲学如何？"先生曰："吾自幼有不甘流俗之志。此念最

①王夫之：《张子正蒙注》，北京：中华书局，1975年版，第182页。

真，斯言可日省也。人若甘于流俗，其流而下也，何所不至？若一念不甘，其达而上也，何所不至？

【品读与感悟】

人从小就应当树立不同于流俗的志向，如果我们树立的志向只是诸如找到好工作、挣大钱的一时愿望，未免太过于世俗，以此世俗之志来激励自己，即使侥幸成功亦不过是下等流品，“求田问舍，怕应羞见，刘郎才气”。而如果我们树立更为远大高尚的志向，那样时时努力，将来必定会有大的作为和成就。

【原文】

人有必为圣贤之志，后来工夫不整密，意思渐衰惰，不免终于庸人。若一向安于流俗，下梢何所底止，是可畏也！少年立志要远大，持身要紧严。立志不高，则溺于流俗；持身不严，则入于匪辟。

【品读与感悟】

一个人即使树立了远大志向，而日后不努力去实现，也不会有成就，此诚“忧劳可以兴国，逸豫可以亡身，自然之理也”。而一个人要是从小就安于流俗，那么将来更是不堪设想，唐代诗人邵谒“丈夫志不大，何以佐乾坤”足堪警示。

【原文】

凡人立身，大纲先要正。何谓大纲？虞之敬敷五教，周之宾兴六行是也。而以孝弟为之本，孝弟百行之原也。极此谓之圣人，行此谓之贤人，不知此谓之愚人，失此谓之小人。胡文定公曰：“天理民彝，一失则为夷狄，再失则为禽兽。”人能于此不失，即不读书识字，亦是正路上人。于此先亏，即有声名，得利禄，亦能言之禽兽而已。学者可不知所先务乎？

【品读与感悟】

人中之禽兽与圣贤在外形上本无差异，全在于每个人心中的伦理信念之深浅。谨守德行，奉行伦理教化就能接近圣人；眼中只有自我，不去考虑伦理道德，困于名缰利锁，利欲熏心，其心渐黑，便距离禽兽愈来愈近。王阳明曾说："毋自恃为良民而不修其身，尔一念而恶，即恶人矣；人之善恶，由于一念之间。"[①]说的也是类似的道理，无论是孝悌伦理，还是善恶是非，都看重个人心中如何把持。

【原文】

三纲五常，礼之大体。人只看作治天下之经，于自家全无关涉。殊不知有此身，便有此个道理。人之所以异于禽兽者何物？《卫风》曰："人而无礼，胡不遄死？"

【品读与感悟】

张履祥重视礼制，强调礼对于人的重要作用。语气貌似激越，直斥失礼者为禽兽，内心却端正谨严，固守儒家千年延续的礼制文化思维。翻开中国史册，丢弃纲常的卑鄙龌龊勾当擢发难数，父子反目，兄弟争斗，哪一件不是丑恶之极、无耻之尤！单一部《红楼梦》，就能看透人生百态，体悟人不如禽兽之理。张履祥实在是有感而发，直指人心。

【原文】

凡立身之道，与论人只是一等，根本亏，其余更无可观。

【品读与感悟】

若根基不牢固或是根基不正，那么后面的努力也无济于事，如同"合抱之木，生于毫末；九层之台，起于垒土"。这个道理看似简单，却无时无刻不存在于我们的生活中。我们为人一定要先立身，打好基础，身正才可事成。

【原文】

士有百行，百行修而后成人。犹身有百骸，百骸具而后成身。疲癃残疾，知而恶之。败度废节，不知所恶，则是生者而同死者之罔也。

---

①王阳明：《南赣乡约》，《王阳明全集》(卷17)，上海：上海古籍出版社，2011年版。

【品读与感悟】

张履祥以身体百骸比喻百行，别有新意，身体不能缺少百骸，士人不能缺少百行。人要是无行，不知其可，先生之语振聋发聩。

【原文】

古之学者实行，今之学者空言。《论语》二十篇，一言以蔽之曰："躬行君子。"

【品读与感悟】

空谈误国、实干兴邦，这个道理我们应该切记，无怪乎太史公云："我欲载之空言，不如见之于行事之深切著明也。"

【原文】

凡人立身，当思达不可行于天下者，穷即不可自身为之，方能得志与民由之，不得志独行其道。

【品读与感悟】

孟子曾说："有天民者，达可行于天下而后行之者也；有大人者，正己而物正者也。"意思就是说有顺应天理的人，当他的主张能行于天下时，他才去实行；有伟大的人，端正自己，天下万物便随之端正。而张履祥却说先要思量达不可行于天下者，未雨绸缪，先把可能的事情都预想到了，那么还有什么事情办不了呢？

【原文】

学者亲贤乐善是第一事。少年见刚毅正直、老成笃实之人，能爱之敬之，其人必贤；若疏之远之，其人必不肖。盖所爱敬者在此，则狂诞匪僻者必在所远；若疏远者在此，则狂诞匪僻者必在所亲故也。高忠宪公尝言："以此验人，百不失一。"吾尝以此自省，亦以观人。

【品读与感悟】

"近朱者赤，近墨者黑"的道理我们不能不时时谨记。"亲近贤人，乐于为善"正是我们日常交际应当遵从的原则。《荀子·劝学》说的"蓬生麻中，不扶而直；白沙在涅，与之俱黑”及“孟母三迁”的故事，讲的都是周围环境与个人的关系，焉能不警然于心。

【原文】

凡人“好事懿德”之心不切，终不可与为善。

【品读与感悟】

张履祥的祖父好成人之美，总喜欢帮人达成心愿、玉成其事，先生此语可谓别有感触。日常生活中，倘若有心怀“成人之美”的朋友，那可真是幸事！

【原文】

初学最紧要是恭俭二字。恭非貌为恭。以敬存心，则颜色语言步趋之际，节文自谨；在家庭敬父兄，在学舍敬师长，是恭之实事。俭非吝啬琐细。日常遇小物，有不敢暴殄之意；凡居处、饮食、衣服，有不敢过求之意，是俭之实事。以是二者驯习不舍，则侈肆之念渐渐不萌，久则渐渐消化，心思自能向正。上达之基定于此矣。人之败德丧行，未有不根于侈肆者。

【品读与感悟】

恭敬节俭是我们提倡的传统美德，什么才是真正的恭敬呢？恭敬一定要发自内心，不要做表面文章；什么才是真正的节俭呢？节俭亦不是处处计较，而是要做到心中不要有过分奢求之意，像唐代罗隐《秦中富人》诗言“粪土金玉珍，犹嫌未奢侈”，说的正是贪得无厌之人。

【原文】

少年之日，先要识得人之贤否、事之善恶、言之是非，则心术自能向正，虽离父母师傅亦可不至于邪慝矣。谚云：“知好恶”，此其实也。

【品读与感悟】

张履祥训诫少年，希望他们能培养基本的辨别能力，懂得贤良、善恶、是非，方能判断事情是否可行、可为。

【原文】

君子存心于利物，究也己未尝不利；小人肆行以害物，究也适足以害己。君子于物喜其成，而恶其败，然己亦得成焉；小人于物乐其败，而忌其成，然己常得败焉。心之所感微矣，喜怒好恶何可不谨？

【品读与感悟】

张履祥此段话，将君子与小人的种种形态尽予展现。君子利他的行为也是对自己有好处的，而小人一味利己的行为却反而害了自己，真是“机关算尽太聪明，反误了卿卿性命”。

【原文】

术不可不慎。凡不容于尧、舜之世者，在己不可为，在人亦不可与近。

【品读与感悟】

尧舜之世，常被视为理想的时代。那个时代的思维、行为、话语都具有一定的权威性，故张履祥以此为标准，寄言少年郎的一举一动都要向尧舜时代看齐。

【原文】

人各有业：农有畎亩之事，工有器用之事，商贾有市肆车牛之事。废业游手，不至于失所，必入于不肖。士为四民之首，则有学业，朝而受业，昼而服习，夜而记过，无憾而即安，其大都也。既然整衣冠、挟书册，号为民首之人，当思言民首之言，行民首之行，处不愧为士君子，出不愧为士大夫，使人敬而爱之，则而效之。若不自爱惜，荒废本业，与夫寡廉鲜耻，决裂名教，甚或逐蝇头之利，工市侩之术，反不若胼手胝足，为质朴之农夫以没其齿矣。原其病根，只是不勤于学，故无上达之志，而甘下流之趋也。韩子曰：“业精于勤，荒于嬉。”刘忠宣公曰：“习勤忘劳，习逸忘惰。”人至嬉游忘惰，亦可哀矣。且思世间饱食终日，无所事事者何物？程子曰：“农夫祁寒暑雨，深耕易耨，播种五谷，吾得而食之。百工技艺，作为器用，吾得而用之。甲胄之士，披坚执锐，以守土宇，吾得而安之。却如此间过了日月，即是天地间一蠹也。”呜呼！蠹犹未足以言也！

【品读与感悟】

张履祥痛恨那些不勤奋努力、游手好闲、不务正业之人，他以自己求学经历为着眼点，现身说法，希望人们努力勤奋地去做好自己的本职工作。为了使弟子深晓其理，张履祥特意以农、工为例，以实例教化弟子。我们当以“业精于勤，荒于嬉”的古训为座右铭，时时鞭策自己，莫虚掷一日光阴。

【原文】

今世极多游民，是以风俗日恶，民生日蹙。虽其业在四民者，莫不中几分惰游之习，而士益甚。饱食终日，无所用心而已；群居终日，言不及义而已。究其为害，更甚于游民也。今宜早作夜思，求其所未知者，与夫所未能者，将终其身而有皇皇不及矣，亦何暇博奕、饮酒、游谈、浪走哉！农夫之耕，夏失业，则禾无秋；冬失业，则麦无秋；春失业，则菽无秋，故曰思无越畔也。为学而逸游是耽，其不入于小人希矣。须知此身除却学问，更无一事可为。此生自少至老，忧乐穷达无非学问之日。委心矢志以求，无负此“读书人”三字。久久自能向上，小有小成就，大有大成就。《书》云：“惰农自安，不昏作劳，不服田亩，越其罔有黍稷。”

【品读与感悟】

我们应时时勉励自己“活到老，学到老”，切不可耽溺于悠闲安乐。一旦耽于嬉戏，脑子里只会记着游玩时的安逸与愉悦，哪里还会想到正经事，这正是“忧劳可以兴国，逸豫可以亡身”。

【原文】

稼穑之艰，学者尤不可不知。食者，生民之原，天下治乱、国家废兴存亡之本也。古之人自天子以至于庶人，未有不知耕者。今虽农家之子，有不能秉耒耜者矣，有不能辨菽麦者矣。殷天子之子，生长民间，是以贤圣之君六七作。周公陈《豳风》，述王业之本，使人主知小人之依，是以有道之长，无过周者。汉以孝弟力田取士，故其俗犹为近古。至于南北分争之日，上下一于浮侈。隋唐继之，其风益甚。取士者以诗赋，请谒者以文辞，而务本力穑之事荡如矣。相沿至于今日，人人耻不文，不耻不仁；畏不奢，不畏不义；间有一二稍近本实，则群鄙共笑之。而此一二人者，亦复低首汗颜，讳而谢之。是以世道人心，祸若此烈也。夫能稼穑则可无求于人，可无求于人，则能立廉耻。知稼穑之艰则不妄求于人，不妄求于人则能兴礼让。廉耻立，礼让兴，而人心可正，世道可隆矣。古之士，出则事君，处则躬耕，故能守难进易退之节，立光明俊伟之勋。其为政也，恭俭而仁恕；其立身也，正直而廉洁；其居位去位也如一日，其达行穷居也各有为，未有进退失据，不知重轻者也。今之卿大夫，贪墨无厌，寡廉鲜耻，士庶人诈伪百端，食嗟来之食，甘嘑蹴之加。只坐不能无求，故至于不畏不义，不能不妄求，故至于不耻不仁也。夫与其文而为不仁，孰若朴而以仁存心；与其奢而为不义，孰若俭而以义律己。吴康斋先生讲濂、洛之学，率弟子以躬耕；刘忠宣公教子读书，兼力农；何粹夫官归，辟后圃种菜，俱可为百世之师也。许鲁斋有言："学者以治生为急。"愚谓治生以稼穑为先，舍稼穑无可为治生者。诗云："高山仰止，景行行止，虽不得至，心向往之。"是之谓矣。

【品读与感悟】

一边读书教学，一边耕种农田，朴实笃行而心存仁义，这正是张履祥所推崇的生活，反映了他以农耕和学业为依托的为学处世意识。只有耕读相结合，才能把握人生存的根本，而且也确保世人不至于丧失廉耻之心。为人应当做到处处豁达，有仁有义，不要无所事事、游手好闲、不知仁义。

【原文】

凡人既读书，须实作个读书人。有读书人之容貌，有读书人之言语，有读书人之行事，要之以心术为本。《都人士》之诗所谓"其容不改，出言有章，行归于周，万民所望"。孟子所谓"惟君子能由是路，出入是门也"。今日百事俱被秀才作坏，观其平生，不如不识字愚民远甚，真是无所不至也。自非洗心涤虑，慕效古人，窃恐流俗所移，将不能免。世故日深，礼义之心日丧，虽有美质，二三十岁以往，同归不肖而已，可为深戒也。

【品读与感悟】

张履祥对现实中的一些读书人提出严厉批评。读书一定要看重心术，摆正心态，切切实实做个真正的读书人。如果读书人心术不正，他们带来的危害要比那些不读书识字的人还要严重。他们要是使起坏来，破坏性极大，整个社会风气都会变坏。

【原文】

程子云："学者先须理会气象。气象好时，百事是当。"气象者，动容貌、正颜色、出辞气之类。此义今之学者，全不理会。单好说个心字，不知容貌、颜色、辞气，何一而非心之符。《论语》："君子不重则不威，学则不固。"《孟子》："根心生色。"成王《顾命》，惓惓于自乱其威仪。《易·文言》："美在其中，而畅于四肢，发于事业。"有诸内必形诸外。推之六经，何处不然，如何可忽？其忽之者，以为威仪容貌，特其外耳。内外表里，岂有两截？持其志，无暴其气，敬以直内，义以方外，圣贤教人未尝偏废，弗思而已。

【品读与感悟】

张履祥有鉴于时儒好谈心学，提出将内心与外在相结合的思路。人的容貌、神情、辞气，无一不是内心情绪的外显，但凡心智有所波动，面部表情、手势便会暴露其思虑想法。因此，重视言谈举止、威仪容貌，才能纠正内心思想，做到表里如一。

【原文】

读书须立准课程，量其力之所及而遵行之。朝考夕省，勿使一日虚度。人生少壮要不多时，人事间之读书之日有几？当深思古人惜日之义。刘忠宣公曰："此日虚度一可惜，惜日则自不得闲。"凡闲思想、闲言语、闲行走，自少至老，断送多少岁月。往不可谏，来犹可追，可发深省也。高忠宪公曰："每至夕阳，检点一日所为。若不切实锻炼身心，便虚度一日。流光如驶，良可惊惧。"薛敬轩先生亦言："每上床，即思一日所为，若无疚于心，则安寝；若有不慊，则辗转反侧，必求所以改之。"古人用心，莫不如此。

【品读与感悟】

“朝考夕省，勿使一日虚度。”这正是张履祥告诉我们读书应时刻检省自己。国画大师齐白石九十多岁后，仍然每日挥笔不辍，还写下“不教一日闲过”六个大字用以自勉，着实感发人心。“少壮不努力，老大徒伤悲。”我们怎能浪费光阴，虚度青春。

【原文】

读得一二种书得力，其他便可沛然。但始初不可不择，始初一误，后来难挽。

【品读与感悟】

开卷有益的前提是慎重选择所读书籍。世上的书籍太多，并非每本书都适合你读，你得找最有启发意义的书籍去攻读，莫要眉毛胡子一把抓，到头来没多大效果，反浪费了自己的时间。

【原文】

《小学》《近思录》，但要成诵，刻期可毕。若其义，则虽终身由之，不能尽也。学者不从二书为门庭户牖，积渐以进，学术终是偏枯，立身必无矩法。

【品读与感悟】

读书而能背诵文字并不难，难就难在用心理解其中的义理。大多数人读书囫囵吞枣，侥幸背得几篇文章、几本书籍，茫然不解其意，甚或以此津津自夸，那可真是羞见张履祥啊！

【原文】

凡治一经，必兼通他经，而后一经始得通晓。盖文义有彼此触发者，亦有详略体用互为条贯者。若耳目逼窄，心思也便推广不去。譬如行路，容足之外俱无所用，然行路者必就周行，若径仅可容足，鲜不踬矣。又如舟行，容楫之外均无所用，然乘舟者必济巨川，若港仅足容刀，鲜不胶矣。今日经学全废，其习一经者，只记诵得几许时文，以应制科一日之急，其经之要旨大义茫无所知。即其尽读五经者，亦不过移记览为辞章而已，于身心全无所得，程子所谓“却是不曾读也”，经如何得通？宜其人才之奄鄙也。韩文公云：“士不通经，果不足用。”诸子先人以来，皆有一经之传，治此经当求此经之益，省记诵词章之劳，以用力于经义，一年熟一经。先令成诵，而徐以涵泳其义味，体之于心，验之于身。日用行习，使心目之间无非此种道理，将来成就自是不同。今日父兄之坏子弟，只是计近功，逐小利。当其就学，即欲能文字、取世资，不思树木者，犹求用于十年之后。为之师者，莫不以鄙夫患失之心，逢其主人。譬如庸医担囊入门，惟计药资之厚薄，不恤病者之死生，其所用药，温凉泻补，只顾目前一刻之效，而不求其病本之所在。是以世教日趋日下，先代遗经日晦，而不知所极也。

【品读与感悟】

《周易·系辞上》中说：“引而伸之，触类而长之，天下之能事毕矣也”[①]，意思就是说掌握了某一些事物的规律，就能推知同类事物。触类旁通，被张履祥用作开示经学学习的法门。他以行步划舟为例，步行、划船貌似不需要太多的地方，可一旦限定在狭小的范围内，任你技艺再高也左支右绌。故而，他教导弟子视野要开阔，不要被某部典籍所束缚，得接触更多经典才能解读书籍要义。

【原文】

图学今全废，是以名物制度，一概茫然。古人左图右书，书只是发明图义，非图义安从明？且如《易》书，若不看图卦，爻象之辞，如何得明？今人徒学空言，所以无事于图，若要实作，便知少不得（如弈棋贱事，若有意求胜，便去寻棋谱）。

【品读与感悟】

我们常说的图书，包含了图和文字两部分内容，可人们常忽视图而只关注文字。文字描述偏于抽象，而图则有具象特征，两者结合才能相得益彰。这就好比用文字描述一个人的容貌，任是再怎么详细，读起来也与真人有别，没什么印

---

①陈鼓应、赵建伟注译：《周易今注今译》，北京：商务印书馆，2005年版，第614页。

象。可要是看一眼这个人的图像,立刻就会了然于胸。图文并茂,说的就是这个道理。

【原文】

读书岂是徒要识字、记故事而已,只要讲明事物之理,而求以处之,大小各得其宜。是故《大学》之道,可以修身,可以齐家、治国、平天下也。故云:“非学无以广才。”若事物不以经心,万卷何益?

【品读与感悟】

现代人的读书学习,往往不会全身心投入,只看表面文字而已,空记一些故事。这有什么用处呢,记得东西再多,也是戴上一顶博闻强识的桂冠,消化才是关键,以领悟的道理指引生活才是重要的。读书可不能像外行看热闹,可得看看门道。

【原文】

程门四字教:曰存心,曰致知。朱门四字教:曰居敬,曰穷理。居敬所以存心也,穷理所以致知也,一也,而朱益紧切矣。学者舍是更无学法,未有入室而不由户者。

【品读与感悟】

张履祥强调程朱的存心、致知、居敬、穷理,认为这才是学习的途径。把这些观点串联起来,等于说他希望弟子能修身存心、格物致知,包含道德修养和学问研习两方面内容,沿此途径,可入儒家堂室矣。

【原文】

一念放逸而百邪并起;一念戒惧而群私退听,故敬为德之聚。

【品读与感悟】

此语告诫我们“勿以善小而不为,勿以恶小而为之”,只有时刻持有警戒心态，绷紧心弦，谨小慎微，才能培养出高尚的道德品质。宋代理学大师张载的教育思想推崇品德，在教育中强调德育，注意品德的引导作用，故《经学理窟》云："人若志趣不远，心不在焉，虽学无成。人惰于进道，无自得达，自非成德君子必勉勉，至'从心所欲不逾矩'方可放下，德薄者，终学不成也。"[①]张履祥在琐碎小事中提出"聚德"，正是上述理学思想的继承。

【原文】

今日穷一理，明日穷一理，不急不辍，积之久久，自能融会贯通，涣然有得。今人说为学，不实从事于穷理，只是悬空想象，究竟何益？想象得来虽有所见，终是偏枯。若要执己不化，为害不浅。

【品读与感悟】

学习就是逐渐积累，实实在在地去弄懂每一个道理，这样才能融会贯通，学习才有长进。俗话说"贪多嚼不烂"，莫求一口能吃成个胖子，这得慢慢积聚。这就好比"绳锯木断，水滴石穿"，只要有恒心，不断努力，事情就一定能成功。

【原文】

读书为学，须是切实。切实者，切己也，养德、养身是也。养己之身，推之可以养人之身；养己之德，推之可以养人之德。壹是皆以修身为本，养德以是，养身亦以是。舍是，虚费光阴，徒劳心力。不作无益害，有益功乃成。凡事如此。

【品读与感悟】

读书得稳扎稳打，不可能一夜之间便学富五车，得根据自身情况制订计划，步步为营、循序渐进。不过张履祥的读书论，更注重切己，切合自身情况去修养品德、修养身心，整套理论建立于道德基础上，他认为这样才能无往不利。

【原文】

读圣贤书，须将圣贤之言立为规矩准绳，以吾身就而裁之，果其用心行己能

①张载：《张载集》，章锡琛点校，北京：中华书局，1978年版，第273页。

如是乎?违则改之,合则加勉,方有进步处。且如长者训诲,与吾有合,心所明者;有与吾不合,心所未明者。其明者,吾性习所近也;其未明者,性习不近,心有蔽也。须识记审思,勉强以求,至于明,方有益。若不合者,舍置不复思;其合者,以为既已知之,不复存诸心。平日虽用功夫,只成就得自家一副见识,书亦不能益我,师友亦不能益我。盖人之性习各有偏处,其偏重处则其所通者也,其轻者则其所塞者也。通处一路熟,则塞处路路俱生。学者用功,能生其所熟,熟其所生,斯无偏蔽之患。

【品读与感悟】

张履祥极为推崇圣贤言语,将其立为学习的准绳,时刻检视自己的言行是否符合标准。他以圣贤为楷模,以楷模反观自我行为。这与当代青年的偶像不同,全然没有娱乐色彩,只有榜样的推动效应。

【原文】

一日之间,讲解经书,极是切实之益。当专心致志而听之,体之于心,验之于身。有未安者,静以思之,详以问之。见得圣贤所说道理,无非先得我心之所同然,从无一字虚设,使章句之外,脱然有悟入处,然后义理积渐以明,而无掩卷茫然之患。法当专以经书正文为主,平其心,定其气,熟于口,审于思,沉潜反覆,融会贯通,则义味自有亲切处。然后考之先儒注释,以证其得失浅深。若一向无所得,则听我言语而绎思之。总要正文通晓,亦不必生记吾之言语也。盖生记者,只是吾的解释,不曾是自己解释也。至于近世说书,一概当从屏绝,如袁黄、汤实尹等类,尤所谓邪说诬民,充塞仁义,为害学术非浅。必不得已,虚斋《蒙引》,江陵《直解》可以观也。诸项说书,吾前时亦尝看过,于今思之,直是诐淫邪遁而已。周道如砥,其直如矢,却将舍却,寻到崎岖丛棘处也。

【品读与感悟】

读书学习不能死记硬背,一定要真正理解,读死书不仅没乐趣,也没多大的意义。读书时还应平和心态、安定神气、口中熟诵、审慎思考、融会贯通、透彻理解，这样自然会有深刻的体味与感受。换言之，基于功利目的或硬着头皮读书，自然感受不到什么乐趣。陶渊明曾说："好读书，不求甚解；每有会意，便欣然忘食"，说的也是读书当求领会要旨，不刻意在字句上下功夫。

【原文】

程子谓："说书必非古意。"今不得已而说书，只据经文平说，章解句释，使大意明晓，全在听者切己体味，引申触类，以尽其余，不敢芜辞蔓说以滋惑也。若言说烦多，则难记忆，即使尽能记忆，非从心得，随明随暗而已，枉费功夫。

【品读与感悟】

张履祥不但教育学生如何读书学习，也告诫那些为人师者，应当如何教学，讲书时不能添入过多的诠释，这样就会变得更为繁杂，让学生无法全部记忆。教书的重点在于让学生理解，而不是卖弄学识，玩些技巧的障眼法。

【原文】

许鲁斋为子弟说书，便问目前作何体验。想见其平生讲读，无一句一字不从身心体当过来，所以切实有得。今当以此为法。

【品读与感悟】

许衡是元初的教育家、哲学家，曾以干才、德行而留名青史。据说有一年盛夏天气炎热，他和别人行路时口渴难耐，大家看到路边的梨树纷纷去摘梨吃，唯独许衡静坐树下不动。有人不解地问："何不摘梨解渴？"许衡答曰："不是自己的梨，岂能乱摘！"那人笑其迂腐："世道这么乱，梨树哪有主人！"许衡正色道："梨虽无主，难道我们的心也无主了吗？"这样一位恪守道德观的人物，重视身体力行礼法观念。张履祥对许衡赞许有加，多次引用许衡言论，他认为无论是学习还是教学，都应当强调切实的身心体验。

【原文】

为学最喜是实，最忌是浮。《记》曰："甘受和，白受采，忠信之人可以学礼。"忠信是一实字，故敬曰笃敬，信曰笃信，行曰笃行，好曰笃好，无所往而不用是实也。其为人也厚而重，君子之徒也，本于一实；其为人也轻而薄，小人之徒也，本于一浮。程子曰："未有不诚，而可以为善者也。"

【品读与感悟】

诚心忠厚是做好事情的根本所在。忠厚人做事踏实笃定，这种态度无往不利，相反要是虚浮不定，只能落于轻薄无行的小人之列。

【原文】

人自孩提，少长以往，日就于浮薄。故学问之道，一则曰主忠信，一则曰敦厚。然非有二义也，实则厚，浮则薄。且以爱亲之心验之，自知好色，有妻子以后，所存几何？父兄之前，果无一语虚伪否？果无一事隐瞒否？推之五常六行，将复何如？《中庸》谓"不诚无物"，吾人一生，有何事尽得几分？是可猛省也。

【品读与感悟】

"人之初，性本善。"可随着年华渐长难免会沾染世俗恶习，纯良的本性也随之改变。变化虽然难免，可守护忠信、敦厚犹然重要，故《中庸》言"不诚无物"，这就是说如果不真诚，干什么事情都不会有真正的成功。

【原文】

学问之事，贵于有恒，最忌轻躁。人即昏惰，岂无一时奋发之意？但此意思不能久长，旋已忘却，终是无益。虽是资性过人，进锐退速，同归于废而已。《易·恒》之辞曰："日月得天而能久照，四时变化而能久成。"日月四时，无速运，亦无停息，只是一昼了一夜，一寒了一暑，一日如是，一岁亦如是，以至古今亦如是。是以化育盛而岁功成，富有日新，有不期其然而已然者。吾人日进无疆之益，正宜如此。

【品读与感悟】

学习贵在长久坚持，有恒心、有毅力。只有这样，每天都有新的进步，才能取得更大的成就。《荀子·劝学》说："骐骥一跃，不能十步；驽马十驾，功在不舍。"驽马虽慢，但努力不懈，走十天也可以到达骏马一天的路程，这就是勉励资质差的人只要刻苦学习，也能追上资质高的人。

【原文】

学问不能长进，只坐不致于一之故。日用功夫，既向此，旋又向彼，方事此，寻复事彼，一起一倒，那得有益？若并叠心力，专于一路，自能月异而岁不同。《易》谓“三人行则损一人，一人行则得其友”。损彼则益此，天下事何者不然？

【品读与感悟】

学习一定要专心，不能三心二意，“三天打鱼，两天晒网”所说的道理就是学习、工作要有恒心，必须长期坚持。这个道理虽然很浅显，但是我们仍然要反思自己读书做事是否能够一以贯之呢？

【原文】

凡人常心不可失，常度不可改。《语》称“有恒”，《书》言“常德”，吉士《诗》美“其仪一兮，心如结兮”，无非是也。自所执之业，以及衣冠言动，内外大小，有恒无恒，罔不一辙，总以存心为主。学者用心苟能始终若一，则执业自是有成，立身自是不苟。若朝暮易趋，岁月变虑，鲜不为小人之归者。

【品读与感悟】

有恒心、有法度，以此行事才可以实现志向。朝令夕改，不守信用，那是小人行径，绝非君子所为。

【原文】

天地间只一个消长道理。一身之中，善长而恶消则为君子；恶长而善消则为小人。一家之中，善长而恶消则至于有余庆；恶长而善消则至终有余殃，推之国之兴亡、世之治乱，莫不皆然。然消长分数，于此进一分，则于彼退一分。譬则水车一般，终无停止之势。是以古人有云：“勿以善小而不为，勿以恶小而为之。”终身守此，兢兢也。今人于所不宜为者，辄曰何妨；于所宜为者，辄曰何必。以此二言，长无限过恶。涓涓之流，至于怀襄，不可不戒也！

【品读与感悟】

“善长而恶消，恶长而善消”具有朴素的辩证意识，以盈亏、增消来审视善恶变化，让人意识到做事情不能有丝毫马虎。这是符合天地间盛衰增减的自然规律，因此我们行事不得不以此警戒。

【原文】

学问之道，惟虚受最有益。譬之一器，虚则凡物皆能入之。若先置一物于中，更何物能入。《易》咸卦之象曰：“山上有泽，咸，君子以虚受人。”山至高也，泽至卑也，以至高者，乃处至卑之下，可谓虚矣，虚故能受也。若山下有泽，则为损矣。舜，大圣人也，而曰：“舍己从人”；颜渊，大贤人也，而曰：“以能问于不能，以多问于寡，有若无，实若虚。”而况吾人本庸愚之流乎？然非诚有欲然不足之心，惟恐人之告之有所不尽，终亦不能相入。若有一毫自足自是之见存于胸中，则声音笑貌之际，已有形之而不能隐者矣。此亦孟子所谓“拒人于千里之外”者也，最是学者大患。《说命》曰：“惟学逊志，未有不逊于志，而能长益者也。”医家亦以中满为难治之疾，盖膏粱药石俱不能进，则死亡无日矣。

【品读与感悟】

虚怀若谷的胸怀与气魄最是难能可贵，而有此胸怀之人才可以成为贤人。谦虚好学、不耻下问，才能会有长久的进益。怪不得林则徐以“海纳百川有容乃大，壁立千仞无欲则刚”的对联自勉。

【原文】

学问之益，须是月异而岁不同。若今日是此人，明日仍是此人，今年是此人，来年仍是此人，如何得长进？岂特不得长进而已，不日进则日退，无中止之理。日知所亡，月无忘所能，斯有日新之益。

【品读与感悟】

每天都要有一些进步，这样才能取得真正的进步。俗话说：“学如逆水行舟，不进则退。”我们每天都要自省，看到自己的进步，弥补自己的不足。倘若停步不前，抱残守缺，只能等同于退步了。

【原文】

程子云：“人主一日之间，接贤士大夫之时多，亲宦官宫妾之时少，则足以涵养德性，而熏陶气质。”吾人平日亦有然也。接诗书师友之时多，亲米盐妻子之时少，则德性气质，自是不同。一日不学，身心不知安顿何处。

【品读与感悟】

一个人的日常交际人群，会潜移默化地对他产生影响，所以选择和什么样的人交往是很重要的。多读诗书，自然培养个人的诗性气质与文学素养；多交良友、贤师，自然有助于增长学识、效仿楷模；要是整日算计盐米、亲近妻子，满脑子都是世俗琐事，又怎么会想到培养光风霁月的道德人格呢？

【原文】

学问必由师友而得。人无师友，质虽美，固陋而不知不足，不美者，非僻而自是。故曰：“道义由师友有之，然择之不可不慎也。”今之为师者，于己无所得，诬诳而已矣，不若巫医百工之人，其授受各有成法也。今之为友者，于人无所益，燕溺而已矣，不若巫医百工之人，其相示犹有艺巧也。夫服兰桂者有同芳，履粪秽者有余臭，不期而必然之势也。失在一日，悔在终身，知悔则已晚也。苟不知悔，又从而溺之，其害可胜言乎？

【品读与感悟】

师友对一个人的影响很大，所以选择师友一定要慎重。得找对自己有帮助的师友，可别找些酒肉朋友，徒然无益，说不定还会让自己不知不觉间受到伤害。师友对人有着潜移默化的影响，尤其是对青少年有重要影响。理学大家朱熹言：

“习与正则正，习与邪则邪。”[①]《颜氏家训》亦曾言：“人在年少，神情未定，所与款狎，熏渍陶染，言笑举动，无心于学，潜移暗化，自然似之。”[②]皆与此相近。

【原文】

今人与居，古人与稽，二者缺一不可。不古人与稽，则无以识事理之当然，别流俗之非是。不今人与居，则无以相观而善，切磋之益少，而所学或失之偏矣。

【品读与感悟】

张履祥的此番话语正是告诫我们“独学而无友则会孤陋寡闻”的道理。此处所言的“古人与稽”强调思想相合，即以古人为榜样，向他们看齐，自然知世俗对错，辨别事理之正误。

【原文】

凡与人一相接，不有益即有损，不可不慎。大约三种人宜近，然不可不择：贤士可以养德，明医可以养身，良农可以养生。若比匪人，则丧德；异端术士进，则丧身；嬉游无业之人处，则丧生。可为寒心也。

【品读与感悟】

与人交往也是一门学问，事关人的品德修身。与贤人相交，则会日益进步；与匪人相交，则会败家身亡。可谓“近朱者赤，近墨者黑”。

【原文】

人不能无过，但期于改。盖人生气禀既已不齐，有生以来复为习染所锢，理义之心丧失者多矣。一息不简点，视听言动已不可知，小则九容受之，大则人伦事物随所接而见，不可不省察也。然亦有自己以为无过，而不知已为大失者，正此心陷溺之深，而可哀痛者也。全赖父兄师友从而指示之，或旁人举而告之，或相与窃议之，不可不力求而力改也。子路，大贤也，而曰：“人告之以有过则喜。”

①朱熹：《戊申封事》，《晦庵先生朱文公文集》（卷11），四部丛刊本。
②颜之推：《颜氏家训集解》，上海：上海古籍出版社，1980年版，第128页。

成汤，圣人也，而曰“改过不吝”。人能于此等处取法一二，便有可商量。人无智愚贤不肖，多不喜闻过。若实论之，只不喜闻过一节，下愚而已，不肖而已，更何贤与智之有？今人千百之中，无一人肯告以过者，甚者父兄师长，亦存几分情面，以为无招其怨也，何况余人？只缘自家不欲闻过，或从而文饰之，故人有以窥见其微，弗屑开口来告耳。古今能饰非，能拒谏者，莫如纣与丹朱。然其人可师法与否？先儒有云：“攻人实过者最难；能受人实攻者尤难。”吾不能自爱其身，至于有过。而此人者不忍我之有过，而以相告，是其爱我过于我之自爱也。身者，父母之遗体，辱其身，是辱亲也。人不忍我之有过而以相告，是其爱我，又爱及于我之亲也，而敢不敬听乎？然又非知之难，改之为难。亦有一种人，面从而中不然。亦有一种人，善屈服承受，而后来仍只如是，尤为无望。正夫子所谓“吾未如之何”者。人而至此，亦可哀已。颜子“有不善，未尝不知，知之未尝复行”。此为“不远之复”，与文王“不闻亦式、不谏亦入”相类。下此得力，多在悔耳。悔者，自凶而趋吉者也。人能于过时颡有泚，背浃汗，一番惩艾，一番对治，后来临事，自知敬慎，不至大段错谬。孟子云：“人恒过，然后能改。”《离》之初爻亦曰：“履错然，敬之，无咎。”履错而敬，犹贤于履错而不敬，恒改则恒无过。试思衣不在身，垢不忘洗，疥癣在肤，苦不忘治。况疾不止癣疥，污不止衣服，其忍之哉？

【品读与感悟】

如何对待过错是一个很重要的问题，当别人切实指出自己的错误时，这也是别人对于自己真正爱护的体现。忠言虽然逆耳，但是却对我们有实实在在的帮助。即使是子路、成汤这样的圣人也虚心听取别人的意见，更何况是我们呢！以恭敬慎重的态度对待错误，才能避免更大的灾祸，切不要学习周厉王拒谏，只说是“防民之口，甚于防川”，结果自己给自己种下苦果。

【原文】

凡闻人言而不从，与夫从而不改，于彼分毫无损，适以明其厚；其失仍在自家，益以重其罪。

【品读与感悟】

无论是听而不从，还是从而不改，都不是正确的方法，最终还是自家受累。

【原文】

大凡姑息之爱，言多顺耳；德义之爱，言多逆耳。古曰：“苦言，药也。”惟人亦然。严正者，益我德者也；狎昵者，长我慝者也。于此自审，思过半矣。

【品读与感悟】

张履祥告诉我们的是“良药苦口利于病，忠言逆耳利于行”的道理。要虚心接受教训，然后好好冷静反省。

【原文】

大抵好我者之知我失，必不如恶我者之知我失之深而中。人能深察恶我者之言而改之，则庶乎其寡过矣。前有朋友于某缙绅前言忠信人，缙绅恶我者也，曰：“不明乎善，不诚乎身，安得谓之忠信？”予闻之，深服其言中予之病。又有工人私相语，谓用财不刻。中一人曰：“他是尺裏宽，寸裏紧。”予闻之，常念其言，临财出入，益不敢萌贪吝之私。

【品读与感悟】

虽说人们都不喜欢和讨厌自己的人打交道，可谁说他们全无用处呢？讨厌我的人从我身上找到的缺点往往要比喜欢我的人所说的缺点更为尖刻，对于这些缺点我们应及时改过。

【原文】

随俗习非最可畏，以其既失而罔觉也。此则父兄师友俱有不足恃之时，盖父兄师友亦有贤不肖之相去也。惟有自顾本心，裁之圣贤之遗训，善则迁，过则改，又不可从众也。《柏舟》之诗：“母也天只，不谅人只。”岂不以为爱其子？而不知爱之适以害之。“出其东门，有女如云”“溱与洧，方涣涣兮”“士与女，殷其盈矣”。此际孰知淫乱之非？而“女曰鸡鸣”“缟衣茹藘”，仍不以俗迁也。人顾自立何如耳。

【品读与感悟】

做事情应先从天良本性出发，见到善良的人事就应努力学习。切不要盲目地听从他人看法，谁能确保别人看法不会出错呢？就像父兄师友虽是自己亲近之人，可他们又不是完人，也有是非对错的时候，要想全听他们的观点可不是正确选择。

【原文】

不能反躬，是学者第一病。修己不切实由于此，与人多龃龉亦由于此。记曰："不能反躬，天理灭矣。"灭天理必穷人欲，民斯为下而已。

【品读与感悟】

张履祥屡次强调自我反省的重要性，这是儒家思想的根本要求。孔子的学生曾子寄言告诫门生：自己一生小心谨慎，如临深渊，如履薄冰，将死之际才如释重负。这是因为他强调"吾日三省吾身"，一生才过得如斯谨慎，后学者不可忽视此点！

【原文】

曾子曰日省其身，只是反躬之学。孔子、孟子只教人切己自省。

【品读与感悟】

能够自我反省非常可贵，人只有这样才能有所改过、有所进取。

【原文】

穷达寿夭，天也；知愚贤不肖，人也。在天者不可强，在人者有可为。君子为其所能为，小人求其所难强。子曰："不知命无以为君子。"古今人以不知命之故，枉为小人者众矣。游氏曰："居易未必常得，穷通皆好；行险未必常失，穷通皆丑。"好丑一成，怨仇不能毁，孝子慈孙不能改，于己取之而已矣。

【品读与感悟】

有些东西是自己不能改变的，但有些东西完全在于自己的努力与否。在张履祥看来，属于天命的东西不必强求。

二、《初学备忘》下

【原文】

作人总从幼起。“幼而不孙弟，长而无述焉，老而不死是为贼。”三语自是相因，幼不孙弟，决是长而无述；长而无述，决是老而不死是为贼。有负其初心，败于末路者矣。中道悔过者几人，晚年进德者益少。予中道悔过者矣，今日所忧，正未知末路如何，诸君慎之，切勿起脚便蹈第一句也。

【品读与感悟】

东汉孔融幼小即知让梨，南朝梁王泰年幼便知推枣，他们自幼已明白兄弟友爱的道理，沿此道路不断前进，方能成就日后功绩。为人从小应遵从孝顺之道，幼小时不懂礼义，长大后很难取得成就。

【原文】

孔子所以贤于尧、舜，曰“忠信”，曰“好古敏求”，曰“无常师”。此三者，皆今人之所不屑从事者也。今且实以“忠信”存心，平日功夫，率本“好古敏求”“三人行必有我师”之意，循此不舍，效验自是可见。

【品读与感悟】

广泛地拜师求学、努力地去学习，这是张履祥对我们的教诲。孔夫子声名为何胜于尧、舜，就是因为他讲求忠信，转益多师，又一心勉力追求而不放弃，这才被誉为“素王”，彪炳千古。

【原文】

学者一念之发，即须分别仁义与利。自古忠臣孝子，义夫贞妇，悌弟信友，皆自仁义之心为之。而其所谓乱臣贼子之类，皆自利之心为之。今日之乱，臣不顾其君，子不顾其父，以及兄弟、夫妇、宗族、亲戚、乡党、朋友各不相顾，原其初，只是怀利以相接，故其祸卒至于此。若有仁义之心，必将有所不忍，与有所不为。安有之乎？何谓仁？孟子所谓“恻隐之心”是也。何谓义？孟子所谓“羞恶之心”是也。此心人人所有，止争能充与不能充耳。出于仁义，即入于利。残贼之人谓之一夫，只是求利于已而无所不忍、无所不为也。无所不忍、无所不为，则亦禽兽而已矣。今试投狗以骨，与鸡以粟，母子兄弟随相咬相啄，由其不知有仁义故也。今日在父兄之前，人事未有所及，即就事亲从兄之节反而思之，若从爱亲敬长之心而发，此为仁义。若有一念以为如此，父兄将谓我好，他人将谓我孝弟，即是利也。更如读书学问，若谓父母生我，不可自陷于愚不肖，而思讲明义理以修其身，此为仁义。若有一念以为后日将可为富贵之资，即是利也。即如富贵，亦有仁义与利之别。若以行义达道为心，此为仁义。若有一念及于宫室之美，妻妾之奉，所识穷乏者得我，即是利也。董子曰："皇皇求仁义惟恐不及者，君子之事也；皇皇求利惟恐弗及者，小人之事也。"将为君子乎？将为小人乎？三尺童子当必能辨之矣。

【品读与感悟】

人的想法会有义与利的区别，如果我们做事情总是怀有私利而不是心存仁义，情况就会不可收敛，导致出现不可想象的结局。孟子曾说："生，亦我所欲也；义，亦我所欲也。二者不可得兼，舍生而取义者也。"他认为应该选择正义，即使舍去生命也在所不惜。这足以让不少为了谋求私利而罔顾道义者感到羞愧了。

【原文】

读书先要正其心术。心术者，如木之根、谷之种。根先坏，千枝万叶，总无着处。种是莨莠，栽培滋养，适为害耳。其正如何？曰周子有云"志伊尹之所志，学颜子之所学"而已。今日对诸君举此二语，不独诸君以为非所急、非所能，即旁人皆以为迂阔矣。然特未之思耳。颜子之学，"不迁怒，不贰过""三月不违仁"。且如今日与诸君朝夕相处，怒于此者，无端而移于彼，能堪乎？早间作为有失，少顷又复如此，可乎？此即为失其本心，不仁莫大矣。伊尹耻其君不为尧舜，一夫不获，若挞于市，非其义，非其道，一介不以与人，一介不以取诸人。且如今日与诸君相与，有善不相劝，有恶不相规，疾苦忧患漠不相关，可乎？非义妄有求与，可乎？即如诸君退而处于家庭，喜怒无常，过失日长，好恶而恶美，无论人不能堪，自顾却如何？父兄子弟不能有善而无恶，能坐视否？小臧获饥寒劳苦，能不恤否？

终日营营，取非其有，与非所当，于心下如何？推此以往，何在不然。若能将此立心，博闻强识，敦善不怠，穷为匹夫，达为卿相，总不失为君子之人。周子所谓“希贤希圣”，以至“希天”是也。若徒以自私自利为心，纵欲忘道，见善不迁，闻过不改，无论读书终无所得，即使多闻多见，适为贼仁、贼义之资而已。吾终日与诸君谆谆言者，大要不外此意。

【品读与感悟】

根正才能苗直，志向正确才能有努力进步的方向。立身不正，就像莨莠之草，纵是耗费心力，又怎么能长出丰硕的庄稼呢？周敦颐曾说：“圣希天，贤希圣，士希贤。”劝告士人效仿圣贤，仰慕贤者，愿与之齐等。我们尽管不必一定要效仿圣贤，但也得学习优秀的人，这才能有所进取！

【原文】

《大学》“诚意”章，“好恶”二字，是学者彻上下功夫，自正心修身，以至于平天下，无非是也。自下学以至达天德，更无两种学问。盖民之秉彝，见善未有不好，见恶未有不恶。好善、恶不善者，意也；好善如好色，恶恶如恶恶臭者，意之诚也，意诚则心正矣。好善好所当好，恶不善恶所当恶也，心正则身修矣。好善如好好色，则必为善；恶恶如恶恶臭，则必不为恶也。必为善，必不为不善，则所好之人能知其恶，所恶之人能知其美，而家以是齐矣。好知其恶，恶知其美，则进退赏罚无有作好、无有作恶，而国以是治，天下以是平矣。然此好恶，圣人有之，愚夫愚妇亦有之，所争只在此念之实与不实耳。圣人惟实，是以大庭广众是此人，暗室屋漏亦是此人，其极至于格庶顽、动天地，无非是也。众人惟不实，是以大庭广众是一人，暗室屋漏又是一人，青天白日是一人，夙夜寤寐又是一人，其极至于为鬼为蜮，违禽兽不远，亦无非是也。是以一念之微，不可以不谨。学者诚能谨凛幽独，使清明在躬，时时平旦之，好恶用事，则庶能不为其所不为，不欲其所不欲，而视听言动一于礼矣。视听言动一于礼，则始于家邦，施于四海，固有不下带而存者矣。此种学问，正如一条坦路，举足便可行，毋谓汝等非今日所能，与非今日所急也。身一而已矣，修之则为圣贤。不能则为愚不肖，孰为可好，孰为可恶，可以立决也。谚曰：“知好恶”，圣人复起，不能易斯三字矣。

【品读与感悟】

孟子曾言:“君子之言也,不下带而道存焉。”“带”是指腰带,古人视“不下带”为只注意眼前常见之事,孟子的“不下带而道存”赞誉君子之言虽然说的是眼前近事,却蕴含着深远的道理。张履祥本节所讲的“好”“恶”,貌似简单,无非是日常所见、所思之事,可仔细推敲,哪一件不是要事?哪一句不是至理名言?倘若依此行事,诚“不下带而道存”!

【原文】

百余年来,论学者率以诚意为主。予从事于此有年,季心谓予曰:“不明乎善,不诚乎身,君功夫却倒做也。”闻之愳然有省。又见朱子论昌黎《原道》篇引《大学》“至诚意止,不及致知格物”,为“无头学问”,笃信斯语。因是日用之间,深体格物之义,乃实有见于《大学》之道,格物而已矣。自下学为己,以至于穷神知化,一以贯之也。盖吾人之身,大则君臣父子,小则事物细微,莫不各有当然之则。惟于理有未明,是以知有不至,惟于知有不至,是以意有不诚。由明入诚易,舍明求诚难。古人所以随处体认,而必以读书穷理为先。

【品读与感悟】

诚意是做学问的关键,如果自己不诚、不善,那么做学问的功夫就用错了方向。当然,做学问还得要穷究事理,不立下这个终极目标,书就算是白读了,读得再多也只是“掉书袋”。

【原文】

体用本一原,而世之学者动为有体无用、有用无体之论。知行本有先后,而世之学者好言合一。三教本为三门,而世之学者必云一门。经权本无二用,而世之学者多好言权,而讳言经。此百余年来生心害政之祸,所以流极而未有已也。初学之士,能于此等纲领处知之明,信之笃,其于学问之道思过半矣。

【品读与感悟】

有些东西本是一体,那就无法把它们分开;有些东西本有差异,那就无法把它们合并。做学问、明事理亦是如此,遵循事理而决定对策,张履祥教导弟子还真是用心良苦啊!

【原文】

言厖事杂,为害最不细。百工之事尚不可,况学问之道乎?心志不专一,如何有成?

【品读与感悟】

春秋时有位围棋高手叫弈秋,名扬天下,吸引很多人慕名前来拜师学艺。弈秋一心想把自己的棋艺传授给弟子,讲课特别认真。有一个学生专心致志地听他讲课。另一个学生表面上也在认真地听课,可思想纷杂、心有旁骛,看到大雁从窗外飞过便想到要吃大雁肉。结果,那个心不在焉的学生和专心的学生对弈,只落得一败涂地。故《孟子·告子上》云:“夫今弈之为数,小数也,不专心致志,则不得也。”杨园先生就是想以此告诫诸生啊!

【原文】

读书不能长进,只是不能实求之身。就如今日讲解“允执其中”,讲者与听者,只说是帝王心法,不知此“中”字无事不有,无时不然。吾人今日处事接物,过一分是过失,不及一分亦是过失,能不求当于理否?事事物物,求当于理,可一息放其心否?此心不懈,庶几能当于理。然而气质之偏,物欲之蔽,尝至当者十一,不当者十有九,若一放其心,则为小人之无忌惮,无所不至矣。圣如尧舜,犹然兢业,盖以此也。舜,性之者也,尧之咨命,所以只用“允执”一语,至于禹,便大段须用功夫,是以舜复益之以三言,必至“惟精惟一”,乃为“允执厥中”也。况吾人生质本是庸下,有生以来,锢于习染,汩于嗜欲,本心之良已如日月之入于重渊,而不思以困勉之功,复道心于几希,其不陷于禽兽者罕矣。今日学者之病,多只将圣贤经书作一场说话看,不以为圣人之事断非吾人所能,则以为帝王治天下之道,于吾人日用有何干涉,是以自暴自弃。质之美者,因循废驰,昏昏地过一生,奄然与草木同朽;其不美者,则放恣溃败,以至于禽兽,而犹自谓有才有能,开口笑人,以为老生常谈,概不足听,哀哉!

【品读与感悟】

做事谨慎，勤奋刻苦，用功精深，用心专一，这才是为学之道。一个人即使天资聪慧，但为学上疏懒荒废，是不会有成就的。荒废时光，蹉跎终老，这和衰草朽木又有什么区别呢？真是辜负了大好时光，浪费了一轮圆日、满袖清风。

【原文】

布衣陈先生云："朝廷取士不行正法，虽有正教不行。"诚探本之论。至于今日，虽行正法，正教恐不遽行也。养在教之先，朝廷制民之产，能使养生丧死无憾否？庠序之士，禄足以代其耕否？不能无憾，不足代耕，而求免于死亡，衣食之来，正多不可言者矣。然则子弟之生，其自能食能言，所见闻其父兄营求谋虑，以为宫室、衣服、饮食之需者，其能尽出于义否？教者必以正，养者先不以正，是欲其本乱而末治也，而可得乎？适以济其滔天之欲而已。《春秋传》曰："为己以义不以利。"如以利，则患得患失而无所不至。父兄以无所不至之心谋其家，以养其子弟；子弟以无所不至之闻见，日锢其耳目，以及其心术；而为之长上师友者，亦莫非以无所不至之所言所行，以相渐摩兴作，而望正教之行，难已。故欲子弟之服正教，必自父兄之不失正养。父兄正，则师友自正，虽有不正之长上，不足以夺之，而子弟罕不出于正矣。故朝廷将兴学校，必以制民之产为始。民间欲遵古训，必以重其恒产为先。

【品读与感悟】

张履祥认为要以正道教育人，教育不只是传授知识，更是对他们为人的教育。如果一个人心态不正，那么这样的人学习再多的知识也必会走向迷途。而为人长辈、老师、朋友的人怀以何种心态？是仁义还是私利？他们的心态对学生子弟也会产生潜在的影响，想要教好学生是很难的。所以我们常说学高为师，身正为范，强调的就是教化之效。当然，张履祥的根本出发点在于养育，"养者先不以正"，即使后天教育也很难纠正过来。

【原文】

《易》曰："君子以多识前言往行，以畜其德。"凡为父兄师长，莫不欲子弟贤且智。然而家教不齐，今之父兄，或多不以义方爱其子弟者矣。学术不一，今之师长，亦多不以正道养其蒙士者矣。不知古人之所是，恶知在己之所非，譬之醉梦，方其醉也，不知其为醉也；方其梦也，不知其为梦也，觉而后，知其非也，且为愧之悔之，惘然而若失之矣。伊尹曰："天之生斯民也，使先知觉后知，使先觉觉后觉也。"孟子曰："圣人与我同类者。"又曰："圣人先得我心之所同然者尔。"前言往行，古人之先得我心者也。初学之日，天性未失，日闻古人之言，日见古人之行，栽培滋养，习以性成，久之自能长进。《小学》一书，以《嘉言》《善行》终篇，盖此意也。从此正其趋向，立其根基，他日无穷学业俱于是乎始，所谓"涓涓之流，成为江海"者也。世之父兄师长，以文艺干进取，以词章衺声誉，适足以锢其聪明，夺其心术而已。今即不能尽去彼取此，亦当日识一二条，扶其欲失之天良，抑其欲肆之嗜欲，徐观其志，而曲就准绳，高之可以进于上达，卑之犹不失自好之士。不然，其为陷溺，可胜哀乎？愚谓初学得力，功夫惟有此事最急。

【品读与感悟】

加强品德修养是做学问最重要的关键环节。一个人只有不丧失天良才可能更好地发展。只要沿着正道走，学古人之言语、行事，日积月累，"涓涓之流，成为江海"。张履祥亦强调："德者业之本，业者德之著。德益进则业益修，业益修则德益盛。二者亦交养互发，实是一种工夫。"他举出德与业两方面，也就是品德与学问二者的关系应是相辅相成，品德是根本，而学问的进益亦可使品德受到熏陶，从而有益于品德发展。

【原文】

孟子言"诸侯之宝三"，卿、士、庶人之家，亦莫不然。井田不行，世业之产即土地也，奴婢佃户即人民也，家法即政事也。宝珠玉者，殃必及身。

【品读与感悟】

《孟子·尽心下》曰："诸侯之宝三：土地，人民，政事。宝珠玉者，殃必及身。"他认为土地、人民和政事是诸侯的三样宝，诸侯要是不珍惜自己的国土、不顾及老百姓的死活、不关心国家的政事，只顾搜集珠宝美玉，终有一天会大祸临头，国破人亡。张履祥还由此阐发新的认知：随着时代更替、世事变迁，三宝发生变化，普通的卿、士、庶人也应当重视新的三宝。

【原文】

"凡为天下国家，有九经。"古者，天子有天下，诸侯有国，卿大夫有家，士、庶人惟有身耳。秦汉而下，田不井授，禄不公田，士庶人得以世其家，与卿大夫等。然则九经之义，亦不可不讲也。身不修，不可以齐其家，修身其第一义也。师友贤也，所宜尊；宗族亲戚亲也，所宜亲。家督，大臣也；子弟，群臣也，敬之所以立本，体之所以均爱。僮仆佃户，庶民也；内而蚕织，外而佣作之属，百工也。抚之无恩，则心不固；驭之无则，则事不成，故有"子"与"来"之义。远人其羁旅也，诸侯其故旧也，通于柔怀之义，可以远凉德，存忠厚也。立国有立国之规模，立家有立家之规模，兴衰隆替，其理一也。柳仲涂曰："祖宗忠孝勤俭以成立之，子孙顽率奢傲以覆坠之。"忠孝勤俭，修身之大概也；顽率奢傲，身不修之大概也。修其身，则此下人者，可以次第举矣；身不修，而能举是数者，未之有也。此九经所以本于诚也。家有贫富，族有大小，得乎此，贫有时富，小有时大；悖乎此，未见覆之不速也。今之为家者，知其利，不知其义，当其富贵，则强以陵弱，众以暴寡，而不思创业垂统可继之道。及其贫贱，则弱丧屈辱，不可复振。由其规模之不立也。子谓伯鱼曰："女为《周南》《召南》矣乎？"《诗》云："诒厥孙谋，以燕翼子。"此之谓也。

【品读与感悟】

张履祥强调"九经"，源自《中庸》所言："凡为天下国家有九经，曰：修身也、尊贤也、亲亲也、敬大臣也、体群臣也、子庶民也、来百工也、柔远人也、怀诸侯也。"具体是指提升修养、尊敬贤者、亲近亲人、敬重大臣、体恤群臣、爱民如子、兴旺百业、怀柔四方、威慑诸侯。从"九经"出发，他认为国有国法、家有家规，要求人们修身立德。无论贫穷与富贵，都应当不失礼制，不能因富贵而倚强欺弱，不能因贫穷而软弱屈辱。

【原文】

世儒于四书、经、史，莫不读诵，乃终其身，不知道理所在。何也？一种人是求诸高远，以为道理不止如此。若其下者，则以为此特作举业文字而已，所以鲜能知味。苟能反求诸其身，未尝不易简如天地，昭明如日月也。

【品读与感悟】

这个教诲足以令我们深思，我们虽然一直在读书，可是否真正理解书中蕴含的道理。有些人不切实际，想得过深过远；有些人不过将书本作为应试的资本罢了，真正用心体会的又有多少呢？从自身情况出发而认真读书，自然昭明如日月。

【原文】

义理，人心之所固有，特放其心而不知求，是以锢蔽耳。至于锢蔽之甚，则心中口中自觉别有一种道理，而于圣贤所言所行，真有如冰炭之不可想入矣。正孟子所谓“违禽兽不远者”也。若能时时收摄此心，不为流俗所汩、利欲所昏，则义理自见。久之，看得圣贤所言便是我的言语一般，圣贤所行便是我的行事一般，故曰：“先得我心之所同然也。”人人具可以圣贤之质，却将舍之入于禽兽之域，可哀矣哉！

【品读与感悟】

管束自己的内心，不放纵自己的“心猿”，不受流俗、利益的干扰，而是保持良知，这也是我们有别于禽兽的根本所在。

【原文】

古文辞、诗歌，时读一章，亦足以导扬志意，游泳性情。若一向沉溺，即已玩物丧志矣。

【品读与感悟】

张履祥是理学大家，深受理学濡染，其教育思想中时不时体现理学观点。在他看来，读书最应该读义理之书，而那些古文辞、诗歌只可作陶冶性情的休闲读物，不可将其作为主业并沉溺其中。

【原文】

文以达意为工，不达意为拙，当理为好，悖理为丑。其遇不遇，命也。世之趋时希合者，枉著心术而已。

【品读与感悟】

“命中有时终须有，命中无时莫强求”，话虽带些命定论，可用来警戒“鸢飞戾天者”却够了。

【原文】

人未有读时文而能长进者也。质美者不失一乡之原人，然非时文之益。至其凡下，日流卑污而已。盖所以陷溺其心者然也。

【品读与感悟】

张履祥对时文是深恶痛绝的。他口中的时文是指明清科举考试采用的特殊文体八股文，这种文体专讲形式、没有内容，文章的每个段落死守在固定的格式里面，连字数都有一定的限制，人们只是按照题目的字义敷衍成文。故郑观应《盛世危言·考试上》云：“虽豪杰之士，亦不得不以有用之心力，消磨於无用之时文。”①

【原文】

朱子《与长子书》，从师就学之道极为详尽，而终篇要之以“勤谨”二字。盖勤则进业，谨则寡失，守此二字以之终身，养德以此，养身亦以此矣。惰者，勤之反；肆者，谨之反。人无限过恶，无限倾覆，未有不从此二字来。今之子弟，有不中此二字习气否？省之改之。

【品读与感悟】

勤奋谨慎是学习应遵循的重要道理，我们也应用“勤谨”二字来时时反省自己。朱熹《与长子书》讲的就是这个道理，张履祥告诫的也是这个道理。

---

①郑观应：《盛世危言》，郑州：中州古籍出版社，1998年版，第83页。

【原文】

尝将贤于我者自比，则于己常见不足，而学日进，志益谦，此上达之机也。若以不及我者自安，则于己但见有余，而志日损，心日放矣，不流于污下，不止也。夫上下相去，岂有极哉？恶如桀纣，在它人观之如此，桀纣之心，犹未以为恶也。予于戊子之岁，适有所感，作“上达吟”曰：“一从绝顶望云霄，一堕穷严叹寂寥。今日相看何其远，不知分手在山腰。”诸君正在山腰时节，起脚一步，便分上下，可畏也。噫!草木犹知向上，而况人乎？

【品读与感悟】

人应该时时看到自己的不足，而不是骄傲自满，否则就会放松心志。我们应该时时比照那些贤良的人，正确地认识自己，保持努力向上的姿态。“草木犹知向上，而况人乎？”

【原文】

轻绝小人，人知难免于乱世，不知轻近小人，其得祸尤速而重，不可不戒也。远小人，即不免于祸，变自外至；近小人而取祸咎自己作。自外至者，可任之天；自己作者，谁任其咎？

【品读与感悟】

亲近小人必然会导致祸端，所以古训说“近君子，远小人”。君子坦荡荡，小人长戚戚，小人总是千般计较、百般思虑，生怕自己吃了亏，进谗言、谋私利、妒英才、施手段，哪一样不让人惕然而惊。

【原文】

人无时无地不与人处，在家庭则有家庭之人，在宗族乡党则有宗族乡党之人，在朋友则有朋友之人，以至在朝廷则有朝廷之人，在军旅则有军旅之人。男子生，桑弧蓬矢六，即有天地四方之志，岂能鸟兽同群，一日不与人接？在我处之，俱要得其道理。人不能有贤而无不肖，事不能有顺而无逆，能与贤人处，不能与不肖人处；能处顺理之事，不能处逆理之事，只由自家学问不足。天下无皆非之理，行有不得，反求诸己。古之圣贤，以此存心，以此克己，所以能在邦无怨、在家无怨。今日未接人事，其所与处要亦不多几人。在家则父兄宗族，出外则师友而已。然自此处得安稳，将来入世已大段见得安稳；自此不安稳，将来处处乖张，亦见于此。圣人教人，事事物物有个规矩准绳在，学者但要信之笃而守之固。"入则孝，出则悌，谨而信，泛爱众而亲仁，行有余力，则以学文。"此是诸君今日最切要之义。诚能深体而力行之，更有一处不安稳否？譬如服药者，守定已验之方，久必有效。若过信庸医，与怙病而不服，其欲已疾，不已悖乎？

【品读与感悟】

每当愿望未能实现的时候，不要怨天尤人，首先要从自己身上找原因，比如看看自身交接的对象和方式是否正确。人是有社会性的，处在人际交往的网络之中，与贤人相处，而远离不贤之人，才能使我们有所进益。孔夫子曾言："入则孝，出则悌，谨而信，泛爱众而亲仁，行有余力，则以学文。"他对学生的谆谆教诲之心和张履祥如出一辙。

【原文】

"狎侮"二字，最可痛恨。今年少人只争甚与不甚，要无不狎侮者。在家庭，不敬逊父兄；在书堂，不严惮师友，此为不孝弟之实。《孝经》云："爱亲者，不敢恶于人；敬亲者，不敢慢于人。"孟子曰："爱人者，人恒爱之；敬人者，人恒敬之。"反是而言，狎人者，人恒狎之；侮人者，人恒侮之，出尔反尔，犹桴鼓之应也。然则爱敬尽于人，则慢恶不及于亲，为子弟者，谁欲慢恶其亲者乎？何不自察也！即此一节，亏体辱亲，已有余矣，何必多行不义，然后为毁伤乎？又况狎侮之人，往往易至多行不义也。

【品读与感悟】

"爱人者，人恒爱之；敬人者，人恒敬之。"我们以什么样的心态去对待别人，别人也会以什么样的心态来对待我们，这是我们日常与人交往应谨守的原则。《诗经》说："投我以桃，报之以李。"倘若真能常怀感恩之心，待人以诚，诸事皆会顺利。

【原文】

古人居处必以衣冠，饮食必以盥箸，溲溺必以溷厕，皆所以顺性命之理。立人之道，自别于禽兽也。

【品读与感悟】

中华民族是礼仪之邦，无论是庙堂之上，抑或居家生活，各种场合都有相应的礼仪。礼，体现着制度与观念，而仪可谓是礼的具体表现形式。古代礼仪中一些优秀的内容我们应当传承下来，塑造我们的现代文明。

【原文】

轻浮二字，是子弟百恶之根。浮又是轻之本，轻言轻动，总由于浮。不恒其德，亦由于浮。唯“主忠信”可以治之。

【品读与感悟】

“墙上芦苇，头重脚轻根底浅”，立根轻浮，终无大用。张履祥直斥年轻人的浮浪行为，奉劝他们唯有以忠诚和守信为首，方能革除轻浮，走向成功。

【原文】

虽一物之细，非吾所有，不可妄取。管华终身，见于锄瓜之日。后生小子，于凡书籍、笔札、饮食、服器，无所分别，一概狼藉苟且，见其后来大段不得长进矣。

【品读与感悟】

万事万物我们都应该取之有道。取舍细节能反映出人的品性德范，就像管宁、华歆都见到地里的金子，可一个视为瓦石，一个却捉而掷去，其人品高下立见。

【原文】

风邪之中人也，适然而入于肌肤腠理之间，留而不去，传入经络，以至脏腑。及其发也，周身皆病，轻者亏损血气，变易形体，重则死亡。习气之中人也亦然。

【品读与感悟】

人们中风邪而得病的道理与人们受习气所染而受伤害的道理是一样的。先是触及肌肤表层，然后逐层深入，最终导致身体病变。要是一开始便多加注意，哪里还会伤害人身呢？

【原文】

学者须以道听途说为深戒。《论语》“色厉内荏”“乡原”“道听”“鄙夫”四节之后，继之“三疾”“恶紫”，语脉相贯。人当以是内省诸己，有则改之。

【品读与感悟】

道听途说的行为我们也应当弃绝，道听途说不利于正确的判断，容易使人走入歧途。还是多点思考，多点调查，多点判断能力！

【原文】

三风十愆，时切检点，庶乎得守身之方矣。古人俱以“敢有”二字发语，可知托根只一“肆”字。诸君勿谓今日年少，放诞恣肆不妨也，人为却“不妨”二字败坏多少。

【品读与感悟】

放浪行为，恣意所行，并不合于儒家守身之道，少年郎不得不谨慎。

【原文】

凡死于安乐之事，切戒勿作。

【品读与感悟】

张履祥这是要阐发孟子“生于忧患，死于安乐”的理念，安逸享乐使人萎靡死亡，这种情况还是避免发生为好。

【原文】

富贵福泽厚予之生，贫贱忧辱玉汝于成。吾人生于乱世，正如草木之遇秋冬，贫贱忧辱义无所辞，但当刻厉自求，使志气不为摧落。古人少年穷困，不一而足。倪宽为弟子都养，范文正日食齑粥二块，陈布衣半日卖油、半日读书，杨忠愍牛一头、麦一器，欲如吾人今日穷困，尚不可得，乃其所立俱如何？常将此等榜样自况，则志气自能激发。

【品读与感悟】

当我们处于贫贱忧患之中时，不能轻易放弃。贫贱忧患的情境反而可以作为一种动力，使我们的志气不至于颓丧，努力向前。你看史上功成名就者，有几个不是曾受过千难万苦考验的。

【原文】

放僻邪侈，"放"为首；骄奢淫逸，"骄"为首；克伐怨欲，"克"为首。人心骄纵，总由好胜，不肯屈下一念为之根，将来势便无所不至。所以君子修身，只有敬谨。

【品读与感悟】

放下身段，放低姿态，戒除任何骄逸之心。老子曾说："知其雄，守其雌。"人当贵于明知雄健刚强，却安于柔弱安静，保持谦逊，甘愿做天下的溪涧，永恒的德性就不会离失，倘若背道而驰，无异于自取其辱。

【原文】

人只为货、色、名、势四字，败尽一生。秉彝之良，人孰无之？但是四者之中，有一缠缚，此身便不得向上。推其极，不至于禽兽不止。须是斩截得尽，方得身心浩然。若只去泰、去甚，终不济事。所以学者于公私义利之际，不可不早辨也。

【品读与感悟】

我们对于货、色、名、势这四个字，即财货、女色、名声、权势，不能不心存戒惧。对于公私义利我们要明辨是非，态度坚决果断。

【原文】

尝言文字最忌俗，俗不可医。凡作人亦最忌俗。其为人也，怀俗情、说俗语、行俗事，虽其质近忠信，一乡之原人而已。今人亦有知避俗者，以耽情诗酒为高致，以书画弹棋为闲雅，以禽鱼竹石为清逸，以剧谈声伎为放达，以淡寂参究为静证。若此种种，最是流俗所尚。穷其指趣，反不如米盐妻子之犹得与于日用不知之数者也。其为俗恶，可胜唾哉！

【品读与感悟】

现代社会中有很多追逐流俗的人，他们自认为高雅，实则极为恶俗。他们不过是外在形式高雅，内心难免牵系庸俗，重要的是去掉心中各种世俗念头。

【原文】

流俗一种似是而非之论，粗知义理即不难破，而尽惑之，可哀也。姑举其说之最近理者，如“荣亲”二字，罗一峰先生曰：“古人君子，荣亲以礼义；今之君子，荣亲以爵禄。夫爵禄亦视得之以道否耳，得之虽以道，君子犹以为不若礼义之荣也；若得之不以正道，其辱莫大乎？是犹自以为于亲有荣，则是所谓病狂丧心之夫而已矣。”

【品读与感悟】

张履祥对流俗可谓深恶痛绝。用符合道义的方式获得的成就才可以使父母感到真正荣耀，否则只能徒增父母辈的羞耻之感。

【原文】

读圣贤书，不笃信圣贤，而邪说是信，何以异于不爱其亲而爱他人，不敬其亲而敬他人乎？以是为聪明才智，吾不识也。

【品读与感悟】

读书不仅要识其文字，还得品读文意，更得深信圣贤之说，这恐怕是张履祥一生的所思所行，他极度推崇先贤，事事以圣贤标准要求自己。圣贤的嘉德高行固然对我们具有启发意义，但疑古思维也不当忽略，谁能保证圣贤的一言一行都具有教育意义呢？

【原文】

人好异说，只是不肯服行常道。如节嗜欲、定心气，本可却疾永年。今于服食导引之说，乐从之者多，因嗜欲动于内，或是往事莫追，希望奇功速效也。父子笃、兄弟和、内外顺、隆于师友，笃于亲戚乡里，本可成家道、长子孙，今于祷祠鬼神、饭僧持戒之说，乐从之者多，因内省多疚，希望灭罪资福，或是见理不明，中无所主，妄希不难之获也。正如贪夫烧丹炼汞，渔色之人专意药物之补，所益不如所损，殆哉。读书之不本"四书""六经"也，亦然。

【品读与感悟】

当今社会喜好异端邪说的人真是不少！就以养生为例，人们过度偏听一些所谓的养生之道，出现了一些冒牌的养生专家，听信他们的奇谈怪论必将无益而有害。

【原文】

教世子为国之本，教子弟为家之本。国本不立，虽有山河、社稷、城郭、人民，非所有也。祖宗艰难而得之，子孙一朝而失之，可为痛惜也！家本不立，虽有祭器、坟墓、室庐、田亩、园林、奴仆，非所有也，甚而妻子非所有也。先世勤劳，而遗之远者数百年，近者数十年，后人不知守，或数年，或一二年而丧之，可为痛哭流涕与亡国等！特未之深思耳。司马温公，大贤人也，其云："积金以遗子孙，子孙未必能守；积书以遗子孙，子孙未必能读。"达哉斯言！可以破世俗谋利之心矣。而云不如积阴德于冥冥之中，是何不求之明明之义方，而责之冥冥不可知之福报乎？且为德岂所以责报也？《易》云："积善之家，必有余庆。"盖所谓善者非他，大约父子笃，兄弟和，长幼顺而已。诒谋之远，自能子以及子，孙以及孙，永世勿替。犹《诗》所云："君子有孝子""永锡祚胤"也；犹《书》所云："若农服穑力田，乃亦有秋"也。如以责报之心行之，是亦谋利而已矣。如以利，势必父子兄弟怀利以相接，而贼仁贼义无所不至矣。先儒有言曰："师道立，则善人多。"又曰："子孙贤，族乃大。"今日子弟，异日父兄，不可不蚤教也。

【品读与感悟】

教育是一个家庭、一个国家的根本。十年之计，在于树木；百年大计，在于树人。教育还得有针对性，教育后学得让他们学会怎么持家、立身，只教他们学习知识而不知立家的根本，并不能算作完全称职的教师。

【原文】

凡人有善，善日长；有恶，恶亦日长。古人有言曰："树德莫如滋，去疾莫如尽"，盖以此也。今日幼年，有何大恶？如不敬父兄，不信师友，不知慕善，不耻作非之类，此是自暴自弃之根，他日流于非僻，甘于下愚，未有不由此也。譬如种是五谷，必有秀实之望；种是莨莠，必有害苗之忧。秉彝之良，人所自有；默省反观，为善为不善，可以自知也。自己不知，长者未有不告之，告之而不从，则亦莫如之何矣。

【品读与感悟】

心中有善念，善意就会一天天增长，心中有恶念，恶念也会一天天增长。试想，如果我们做了坏事，却没有丝毫反省之意，还觉得没有什么，那么日后就会不知不觉做更严重的事情。善与恶都是在点滴中积聚的，我们日常的一举一动不可不谨慎啊！

【原文】

"善"字古无注脚，惟孟子曰："可欲之谓善"，及"仁义忠信，乐善不倦"二处。日用之间，求为可欲而不可恶，惟有仁义忠信而已。然忠信只是仁义之实处，学者惟有居仁由义，是终身事。

【品读与感悟】

孟子提倡性善，而行善也是孟子性善论的一个根基，通过行善可以实现自我的自觉行动。

【原文】

人无智愚贤不肖,莫不各有所耻。但贤者耻其所当耻,故惟明智之人为能知耻。

【品读与感悟】

现在很多人不是没有羞耻之心,而是他们的羞耻之心用错了地方。比如说,很多人以没有豪宅、名车、名包为耻,但是却不以不做善事、不助人为乐为耻,这正是不知道什么才是真正的耻辱的表现。

【原文】

人未尝见君子,而陷溺于小人,犹可望其自新也。尝与君子游处,听其言,见其行,而无变于昔日之所为,非自暴则自弃,民斯为下而已。

【品读与感悟】

与君子相处而不能效仿君子,也不希望改变自己,这样的人无异于自我放弃,很难有大的发展。

【原文】

人于先觉道理之书不乐看,长者德义之言不欲闻,非由气禀昏愚,必是习染深锢,不复能想入也。虽圣贤与居,其如之何?

【品读与感悟】

张履祥谆谆教诲弟子,一定要把至理名言听到耳中去。做学生得发挥主动性,认真听、认真学,这才能有进步,听不进去自然无济于事。

【原文】

年少之人,未尝知忧,未尝知惧,晨夕嬉游,见老成者危言切论,掩耳而去,以为我生必无可忧,亦有何惧?不知命不于常,岂特王公为然?匹士庶人,盛衰苦乐,亦各有命。若涉大川,其无津涯,向后茫无可仗,但欲长此安平无事,岂是易得?或是世道变更,或是乡土乱作,或是家运前后不同,或是此身事出非意,惟有长怀忧惧，不敢肆言，不敢妄动，庶几自作之孽可以少免。《易》著“其亡”之训，《诗》称“良士蹶蹶”，诚何心哉？《左传》楚庄无日不讨国人而训之，“以民生之不易，祸至之无日”。赫赫楚国，而君临之尚犹如此，而况吾人生于乱世，何异巢幕之燕，井谷之鲋？而云无可忧，有何惧，亦弗祥矣。

【品读与感悟】

此处我们可以深刻理解南宋著名词人辛弃疾《丑奴儿》这首词的深意：“少年不识愁滋味，爱上层楼。爱上层楼，为赋新词强说愁。而今识尽愁滋味，欲说还休。欲说还休，却道天凉好个秋！”

【原文】

父母爱子之心，无所不至，要不外养德、养身二事，故守身为事亲之本。则凡平日不能修身而至于丧德，不能爱身而至于伤生，真是无恻隐之心非人也，无羞恶之心非人也。

【品读与感悟】

父母对子女的爱最为挚诚，他们为教育子女成才可谓用心良苦，但最应该注意的是修养品德、修养身心两方面。

【原文】

人不幸幼孤，种种艰苦，种种凌侮，靡不身受。古人《孤儿行》一诗，不堪展读也。但从此能自奋发，后来得力，多在此日。若是志气不立，因无教训之人，遂自甘于沦落，与虽有旁人教训，而不肯听受，去善从恶，忝辱所生，亦多在此日。先君子有言：“无父之人，多有流落底，亦有兴起底。”每自思省，痛割于心。今与汝等言，亦所谓同忧相吊，愿各黾勉，无忝所生，使寒泉丧气也。

【品读与感悟】

张履祥提到《孤儿行》一诗，这是古诗十九首之一，诗歌中的孤儿诉述了自己的悲苦命运和内心哀痛，描绘了社会的人情冷漠与道德观念的扭曲，闪烁着晶莹的泪光，弥散着苦痛的感伤。张履祥九岁的时候，其父就遽然辞世，他的家世历经艰难，张氏兄弟备尝人世苦辛。他的这番教导孤儿的话语最为深切，是因为融入了个人的人生经历与酸楚体验。即使不幸成为孤儿，也应在艰苦环境中立志奋发，不能碌碌无为而愧对父母。

【原文】

家犹身也，元气尽则死；亦犹国也，元气尽则亡。故善养身者，养一身之元气；善治国者，培一国之元气。《记》曰："父子笃，兄弟和，长幼顺，家之肥也。"汝之先世，孝友敦睦，固已不及他氏，正如肤革虽盈，而元气已薄。乙酉之事，是其效也。汝叔侄兄弟数人，正宜惩创往事，力求敦本以善其后，如几死复生之人，急进参苓之药。乃为尊长者，不知省念，继以庚寅之事，而元气益削矣。为亲戚者，又不之念，惑以自私之言，使蹈自覆之辙，东西离析，而元气再削矣。惟汝兄弟三人最少，长者今始弱冠，幼者未成童，天性未远，正油然怡然之日。然吾观从旁之人，已汲汲乎有欲进以昌羊、乌喙之术者。语云："妻子备而孝道衰。"衰则无所不衰，非谓孝道衰，而弟道独不衰也。《春秋》之义，以均爱望人父，以能友责人兄，非不责子弟也。中养不中，才养不才，必为父兄者有以率先之，而后子弟能出于正也。然则今日收既败之局，为维新之图，皆汝仲一人之责。为弟者当思兄之勤劳，百艰所集而无可卸委。为兄者当闵弟之幼弱，一事未解而罔所依赖。以是母母子子，兄兄弟弟，历十有余年，而长者以壮，幼者以冠矣。其于汝先君子，若芭木之有由蘖也。若甘心于昌羊、乌喙之服食，而人各一心，心各一党，弟不顺于兄，兄不卹其弟，甚而谓母之于子亦有偏私，衣食佚劳亦有厚薄，动而积疑，无端生隙，又安保庚寅之祸他日必无继作？自覆之辙他日必无更悔乎？譬之木也，一披再披矣，言之可为痛心也！古人九世同居，七世同居，今日之言，犹所谓"紾兄之臂"，徐徐云尔。勿徒窃笑，以为先生之论，等诸井田、封建，非不甚美，必不可行者也。人之见识随乎志趣，人之品地因乎学问，高下邪正，相去甚远。细人之爱人以姑息，岂不自谓厚于所亲？犹之庸医杀人，岂不自信以为可以已病？而不知其害之至此极也。但自爱其生者，断然不服其药耳。先儒有言曰："为治不法三代，终苟道也。"通此意于家，不本孝弟，终败道也。鉴诸已往，可验将来。田舍之子积渐而昌，搢绅之家一朝而改，未有不由此也。尤当深念者，"生于忧患"一语。今日肄《国风》，卫为狄所灭，文公徙居楚邱，更立国家，楚邱之诗所为作也。汝兄弟播越于此，万非可望楚邱之日。然膏梁之习犹有存者，非大布大帛之心也，内外大小一于燕安，非务财训农、通商惠工之心也；惑邪妄、溺妖巫，信任匪良，疑畏正直，非敬教劝学，授方任能之心也；求近功、见小利，长虚情，损大体，非树梓漆、伐琴瑟之心也。文公惟“秉心塞渊”，是以末年遂致“騋牝三千”之盛。试思一家之心，所谓塞渊者安在？大凡国势不论强弱，总有一种舒和之气，自是绵长。人身不论肥瘠，总有一种宽厚之意，自是寿考。若迫促狭隘，则历祚无多，享年亦不永。自古及今，无不然也。是以善为家者，创业垂统，求为可继，而不以苟且旦夕之谋，计较彼此有无之间也。《记》曰败国、丧家、亡人，必先去其礼。孝弟，礼之本也，本实拨，则枝叶彫落。予与汝先君子，非寻常之交，故不已于言之切切也。

【品读与感悟】

张履祥此段文字中所说的“乙酉（1645）”“庚寅（1650）”之事，指的是清兵入关，征伐南方武装反抗力量的事情。他身历明清更替的历史关口，将此视为人生中的一段伤痛史，因此以鼎革往事教诲弟子，“鉴诸已往，可验将来”，劝告弟子当警惕往事，办好后面的事。张履祥身为明季遗民，虽有满腹话语，但囿于政治因素而说得含蓄节制，他将历史教训转换为义理之训诫。文中所提及的别名昌羊的菖蒲、形如乌喙的附子，虽有一定的药效，可是本身却含有毒性，“除小害而致大贼”，贪图一时之效而不顾及根本，只能导致枝叶凋落，这是多么惨痛的教训啊！

【原文】

同言而信，信其所亲。今日若于我，亲信不疑，则吾虽非其人，凡日常所言，要亦古之遗训也，听之不为无益。若于我言，见信不及，甚或不得已而面受，退而甘嗜流俗，相与非笑。正恐先民有作，不免“吾未如何”之叹。

【品读与感悟】

遵从古代先贤遗训，践履儒家理念，这是张履祥一生奉行的教学思想。他引以为傲的是其所传承的思想，希望弟子们能听从自己所教授的知识，切莫暗地嘲笑而不听从。

【原文】

谚云："做到老，学到老。"学之为言，效也，在俗语只是看样学样。诸君相聚于此，多者二三年，少者一年、半年，父兄之心必有取于我，而命之来也。且思今日何所为而来？他日何所得而去？《记》曰："善歌者使人继其声，善教者使人继其志。"我平生之志是何者，诸君盖亦思之？还思诸君之志又是何者？若果不以吾为非，且一步亦一步，一趋亦一趋，从此而上，阶级正无穷。若以为迂腐，不足学也，则辞去可也。

【品读与感悟】

张履祥的这番话语众心长。如何教育子弟，一定要让他们清楚自己为什么来学习，只有明确了目标和志向，才能循序渐进地有所进取。我们学习时，是不是也应该认真想一想自己希望获得什么呢？

【原文】

且如诸君今日过此，于予则曰师也，于同舍则曰友也。应思所师者何事？是乎？非乎？所友者何德？损乎？益乎？予不能有是而无非，同舍之人亦不能有益而无损。孔子曰："择其善者而从之，其不善者而改之。"则存乎诸友之自取已。孺子《沧浪之歌》，三复有警。

【品读与感悟】

我们应思考周围人所做的事情是对还是错，也要时刻反省自己，"择其善者而从之，其不善者而改之"。

【原文】

凡人父兄师友之训，当敬守之，终身勿忘。汝王考早丧，予幼不闻教训，二十余，始于门生间传习二语，有云："行己率由古道，存心常畏天知。"三十余，往山阴从刘先生学，见其书堂壁间揭曰："读书有方，在涵养本原，以得作者之意，使字字皆从己出；做人有要，在谨凛幽独，以防未然之欲，庶时时远于兽门。"吾日常念之，不敢稍忘。今以告汝，汝能本此以学，是即吾之家学也。若夫营营名利之途，背弃礼义之则，不畏于天，不师于古，非吾亲吾师之志，不愿吾子弟有此人也。

【品读与感悟】

“行己率由古道，存心常畏天知”是张履祥父亲长期悬挂的一副联语。张履祥长大成人后，得闻这一警语，便以此时时鞭策自己，甚至以此来教育子侄。

【原文】

人有伯叔兄弟，有三党之亲，有邻里、乡党、朋友、故旧，本不忧孤立。然必能自立，而后亲不失其亲，故不失其故。譬诸作室，栋梁具，然后门户墙壁可依而立，无论椽棁瓦石足以备用，虽竹头木屑皆有附丽之处。若栋梁朽腐，虽种种材物无不具备，亦无如之何也。小小间架，亦要栋梁承当得起；小小家当，亦要主人撑持得来。否则就此亲故，其贤者只可旁观叹息，不肖者从而媒孽之，枯木朽株尽足为害矣。予幼孤苦，于此情理验之最熟。靖节先生有男子五人，犹云：“三千之罪，无后为急。”每念兄子，未尝不汗浃背衣也。当时只以不勤于学，忧其不能自立，亦不料短命若此。伤哉！

【品读与感悟】

栋梁是根本，如果栋梁腐朽了，其他当无所依托。盖房子的道理虽然简单，但是用在日常事理上却形象生动，极易理解，也是极为恰当的，自家都不立根本又怎能求得他人扶持呢？

【原文】

吾乡自巽隐先生而后，三百年来未有继者。孟子曰：“人皆可以为尧舜。”《论语》曰：“十室之邑，必有忠信。”岂此地独不生才？只由世教不明，典型既远，父兄师友自幼只以时文锢其耳目心志，识趣既卑，下梢有何长进？所望豪杰之士，无文犹兴。真西山曰：“天不欲使此道复明，则必使后世无有知者。既使后世尚有知者，则必有复明之理。”此在今日尤急，狂澜之砥柱矣。

【品读与感悟】

张履祥结合世风、时事分析贤才稀缺的原因。他认为，不提倡礼教、不树立榜样而以八股文禁锢读书人的心智，只能导致读书人见识短浅，无法获得长足发展。就此，先生勉励学子当洞彻道理，痛下决心，奋发图强，效仿豪杰之士。作为《初学备忘》终篇之作，他依然强调立志、提倡奋进，这与本书主旨前后相承，力劝少年振翅高翔，其拳拳之心、款款之诚感人肺腑。

第二章

论学之道与《愿学记》

《愿学记》是张履祥创作的一部教育著作，主要记录他在为学方面的见解、认知。崇祯十二年(1639)秋，张履祥将近而立之年，退居山野，旦作夜思，历时三年终成此书，记录自己的所思所想。书名具有劝勉和立志的双重含义，即张履祥以此书寄自己立志于学之意。

书稿初成，张履祥秘藏而不示人，“初不敢告诸人人也”[①]，其友人何商隐亦言此书“宜藏之箧，勿传诸同志”。张履祥辞世10年之后，姚琏在康熙三十四年(1695)重新整理此书，还有人质疑说：“此稿既属先生未定，则不欲示诸人可知。今钞入集中，恐非先生之意。”秘藏此书的主要原因在于，张履祥早年留意阳明心学，后来舍弃心学而就理学，但这部著作因创作于早期的缘故还留有一些心学痕迹，无法彻底消弭思想发展痕迹，故张履祥基于未及删正心学的原因，而将此书深藏书箧。

姚琏《愿学记跋》记杨园原稿有360条，其中有101条列入《问目》，10条列入《读易笔记》(3条与《问目》重复)，故不计《问目》《读易笔记》收入条目，仅抄录240条，剩下的38条亡佚不存。姚琏还从张履祥其他手稿中摘录81条，附成续钞一卷。姚琏所言的条目划分与今本不同，收入《杨园先生全集》的《愿学记》分三部分：《愿学记》一有294条；《愿学记》二有174条；《愿学记》三有130条，附录遗35条。各部分的书写情况稍有不同，《愿学记》一所记条目的篇幅相对简短，寓意简单，大多谈论为学、修身之道；《愿学记》二所记条目篇幅相对较长，谈论内容较为驳杂，包括处世、为学、论评、持家等多方面，谈论义理较为深邃；《愿学记》三内容涉及谈《易》及其他典籍。

①张履祥：《愿学记后序》，《杨园先生全集》(卷26)，北京：中华书局，2002年版，第735页。

第一节　乡间儒者的求道历程

《愿学记》这部书籍集先生“求道之言”，张履祥自云：“身不行道，岂不仰愧俯怍？”创作此书时，张履祥正值壮年，汲汲道学，故此书展示了一位探求儒学之道者的心路历程。张履祥正当求学之际，心气颇高，正如姚琏所言：“求道之时，其志勇猛精进，其言严峻奋厉，其学则夫子所谓‘狂简’，志大而有所略也。”[①]故而诵读此书，“虚心以求之，精志以察之，则先生之学当自得之，固非笔舌所能罄”。通观本书，作品依然宣扬理学家的修身之道，关注为学中所应注意的道德要素、影响效应，“为学自不欺，自亲长始”，张履祥主张“生平学问专务居教务理，躬行实践，力求以仁为本，以修己为务，以中庸为归”，将道德践履转变为人生的教条。

张履祥是明末清初的理学大家，“讲求操守高洁，贫贱自守，不以财官论富贵，不视稼穑为贫贱，这是对传统观念的根本修正。他亲身从事农业生产劳动，同劳动者共甘苦，倡导以‘治生’为目的的‘经济之学’，强调以勤俭为本的伦理道德，主张以追求‘厚利’为目的，把农产品商品化以及为‘小农’‘营本’的治水思想，为实学思潮的发展做出了一定的贡献”[②]。他的一生体现了一位儒者求道轨迹的转变，而在《愿学记》中我们可以看到、感受到这位儒者的求道历程。

张履祥早年信奉心学，23 岁时，依然深信阳明、龙溪之书，认为诵读这些书“圣贤之域可指日而造”，此后读《近思录》及程朱典籍，才发觉“王氏之言矜骄无

---

①姚琏：《愿学记跋》，张履祥：《杨园先生全集》（卷 26），北京：中华书局，2002 年版，第 738 页。
②陈鼓应、辛冠洁、葛荣晋：《明清实学简史》，北京：社会科学文献出版社，1994 年版，第 536 页。

实”。王阳明是明代著名学者，他因反对宦官刘瑾，被谪贬至贵州龙场当驿丞。在龙场这个安静的环境里，王阳明结合历年来的遭遇，日夜反省。有一天半夜里，他忽然有了顿悟，这就是著名的“龙场悟道”：他醒悟到人的内心中自然有辨别是非善恶的标准，这个标准就是良知（心即理）。心即理，提倡从自己内心中去寻找“理”，认为“理”全在人“心”，这不同于程颐、朱熹通过事事物物追求“至理”的“格物致知”方法，故招致正统儒士的反驳。《愿学记》在评价阳明心学的问题上，显然没有后来的《训门人语》说得严厉、峻切。如《愿学记》说王阳明“才高而德薄，故无所往而不见其骄吝”，停留在性格特征的评价上，将心学之弊归纳为“自立主张，而以校论往古，求其得失，则虽圣贤经典，皆可生疑议之端”，忧虑心学所主张的张扬良知会扭曲事理。此时，他对心学仍未彻底否定，故曾云“致良知功夫，到得尽头自是恰好，但恐未能恰好，即便有过、不及之蔽”，说得比较理性。可《训门人语》所记先生晚年直接认为王阳明《传习录》是诐淫邪遁之书，读之令人心绪作恶，他甚至教诲后学说王学“推其极，即弑父与君，无所不至，亦可为也。何也？盖吾心固无不是也”。斥责它会教导人弑父与君，这种批评是极为痛切、严肃的，话说得也很过激，大有灭之而后快的心理，前后态度显然有别。

他后来所学之道，即儒家理学之道，“习而学道，犹以璞为器，以丝为章，于希圣贤也何有”，以成圣成贤相期。儒者如何才能求道，求道的途径是什么？张履祥在《愿学记》开篇即言：“吾与圣贤同此身心，同此日月，如何不学？”我们崇拜圣贤，但也因此思量自己为何不能有所成就，而想有所收获，一定要经过学习。可见，求道必须要学习。

从《愿学记》所载来看，颇多张履祥个人的道德修习之语，所求之道偏重于道德层面的儒道。《钦定四库全书总目提要》说：“履祥初讲蕺山慎独之学，晚乃专意程朱，立身端直，乡党称之。其书多儒家之言。”[①]尽管他创作《愿学记》，还未向蕺山学道，但已有慎独的意识，显然继承了传统儒学的观念。《愿学记》说：“只独之不慎，便是闲居，为不善无所不至。试思一念不慎，长多少过恶来。”他的慎独

①纪昀：《钦定四库全书总目提要》，北京：中华书局，1997年版，第1290页。

引向善的角度。他的愿学之意建立在道德、品行修养基础之上，试图改正凡人品行上的诸多不足。他说："局量偏浅，规模狭隘，即能自爱行善，未免也成为不辨是非的人。"所谓的局量、规模，都是有关个人气量的术语，而作者的目的就在于规诫世人能自爱其身、敦行善道，否则就会不辨是非，落于糊涂。又言："隐恶而扬善，则善日至，是与人为善者也。吾人与人之道，宜如是。"张扬人所具有的善行，这涉及仁善的问题。

归纳《愿学记》中的道德修养，无非是儒学所言的克己复礼之说。《愿学记》言："克己者，克其有物之己也。引于外者为声色货利，据于中者为意、必、固、我，皆足以害其心之本然。"张履祥试图约束己身，严于律己，远离声色货利，泯灭内心所具有的物念，返回人性之善。儒家所说的性包含天理，唯至诚之人，才能发挥人和物的本性，使各得其所。钱穆先生曾说："（中国人思想）还是在尊重人性，还是在主张个人之自性自行之最高自由。这一层，是宋儒程、朱所以仍不失为古代儒家孔、孟传统之所在。"[①]此种性"穷理尽性，以至于命"，故杨园自云"性外无学，学者所以求尽其性也"。《礼记·中庸》言："唯天下至诚为能尽其性，能尽其性，则能尽人之性，能尽人之性，则能尽物之性。"能够穷理而尽性，方孝孺认为"虽即吾身为孔孟可也"，这也是张履祥所强调的。性归根结底属于人生论范围，《中庸》在讨论性问题时，说"修道之谓教""道不离人"，人要做到率性，便要修明此道。也就是说，张履祥所求的道，主要是人生存方面的问题，他想在性、理方面启示自己的人生导向。

在求道的历程中，我们也会遇到各种情况，出现各种问题，张履祥对于求道之路有着自己的思考，显示了一位理学大家求道的思维历程。在求道之中难免会出现这样那样的错误，但是如何对待错误，如何提升自我尤为重要，"改过而迁善"则是我们应当历经的正确途径。"改过迁善"之语出于《易·益》中的"君子以见善则迁，有过则改"，改正过失而向善，发扬做得好的方面，改正做得不好的方面。这是一条求道之路，也是我们应当选择的道路。只有迁善改过，我们的人

①钱穆：《中国思想通俗讲话》，北京：生活·读书·新知三联书店，2002年版，第42页。

生才能不断成长、不断进步。《论语》云:“往者不可谏,来者犹可追。”我们应时时总结自己在人生道路上的成败得失,努力争取更好的未来。“过而不改”则会使我们偏离正确航线,误入歧途。改过对于求道而言极为重要,故张履祥言:“乐善改过,所以修身;修身,所以成大业也。古之成大业者,莫不以此。”这里可以举周处改过的例子,如《晋书·周处传》曾记载善于改过的周处之事:周处少时横行乡里,为人所深疾,州人将他与南山白额猛虎、长桥下蛟合称三害。但周处得知自己此等声名后,勇于改过自新,慨然有改励之志,射虎斩蛟,痛改前非,励志好学,数年后,名声大振。

在求道之中,也常会出现“能言而行不逮”的情况,张履祥在《愿学记》中一句“能言而行不逮,敢不猛省”,可谓醍醐灌顶、当头棒喝,令人警醒与觉悟。“能言而行不逮”之语最早见于《论语》,此语孔子用来批评他的学生宰予。宰予善于思考,善于提问,曾随着孔子周游列国,宰予有个突出特点就是能言善辩,《史记》亦称宰予是“利口辩辞”。能言善辩可谓是优点,但也不能停留于口头,而应落实于行动。宰予给我们留下印象最深之事莫过于其昼寝之事。宰予曾大白天睡觉。孔子说:“腐烂的木头不堪雕刻。粪土的墙面不堪涂抹!对于宰予这样的人,还有什么好责备的呢?”由此事孔子总结道:“起初我对于人,听了他说的话就相信他的行为,现在我对于人,听了他说的话却还要观察他的行为。”我们在生活中也常会遇到这样的情况:一些人喜好夸夸其谈,行为却相差很远,他们常常是言语上的巨人,行动上的矮子。这些人足以为人所诟病,由此我们也应当检省自己有无上述情况。对于言语与行动,儒者早就有所思考,《论语·里仁》中的“君子欲讷于言而敏于行”就是说君子说话要谨慎而行动要敏捷。古人之言,我们应时刻谨记,说话做事应当三思而后行。张履祥强调“行”之重要,他主张任何事情都应亲力亲为,不能只是动嘴不动手,否则会流入伪善的“乡愿”之流。因此,张履祥对于群居游谈之行为最为厌恶,认为此种行为最是有害。

求道之路亦是一条自我检省之路。张履祥认为:“身不行道,岂不仰愧俯怍?”这也就是说自身不行道义,难道不觉得仰起头来对天有愧,低下头来对他人有愧吗?张履祥这里强调自省,目的是劝化世人修身自重,莫行为非作歹之事。

求道之路亦是一条漫长之路。张履祥认为:“大抵学问之道,只恒久便有益。”做学问一定要持之以恒,这正如《易》所言:“日月得天而能久照,四时变化而能久成。”求学求道无所谓终南捷径,《愿学记》言:“山至阻也而人梯之,海至险也而人航之。志之所前,何往不济?”山极为险阻但是人可以爬上高山,海极为深险但是人们能在大海里航行。只要有前进的志向,到哪里都会成功的!张履祥还尖锐地指出流行的一些言论“谓学为顿悟,不由渐达者”,认为“此言非也”。

求道之路也应注意环境的影响。一个人的成长离不开环境因素,正如张履祥所言:“将树谷者,必去其草;将具食者,必涤其釜;将学者,必离其旧习之污。”此意即为将要种植谷物的人,一定要除去杂草;将要准备食物的人,一定要洗干净锅;将要做学问的人,一定要远离旧有的不良习气。环境对人的道德养成起着重要作用。《孔子家语·六本》记载孔子对自己死后弟子状态的预言颇有意味,孔子曾言:“吾死之后,则商也日益,赐也日损。”孔子断言:子夏会比以前更有进步,而子贡会比以前有所退步,这是为什么呢?原来孔子发现子夏喜爱同比自己贤明的人在一起,子贡喜欢同才质比不上自己的人相处,所以子夏的道德修养将日有提高,而子贡的道德修养将日见丧失。正所谓:“故日与善人居,如入芝兰之室,久而不闻其香,即与之化矣;与不善人居,如入鲍鱼之肆,久而不闻其臭,亦与之化矣。丹之所藏者赤,漆之所藏者黑。是以君子必慎其所处者焉。”[①]

如前所述,张履祥的求道之路开始学习陆王之学,深信王阳明、王畿之书,后阅读朱熹《近思录》等书方渐入佳境,遂痛绝于王学末流的各种弊端,宣扬程朱之学,成为清代理学大家。张履祥的求道之路可谓成果显著,清人方东树评价其:“近代真儒,惟陆清献公及张杨园先生为得洛、闽正传。自陈、湛不主敬,高、顾不识性,山阴不主致知,故所趋无不差,而清献与先生实为迷途之明烛矣。先生尝师山阴,故不敢诵言其失,然其为学之明辨审谛,所以补救弥缝之者亦至矣。先生实开清献之先,清献尤服膺先生之粹。”[②]张履祥对理学的阐释多源于对程朱之学的发挥,遗憾的是,在理论上并未有太多新的突破。

---

①王国轩、王秀梅:《孔子家语》,北京:中华书局,2011 年版,第 198 页。

②方东树:《重编张杨园先生年谱序》,张履祥:《杨园先生全集》,北京:中华书局,2002 年版,第 1776 页。

第二节　修身治学的读书途径

为学之道，是《愿学记》所探讨的一个重点问题。30岁左右的好学者张履祥，对读书有着丰富的经验和深刻的体验，又怎会不去考虑读书之道呢？张履祥的读书之道，是涵养性情、陶冶德操的诵经之学，他说："不耻愚不肖，而耻学问，于人可谓智乎？"不把愚蠢不肖当作耻辱，却耻于做学问，这显然不是读书人应该做的事情，他欲并重学问、修养，故其读书之论有鲜明的道学色彩。

张履祥自己就是在读书中不断体悟学习之法，不断探索儒家之道，他介绍自己由心学而入理学，"后读《近思录》以及程、朱诸书，渐觉二王之言，矜骄无实而舍之"。针对读书，张履祥结合个人经历，进行了很认真的思考，提出了一些优秀的见解，这都记载于《愿学记》之中。

关于读书，张履祥认为要讲究踏实、求实。作为理学大家，其在理学学理上"不慕新异，只求固守，一味恪守程朱理学的宗旨信条，阐发学理大多是对孔、孟、程、朱之旧说的重申。他所注重的不是对儒学学理作新的阐发，而是强调'笃实'地加以实行"①。他说："凡读书，每处必求其实，自然有益。"重视实践，试图将所学知识应用于实践之中，这成为他的理论中较为突出的特征。读书要知其意、会其神，要有真正的领悟与体会，要把书中知识运用到自身生活实践之中。如果读书而不求甚解，则会出现如先生所言之情况："三尺童子，已诵孔、孟之言，终其身不知所言何事。"这足以令人深思。我们读书学习，常常是知其然，不知其所以然，有些东西虽然我们亦能成诵，只是对表面之意有模棱两可的认

①史革新：《张履祥理学思想初探》，《徐州师范大学学报》2007年第1期。

识,但对其深层含义却不甚明了。如果能将其运用于实践,自然会有收获。

张履祥读书的具体方法，所悟之理，基本上近似传统理学。不妨援引朱熹《朱子童蒙须知》,详察儒家读书细节:“凡读书,须整顿几案。令洁净端正。将书册整齐顿放。正身体,对书册,详缓看字,仔细分明读之。须要读得字字响亮。不可误一字,不可少一字,不可多一字,不可倒一字,不可牵强暗记。只是要多诵遍数,自然上口,久远不忘。古人云:书读百遍,其义自见。谓熟读,则不待解说,自晓其义也。余尝谓读书有三到。谓心到、眼到、口到。心不在此,则眼不看仔细。心眼既不专一,却只漫浪诵读,决不能记。记,亦不能久也。三到之法,心到最急。心既到矣,眼口岂不到乎。”①在理学家看来,仔细读书,反复推敲,熟读细思,目有所见、口有所诵、心有所思,才会掌握读书真谛。

张履祥在《澉湖塾约》中记录自己亲身教导子弟们如何安排一天的时间去读书,可使我们详知其读书方法:

初觉,即省昨日所业,与今日所当为。旦而起。

衣冠。读经义一二条,先将正文熟诵精思,从容详味,俟有所见,然后及于传注,然后及于诸说。洗心静气,以求其解。毋执己见以违古训,毋傍旧说以昧新知。乘此虚明,长养义理。

午膳后,敷述所看经义,以相质问。论说逾时,总期有当身心,勿宜杂及。

日间言语行事,即准于经义而出之。其有不合,必思所以。习心隐匿,种种自形,力使其去。旦昼梏亡,庶乎免矣。若人事罕接,则读史书一二种,无余力则已。非徒闻见之资,要亦择善之务。

日暮,捡点一日所课,有阙则补,有疑则记,有过则自讼不寐,焚膏继

①朱杰人、严佐之、刘永翔主编:《朱子全书》(第13册),上海:上海古籍出版社,2002年版,第373—374页。

晷。夫岂徒然对此？良宜深省也。问难之益，彼此共之。有疑则问，无惮其烦。不止书中义理为然。仆虽寡知，昔闻于师，敢不罄尽。其不知者，正可互相稽论，以求其明。勿以迟暮，惘惘而弃之也。①

通过上述这些具体的读书规划，我们可以更为详尽地了解儒生的读书情况，亦可据此安排自己的读书生活。从清晨到夜晚，接受私塾教程的读书人并不轻松，他们在每一个时间段都要认真学习，而这正是张履祥及无数学子读书生活的写照。

张履祥的读书之道强调要戒除功名富贵之心，这从根本上转变了时人的认知。“学得文武艺，货与帝王家”，大概是无数士人的想法，他们想通过科举来改变个人的命运，存有“鱼跃龙门”之念，一朝科榜高中，人生便自此改变，可谓飞黄腾达、前途无量，什么问题都会解决了。但张履祥却对当时的教育体制与考试制度表现出强烈不满，他认为科举制度不利于学子的读书求学，他关注的并非是靠读书去夺取名利，从根本上排斥功名利禄等外在形式。他把人们不重耕种归咎于科举制度，“近世以耕为耻，只缘制科文艺取士，故竞趋浮末，遂至耻非所耻耳。若汉世孝悌力田为科，人即以为荣矣”。因为张履祥很重要的教育思想之一即是耕读相兼，觉得科举制度有损于农业之本，导致农耕遭到国家基础观念的轻视，自觉地维护农耕制度，对一味追求功名利禄的科举制度表现出厌恶情绪并予以谴责。

张履祥强调要读圣贤书，读儒家经典以明晓义理，读书起点颇高、旨意颇深。张履祥曾提出：“吾辈为学，读《孟子》，知入德之门矣。”他标举《孟子》，是肯定其心性之论、仁义之说，从而达到道德的提升。虽然这里的义理、道德带有时代的特色，反映理学家的整体意识，但他认为读书的宗旨是要明白做人的道理，使自己得到完善、得到提升，这具有鲜明的实践意识，即将知识运用到个人践履

①张履祥：《学规》，《杨园先生全集》（卷35），北京：中华书局，2002年版，第986页。

之中，而对于那些将读书作为“攻浮文以资进取”的短视、功利行为则予以极力痛斥。

要想通过读书而求道，正确选择所读书目显得非常必要。张履祥在《示儿》中告诉儿子应该读哪些图书，并列出了由浅入深的书目，即始受《小学》，次《大学》《论语》《孟子》《中庸》，次《诗》《书》《礼记》《周易》《春秋》，次《近思录》《唐鉴》《大学衍义》《性理》《通鉴纲目》等书。为何要读这些书，张履祥列出各书的重要意义及教育作用：“《小学》是读书做人基本。‘四书’圣学之渊源，义理之统宗。‘六经’义理互相发明，不治经，则书义不能通达，异说足以夺之。《易》是家传一经，尤当加意。《近思录》，治经之阶梯。范氏《唐鉴》，读史之门户。《大学衍义》，经史之条贯。《性理》《通鉴纲目》则经史之钥匙蓍龟也。学者当务之急，具此数书。其他经籍文字，可以类推。”[①]张履祥所提出的读书目的值得今人深入思考。考试原本只是一种检测和督促学习的手段和工具，但是现代社会却舍本逐末，将考试作为学习的目的，于是学生的学习并非兴趣使然，亦无明理晓事之导，他们的所读所学都是为了应对每一次考试。很多学生在中学阶段努力刻苦学习，应对考试，但当进入高等学校，却丧失了人生目标和学习的动力。在大学这一讲究发挥个人思考、发挥个人自我研究的环境中却表现得怠慢懒散，全无“自由的思想，独立的精神”，这是由应试教育所引起的一大悲哀，不得不引起反思。

如何选择书目对我们现代人而言同样重要。古人受印刷条件的影响，无法广泛获得所需书籍。而我们现代社会是一个信息爆炸的时代，面对各种学科形形色色、种类繁多的书籍，该如何选择呢？古语有言：“开卷有益。”而面对大量书籍、大量信息，我们不可能漫无目的地读书，这样不会有太大收获，应当学会选择。有些书籍可以作为提升我们人文素质修养的必读书目，对于中国悠久的传统文化，我们要选择经典，选择那些具有典范性、权威性、长期流行的书籍，如《论语》《孟子》等，这些书籍对于培养我们的价值观、文化品位等极为有益；有些书籍可以作为我们的兴趣爱好，如人物传记、生活知识、科普读物等；有些书籍可以作为我们的专业学习，如物理、数学方面的书籍。但无论读何等书，“必期得其

①张履祥：《示儿》，《杨园先生全集》（卷14），北京：中华书局，2002年版，第439页。

要领，沉潜而反覆之，则益自至矣"，要领会书中的要旨与深意，应当反复沉潜思考。

关于教育的重要性，张履祥主要从两个方面进行了论述：一方面是诱发"天命之性"，另一方面是导引"气质之性"。张履祥认为天命之性是纯善的，而气质之性有善有恶。教育对于天命之性抑或气质之性都有着重要的作用。就诱发天命之性而言，他认为人的天性中存有善质，但是这种善性是潜隐着的，需要后天的激发与引导，而这种激发引导的力量就是教育。如果正确地引发出人本性中的善质，就会有良好结果，反之就只是常人。张履祥讲道理常以实例为证，他举孔子、孟子等人的例子，告诉大家这些古代圣贤之人也都是通过后来努力学习才有所成就的。就导引气质之性而言，他认为人性具有善恶两个方面，只有教育的正确引导，才可以使人向善而非向恶，后天的教育与学习对人起着重要作用，对人的一生具有重要的影响。

如何做学问呢？学问是一件快乐的事情，无须为此徒然悲伤，故先生云："学问乐事，何故作楚囚相对？"这就是今天的快乐学习的教育理念。快乐学习是以一种积极、健康的心态去面对学习，而不是预先将学习设想为困难。今天的学生，一说到学习读书就有难意，此正所谓心态不积极，而以此种消极态度去面对学习，必然会事倍功半，达不到真正的效果。学习是一件快乐的事情，我们以快乐的心态去学习，去探求与分享知识，去达到自我的提升，达到一种人生的新境界，这是多么有意义之事！孔子《论语》中曾提到曾皙所达到的境界："莫春者，春服即成，冠者五六人，童子六七人，浴乎沂，风乎舞雩，咏而归。"[①]在暮春时节，我们穿上春天的衣服，约五六位朋友，带上六七个小孩，到沂水边沐浴，登上雩坛迎风起舞，一路唱着歌回家。这是何等美好的境界，何等快乐学习、寻求道义的心态。连孔子都不由地感叹"吾与点也"。

宋代理学大家周敦颐小时候就喜爱读书，在家乡道州营道(今湖南道县)颇

①杨伯峻：《论语译注》，北京：中华书局，2009年版，第118页。

有名气，人们赞扬他志趣高远，博学力行，大有古代圣贤之风。周敦颐将学习视为一种乐趣，从先秦时代的诸子百家，到汉代才传入中国的印度佛家典籍，他都广泛涉猎，将学习求道视为乐事。其《爱莲说》为人所传诵，体现了一种人生境界："予独爱莲之出淤泥而不染，濯清涟而不妖，中通外直，不蔓不枝，香远益清，亭亭净植，可远观而不可亵玩焉。"理学家的这种境界，正是张履祥汲汲追求的，他希望通过学习提升自我，达到光风霁月、肝胆冰雪的人生境界。

第三节　教学理念的思想根源

读《愿学记》,是感知张履祥观点,触摸他体温的重要途径。这部书籍勾勒出张履祥早年的思想发展脉络,还原了一位儒者的精神面貌。那么,《愿学记》的思想来源于哪里呢？这需要结合该书去深入探索。

毋庸置疑,《愿学记》思想直接源于儒家传统观念。张履祥五岁的时候,父亲便授以《孝经》,后来从陆时雍学《周易》,所读书籍基本上是儒家经典。明代学子,为应付科举考试,往往把毕生精力用在学习八股文上以争取夺得功名。八股文以四书五经中的文句做题目，只能依照题义阐述其中的义理，故而学子要学习四书五经，即《论语》《孟子》《大学》《中庸》《诗经》《尚书》《礼记》《易经》《春秋》。张履祥早年着意科考,所以所读之书多是四书五经,他的思想根源便植根于这些书籍。

在传统儒学对人的认识观念中,君子属于最理想和最完美的人物范型。《论语》写及君子 107 处,从各个角度将君子树立为道德楷模。与君子相对应的是小人,《论语》24 次提及小人,这是以品性进行划分的一类特殊群体。仁与不仁,是孔子区分君子与小人的基本标准,如《论语·宪问》云:“君子而不仁者有矣夫,未有小人而仁者也。”意即君子一定可以成为仁者,小人一定属于不仁之人,也就是君子是最有道德修养的人,小人是缺乏道德修养的人。那么,道德成为评价君子、小人的一个重要标准,孟子所说的存心也具有这层意思。《孟子·离娄下》认为:“君子所以异于人者,以其存心也。君子以仁存心,以礼存心。”君子和常人的不同之处就在于存心良善,无非想着仁、礼,而小人则必然有违君子行为,存心无涉良善。君子、小人成为划分人的一道森严的壁垒，但这并没有严格的界限，仅是模糊的界定。张履祥思维深处留有传统要素，反复探讨君子、小人之别。他说："君子其心可测，其身不可测。小人其身可测，其心不可测。"又说："君子之心，犹渊之泉也；小人之心，犹鼎之汤也。"立足之处皆在存心，通过存心去判断君子、小人之行。划分两者并非张履祥的目的，他是希望世人循此而有警醒，故云："取圣人之言以治己之谓君子，取圣人之言以诳人之谓小人。"遵循圣人之言而律己就是君子，利用圣人之言去蒙骗别人就是小人，两者的本质区别仍在于一是存圣贤之心以律己，一是存心借圣贤言论以利己。张履祥辨明君子、小人之别，遂以此教诲世人"与君子交能使人厚，与小人交能使人薄；与君子交能使人诚，与小人交能使人伪。慎哉！诚伪厚薄之际，可以省己，可以观人"。无论是观念所秉，还是论述目的，皆以儒家传统观念为主，最终导向道德自律的终极目标。正如张履祥自云："君子攻己之恶，故人称其善也。小人誉己之善，故人莫告其恶。"君子反思不足，才能日近善行，倘若背道而驰，只能是愈行愈远。反躬自省，自责己过，恰是儒家立身行事之根基，亦是张履祥所悟、所行之事。

《愿学记》能撰集成书，留有张履祥母亲的影响痕迹。张母对二子影响较深，《愿学记》记载这一情况，云："今恐恐然不敢以不好修者，幸先慈之教耳。"言明其母的教育作用。张履祥父亲早逝，正是母亲含辛茹苦、孜孜不倦的督促教导，才为他将来成就大学问奠定了基础。张履祥在《愿学记》最长的一条中追述其母的教诲，"每思先慈母之训诲，无非圣贤至教"，详列母亲平日所教，大致有德于己者不可忘、毋忆人之短、有余施及穷人、宗族亲戚朋友毋远、毋求人毋倚势、凡事宜有终、毋忘善言、毋耻衣不鲜等等，基本上劝子为善行仁，在道德规范等方面提出自己的看法。

《愿学记》还有张履祥早年生活体验的印迹。张履祥最喜欢谈到志向的问题，这和他试图摆脱清寒境遇所做的努力和尝试体验难以撇开关系。张履祥之母抚养二子，备尝世事艰难，曾向履祥、履祯哭诉："人惟此志。孔子、孟子亦只孔、孟两家无父之子，惟有志向上，便做到大圣大贤。汝若不能读书继志，而父九原安得瞑目！"儒家之道，并非朝发夕至、一蹴而就之事，需要花费无数精力、时间去完成,有些人可能望而生畏,畏葸不前,故他说:“山至阻也而人梯之,海至险也而人航之。志之所前,何往不济?”高山险阻,深海浩渺,望洋兴叹什么用也没有,还不如立志乘长风,破万里浪,必无往不及。他把事情成败与否归之于是否立志,把是否坚持志向视为检验成功的一个标准。“今人临事,屡日夕不倦。事已,肢体厌怠,只是志不立之故。志胜,则不厌怠矣。”强调立志与坚持志向的重要性。“欲志伊尹之所志,当志范希文;欲学颜子之所学,当学朱考亭。日渐而进,自有所不能已矣。”志向说得直接些,就是人内心所秉持的希望,有了为之奋斗的希望,才会生发力量,勇往直前。志向是理想的,实践则是现实的,张履祥常将虚实相结合,将知行视为一体,他说“不可不试之以事,不然无处得力也”,即有实践是检验真理的唯一标准之意。

他出身农家,家境贫寒,故其著作便把个人生活体验引入文字之中。他常用自己熟悉的田间之事阐释道理,“农夫之播百谷,犹必越三时而后成。为学欲速,求治太急,未有不若宋人然也”,具有浓厚的耕读并重意识。《愿学记》倡行节俭,“饮食之间,不可有忘民力”,把自我的生存观念引入著作之中,时刻不忘农耕之苦。他教育子弟要吃苦耐劳,在《答颜孝嘉》中曾指明“父母于子欲其他日克家,必须使其苦惯”[①]。

概之,张履祥的《愿学记》反映他早期的教育思想与为学理念,无论是为学之道还是处世之道,都有鲜明的儒家特色,书籍要读儒家经典,立身要循儒家仪礼。思想主体仍是道德修养方面,正如学者所论:“张履祥的个人德行修养论是以‘自敬’为主要内容,所以‘大纲’的标准以及良好德行的内容所实施的对象也是以‘己身’为主。至于如何做到‘自敬其身’,他提出首先要‘恭俭’。恭是对言行举止的要求,俭是对衣食住行的要求,无论是恭还是俭,都要做到实事求是。经常在恭和俭两方面加强日常细节方面的修养,内心就不会产生过分的奢望,品行也自然能保持端正。”[②]

①张履祥:《答颜孝嘉》,《杨园先生全集》(卷13),北京:中华书局,2002年版,第366页。

②张彬:《浙江教育史》,杭州:浙江教育出版社,2006年版,第301页。

第四节　《愿学记》品读

一、《愿学记》一（节选）

【原文】

吾与圣贤同此身心，同此日月，如何不学？

【品读与感悟】

诸位可曾思量，自己与圣贤有何不同？成圣成贤者，与凡夫众民共用日月，皆有身体、皆有头脑，人家却能青史留名，我们为什么就不可以呢？杨园先生一句话，便消除凡人与圣贤的界限，这等于鼓励众人向圣贤看齐，效法圣贤。

【原文】

凡读书，每处必求其实，自然有益。如读《大学》"在明明德"，便思明德是何物。若实见得，其于学也思过半矣。

【品读与感悟】

读书一定要深入思考，真正领悟。只背些内容，记些文字，不求甚解，不思考书中蕴含的道理，并无多大的意义。

【原文】

三尺童子，已诵孔、孟之言，终其身不知所言何事，岂非百姓日用而不知乎？

【品读与感悟】

这也是我们应该思考的，我们诵读了很多书，但是又真正领悟了多少呢？杨园先生曾引用《周易·系辞》:“仁者见之谓之仁,知者见之谓之知,百姓日用而不知,故君子之道鲜矣。”此意谓仁者、智者都从各自角度去观察易道,致使大家虽然每天都在应用易道却并未真正了解它, 所以圣人君子所说的道很少有人懂得。身处其中,更当明辨思虑,莫终日浑噩而不知求索。

【原文】

苟无笃信之心,虽圣人,亦如之何?

【品读与感悟】

笃信之心,近于恒心,都强调在某一事物上要坚定不移、不加动摇。思想若是左右摇摆,没有定数,纵使是天才,也很难成功。

【原文】

王充曰:“舍其家而观他人之室,忽其父而称异人之翁。”今之儒名而墨行者为然。

【品读与感悟】

王充是东汉著名的哲学家,其在《论衡·须颂篇》中提出人们应表彰颂扬功德,臣子宜宣扬称颂皇帝,知道君王的功德而称颂他的完美,看到汉朝的杰出而表彰它的功德。如果抛开自己的家而赞赏别人的家, 轻视自己的父亲而颂扬别人的父亲,不能称为美德。张履祥这里强调的却是家族血缘关系,他认为一个人先得考虑自家,颂赞自己家人,而不是滥用爱心,间接批评墨家的兼爱之说。

【原文】

《论语》曰:“往者不可谏,来者犹可追。”又曰:“幸迷途之未远。”念此,即何能不改过而迁善也? 所忧者,后之视今,犹今视昔耳。

【品读与感悟】

改过而向善,是一个人成长的必由之路。“过而不改,是谓过矣”,只能离正确的道路愈行愈远。

【原文】

君子其心可测，其身不可测。小人其身可测，其心不可测。

【品读与感悟】

小人内心是深不可测，很难把握的，让人想不透他要做什么。我们在交往中要注意远离小人。而有道德的人则不同，他们往往心口如一，你看到他做事就能揣测他的心意，正因如此，他们的修养深邃如海让人无法窥知。这也就是张履祥在注文中所说的“日新”。“其德日日增新”，每天都有完善、进益，让人无法预知他们的止境。

【原文】

祖孔子而宗颜、曾，百世无敝。

【品读与感悟】

孔子乃是圣人，颜回、曾参则是孔子的贤徒。颜回安贫乐道，身处陋巷而不改其乐；曾参畅言孝行，以孝为本，三省己身，效法他们，对儒士而言受益匪浅。

【原文】

规矩方圆之至，圣人人伦之至。为学不师圣贤而师己意，其敝将有不可胜言者。

【品读与感悟】

为学之道，当有所师，故唐代文学家韩愈《师说》所言：“生乎吾前，其闻道也固先乎吾，吾从而师之。”倘若不求学于师，不向圣贤学习，又不收束个性、修身养性，随着性子，恣肆胡为，恐怕迟早会出问题。

【原文】

局量褊浅，规模狭隘，即能自爱行善，未免为乡人也。

【品读与感悟】

人要有度量、雅量,如杜甫《移居公安赠卫大郎钧》诗云:“雅量涵高远,清襟照等夷。”宽宏气量要求注意举止、姿势,外在表现出来的应是宽容、平和、若无其事,如果气量狭隘,难免让人怀疑其人品。

【原文】

能言而行不逮,敢不猛省?共工之恶,亦只静言庸违而已。不耻愚不肖,而耻学问,于人可谓智乎?

【品读与感悟】

“言语上的巨人,行动上的矮子”最为人所诟病,让人鄙夷其人。至于那些甘于愚钝、不思进取者,还自以为是地轻视学问,更是不足言道。

【原文】

吾辈为学,读《孟子》,知入德之门矣。孟子本之子思,子思本之曾子,源同而流不异,玩其辞者,当自得之。

【品读与感悟】

《孟子》承孔门思想而发展“仁政”之说,其学说的出发点是性善论,主张德治,最为理学家所欣赏,故被列入“四书”。张履祥标举《孟子》,肯定它所宣扬的心性之论、仁义之说以及恻隐、羞恶、辞让、是非四端,希望唤醒人的本性,不受私欲蒙蔽,放弃私利,目的是建立良好的个人道德观。

【原文】

身不行道,岂不仰愧俯怍?

【品读与感悟】

《孟子·尽心上》言:“仰不愧于天,俯不怍于人。”抬起头来无愧于天下,低头思量不愧对他人。此句暗指自省,目的为劝化世人修身自重,莫行为非作歹之事。

【原文】

且务事事过人，无藉口中行，而流入愿人也。

【品读与感悟】

终日动口许愿，却不愿意脚踏实地、事事经手，还不如想想“临渊羡鱼，不如退而结网”。

【原文】

初学之士，于诸外好习气，未遂决绝，能发乎情，止乎礼义，久则自无之矣。然亦因循不得。

【品读与感悟】

张履祥谈的是修为之道，刚开始修养身心，难免情动于中而行于言色，没法做到宠辱不惊，倘若以礼义约束自我，时间长了自然会有长进。

【原文】

谓学为顿悟，不由渐达者，此言非也。周子曰：“士希贤，贤希圣，圣希天。”

【品读与感悟】

理学家周敦颐的“三希”逐层深入，鼓励士人不懈追求，勤奋自勉，最终成为知天命之人。无论是为学，还是处世，都当遵循事理，慢慢积累。

【原文】

因物而迁，如萍在水，何所流极。

【品读与感悟】

人性本是纯良，可会受到环境变化的影响，“蓬生麻中，不扶而直”。既然认识到环境的重要，就得谨慎从事，不能随波逐流。

【原文】

父母有子，未得谓之有子，教成而后谓之有子。人君有臣，未得谓之有臣，教成而后谓之有臣。曰："师也者，有父之亲，有君之尊。"又曰："五伦弗得弗亲。"

【品读与感悟】

"成人"并非仅限定年龄，还应该包括心智方面，而心智成熟则需要教养。教养的关键人物就是老师，古代对这一职业尤为重视，有"师道尊严"之说。张履祥创作此书时，坐馆乡间，教养子弟，他认为老师当有父之亲、君之尊，反映他对教师身份的体认。

【原文】

习俗污下，邪说横流，初学之士，闻人言语，一时无主，便为惑乱。自今入耳者，苟非理义为吾志之所乐，勿听可也。

【品读与感悟】

凡人常会被他人的言语左右，弄得六神无主，不知如何是好，还不如抱定主意，不顾忌他人说辞。

【原文】

君子之心，犹渊之泉也；小人之心，犹鼎之汤也。

【品读与感悟】

深渊泉水，不仅深不见底，还汩汩不息，源远流长，就像朱子所说"为有源头活水来"。鼎中汤水，就那么"几滴"，虽是美在容器，却终有枯竭的一日。

【原文】

将树谷者，必去其草；将具食者，必涤其釜；将学者，必离其旧习之污。

【品读与感悟】

一个人成长、学习的环境对其影响很大，这也是孟母为了更好地教育孟子，为了孟子有一个良好的成长环境而几次搬家的原因。要想专心治学，就得革除陋习，找个好环境。

【原文】

识趣卑陋，其难与言，甚于互乡矣。

【品读与感悟】

《幼学琼林》言："美俗曰仁里，恶俗曰互乡。"仁里是有仁厚风俗的乡里，而互乡则是不善之人聚居的地方，据说那里的人难于交流。《论语·述而》讲了一个有关互乡的小故事。有一天，曲阜城外互乡的一个小男孩来求见孔子。因为互乡是鲁国有名的风俗败坏的乡村，所以孔子的许多弟子不希望他接见小男孩。孔子没有理会弟子们的劝说，接见了那个小男孩。等到小男孩走后，孔子说："我也知道互乡是个坏地方，但是这儿童是纯洁的。他诚心诚意来见我，我只看他眼前的诚心，不问他以前的好坏，我只让他进来相见，不问他出去是作恶还是为善，有什么可非议的呢？你们想，假如我把这个小男孩拒之门外，那么生长在不良风俗之乡的人都不敢来见我，岂不是阻塞了他们要改邪归正的道路吗？"

【原文】

世衰道微，父兄之教不先，子弟之率不谨，是相率而远于人类也。哀哉！

【品读与感悟】

父兄以身作则、率先垂范，后辈谨慎追随父兄教诲，薪火相传、子孙相承，道义才能得以复兴。

【原文】

求益在亲师，损疾在取友。

【品读与感悟】

古有损友之说，如《论语·季氏》言："友便辟，友善柔，友便佞，损矣。"损友是指对自己有害的朋友,对自己的品行产生不良影响的朋友,恰与“益友”相对。交朋友,可得远离损友啊!

【原文】

苟志于道,则于世俗之驰骛而不舍者,皆将揜鼻而过之矣。

【品读与感悟】

荣华富贵、功名利禄,不过是身外之物,何必奔竞垂涎,我辈当有志于道,立志高远,不能趋竞流俗。

【原文】

与君子交能使人厚,与小人交能使人薄;与君子交能使人诚,与小人交能使人伪。慎哉!诚伪厚薄之际,可以省己,可以观人。

【品读与感悟】

君子为人坦荡,与君子交也使我们变得更为诚信,此即近朱者赤的道理,正如《说苑·杂言》所言:“与善人居,如入芷兰之室,久而不闻其香,则与之化矣;与恶人居,如入鲍鱼之肆,久而不闻其臭,亦与之化矣。”

【原文】

人于异端邪说,不能如探汤之恶,则于斯道,亦不能有朝闻夕死之志。外物之诱也亦然。

【品读与感悟】

朝闻夕死,是儒家教诲后学的论点,孔子曾言:“朝闻道,夕死可矣。”晋代的周处,年少时纵情肆欲,为祸乡里,陆云以“古人贵朝闻夕死,况君前途尚可”勉励他,他自此才改过自新,重新做人。张履祥此处所说的“不能有朝闻夕死之志”,是说不能对异端邪说有效法的念头,教诲他人不要把志向立错了。

【原文】

身未尝入世,习而学道,犹以璞为器,以丝为章,于希圣贤也何有?

【品读与感悟】

本质淳美，不受世俗沾染，成圣成贤都大有可能。一旦受到社会不良风气的污染，底子坏了，要想向好的方向发展就很难了。

【原文】

今人临事，则终夕不寐；醉饱，则晨而思寝。志气之胜，亦一验也。

【品读与感悟】

想得太多，会辗转反侧，难以入睡；吃喝过多，会困顿不堪，渴慕再睡。人的志气过盛，也有不足，凡事得讲究一个“度”。

【原文】

山至阻也而人梯之，海至险也而人航之。志之所前，何往不济？

【品读与感悟】

高山险阻，深海浩渺，望洋兴叹什么用也没有，还不如立志乘长风破万里浪，无往不及。

【原文】

欲志伊尹之所志，当志范希文；欲学颜子之所学，当学朱考亭。日渐而进，自有所不能已矣。

【品读与感悟】

范仲淹年幼时便有不为良相便为良医的志向。家中生活艰苦，缺衣少食，于是他每天只煮一碗稠粥，凉了以后划成四块，早晚各取两块，拌几根腌菜，调拌于醋汁，吃完继续读书，后世便有了划粥断齑的美誉。但他对这种清苦生活却毫不在意，而把全部精力放在书中，以读书为乐趣，昼夜不息，冬日疲倦时，用冷水洗脸，以保持清醒，最终成为辅佐皇帝的贤相，留名青史，故张履祥以范仲淹为榜样，呼吁当志范希文。

【原文】

无常师则学可大,与人同则学可久。

【品读与感悟】

杜甫有诗句“转益多师是汝师”,韩愈《师说》亦言:“圣人无常师。孔子师郯子、苌弘、师襄、老聃。”向不同的人学习知识,信奉“三人行,则必有我师焉”的格言,怎么会没有进步呢?

【原文】

志于道,据于德,依于仁,游于艺。学问之道尽乎此矣。

【品读与感悟】

《论语·述而》记孔子曾说:“志于道,据于德,依于仁,游于艺。”道、德、仁、艺是做人做事的修养要点,“志于道,据于德”指向精神思想层面,“依于仁,游于艺”接近生活处世的准绳。一个人无高远的志向,就难免俗气;没有德行为依据,人生就茫然;没有仁的内在修养,心理上无所依附;不优游于礼、乐、射、御、书、数六艺,知识就狭窄。张履祥认为,践履先圣提倡的志道、据德、依仁、游艺的境界,就能达到人生的理想境界、治学的最高境界。

【原文】

顽钝只是无耻。薛敬轩云:“开卷便有与圣贤不相似处。”可不勉乎?

【品读与感悟】

此句开示世人当有知耻意识,展卷读书便会发现自己距离圣贤尚远,明白自身不足,便当奋勇直追,自我勉励。

【原文】

执之不固,难以有诚。

【品读与感悟】

心有所系，当付出恒心，坚定不移，倘若朝三暮四、游移不定，哪里能有什么真诚可言？

【原文】

一日之间，所行之事非善即恶，所为之学非益即损。曾子曰："吾日三省吾身。"子夏曰："日知其所亡。"学问工夫，未有不极于严密而能有成者。

【品读与感悟】

子夏曰："日知其所亡，月无忘其所能，可谓好学也已矣。"学知识得缜密安排，漫无边际，不做计划，恐是所得较少。

【原文】

老氏曰："圣人常善救人，故无弃人；常善救物，故无弃物。"愚亦曰："贤人常善自救，故无弃身。"

【品读与感悟】

老子所说的救人，并非救人性命，应该是因人而异、人尽其才，所以没有被废弃的无用之人；善于利用物品，所以能物尽其用而没有被遗弃的无用之物。张履祥自此受到启发，所以说贤者发挥自我价值，不会自我放弃。

【原文】

今人临事，屡日夕不倦。事已，肢体厌怠，只是志不立之故。志胜，则不厌怠矣。

【品读与感悟】

有了志向，自是有无限斗志，只觉得该奋力拼搏，哪里会心生懈怠呢？

【原文】

敏求则心勿忘，勿忘则日新又新矣。

【品读与感悟】

王阳明《传习录》中说："好古敏求者，好古人之学而敏求此心之理耳。"[1]张履祥的敏求指的也是敏求于道，黾勉以求，自然日日都有进益。

【原文】

为学先去机心。

【品读与感悟】

机心太重，便难以专心致志，做事情容易三心二意，怎么会一心求学呢？

【原文】

学者须实下进德修业工夫，不然终日讲学，道听途说而已。

【品读与感悟】

自家不去培养德行，虽常讲些修德立身的道理，却也毫无用处，因为所讲的都是别人的东西，自己不过是道听途说而已。陆游《冬夜读书示子聿》云"纸上得来终觉浅，绝知此事要躬行"，可备借鉴。

【原文】

饮食之间，不可有忘民力。

【品读与感悟】

张履祥重视农耕，故有悯农惜物之心，这与朱柏庐《朱子家训》中的"一粥一饭，当思来之不易；半丝半缕，恒念物力维艰"如出一辙。孩童之时所背《悯农》中的"锄禾日当午，汗滴禾下土。谁知盘中餐，粒粒皆辛苦"之句我们应当用心去体悟，用节约的行为去实践。

---

①王阳明：《传习录》，长沙：岳麓书社，2004年版，第148页。

【原文】

知以知之，仁以守之，勇以行之。

【品读与感悟】

虽有增进学识之心，却不努力探求，终是徒然无益，这和实现仁义、勇气的道理是一样的。

【原文】

人之所以不如颜子者，有不善不知、知之复行而已。

【品读与感悟】

颜回是孔门圣贤，他以“不迁怒，不贰过”赢得孔子的器重，故有好学者之誉。世人比不上颜回之处，就在于他们不知道自己错在哪里，即使知道却不能像颜回那样知错而改，人性之惰，实足可悲啊！

【原文】

惑处不辨，终身自以为是。

【品读与感悟】

自己一定要知道身上有什么不对的地方，这样才能有错改之，不至于浑浑噩噩地度过。最可怕的是，明明疑惑不解，却不仔细思量，还自以为是，一副洋洋自得的样子。

【原文】

父子兄弟之间而纯任怨尤，不知责己难矣哉。

【品读与感悟】

只埋怨他人，却不知道反躬自省，实在有些好笑。

【原文】

虚名有损实学，不可不戒。

【品读与感悟】

虚名浮利全无用处，只会有损学问，应当予以戒除。

【原文】

学问不可不试之以事，不然无处得力也。

【品读与感悟】

此语意即实践是检验真理的唯一标准。

【原文】

程门四字教，学者舍此，更无学法。盖下学上达，此为一路。学问但忧志不笃，功不密。

【品读与感悟】

《初学备忘》曰："程门四字教，曰存心，曰致知。"存心近似居心，指心里怀有的意念，儒家所说的存心包括仁、礼，如赵岐注《孟子·离娄下》："存，在也。君子之在心者，仁与礼也。"致知也是儒家哲学用语，语出《礼记·大学》："致知在格物。"朱熹认为："致，推极也；知，犹识也。推极吾之知识，欲其所知无不尽也。"

【原文】

古人之书，古人之心也。其言皆吾心所有之理，故读之可以得吾心之本然。其未有得者，心有所蔽也。

【品读与感悟】

读书，是与古人交流的机会，是和古人心灵接触的时刻，是与古人思想火花撞击的刹那。

【原文】

行有死殣，莫不哀之。人而不学，与死殣何异？乃不知哀乎？天未尝限人，人自限耳。

【品读与感悟】

知识是人的精神食粮，不学知识，不读书籍，只能精神贫瘠，犹同饿死者，先生所言振聋发聩。

【原文】

今之学者多言精微，反遗却平实。

【品读与感悟】

讲求精微，难免易生复杂之心，反不如平实的好，更易于专心致志做事情。

【原文】

朋友之益，不特劝善规过，但观摩严敬之际，其益已无方矣。

【品读与感悟】

一个篱笆三个桩，一个好汉三个帮。如切如磋，如琢如磨，必然有所进益。

【原文】

大都学问之患，非是畏难而苟安，即是进锐而退速。若鼓行不休，何不济之有？譬如积书万卷，一时不能尽读，若日读一卷，不过三十年便已究竟。若畏而不读，终身不得一卷矣。倦而中止，虽仅遗一卷，亦未得为究竟也。

【品读与感悟】

为学没有难易之别，彭端淑《为学一首示子侄》说："旦旦而学之，久而不怠焉，迄乎成，而亦不知其昏与庸也。"只要坚持不懈，努力读书，自然会有进益，倘若半途而废，只能是功败垂成。

【原文】

有德而无慧，申生其恭也；有术而无知，荀息不食言也。

【品读与感悟】

春秋时晋献公的儿子申生，很有才干，深受群臣爱戴，因受晋献公宠妃骊姬陷害，奉父命自杀而亡。他死后被追谥为恭，"恭"是敬顺事上的意思，申生明知父命是错误的，却仍然顺从而自杀，所以谥"恭"。大臣荀息足智多谋，屡出奇谋，但却接受晋献公临终托孤，不顾群臣反对，先后拥立奚齐、卓子为国君，拒绝迎立重耳和夷吾两位公子回国执政。这两个人各有所长，但皆有不足之处，张履祥点出他们的不足，具有见解独到的卓识。

【原文】

修其身，则人之贤不肖可得而知也。

【品读与感悟】

修身，陶冶身心，涵养德性，是儒家教育的八条目之一。

【原文】

孔子门人三千，尚叹"不得中行而与"。今人初学，辄言中行，此是作伪口实，道听途说，末之学也。

【品读与感悟】

中庸之道是儒家的基本准则，要求人要慎独自修、忠恕宽容、至诚尽性，旨在提高人的精神修养，达到天人合一的境界。

【原文】

以有为亦若为期，以半途而废为戒。

【品读与感悟】

《孟子·滕文公上》赞赏天下豪杰之士，"舜何人也，予何人也，有为者亦若是”，激励立下志向奋发有作为的人都像舜一样！张履祥此处希望世人有为者亦若是，莫要轻言放弃。

【原文】

近世朋友书札往复，徒及起居鄙俗，而无学问相勉之意，非古人之道也。

【品读与感悟】

古代学人朋友间书信往来经常探讨学问道义，而不只是简单的生活问候。

【原文】

凡读一书，必期得其要领，沉潜而反覆之，则益自至矣。

【品读与感悟】

“学而不思则罔”，读书要有领悟，这才能达到读书的目的。

【原文】

取圣人之言以治己之谓君子，取圣人之言以诳人之谓小人。

【品读与感悟】

君子、小人常存一念之差，君子正己为要，小人利己为要。

【原文】

君子以独善为耻，小人以同善为患。

【品读与感悟】

小人私心太重，只考虑个人得失，甚至妒忌成性，常不愿他人如意。

【原文】

刚毅木讷，其人可以大受，然不可无学。

【品读与感悟】

沉默寡言者，常做事稳妥，坚毅不屈，此类人可以考虑委以重任。

【原文】

志无求易，事不避难，则德日进而业日新矣。

【品读与感悟】

志向不追求容易实现的，做事情不避开难的，那么品德就会一天天长进，学业就会一天天更新。

【原文】

愚观死生之际，而知性之本善也。孟子曰："孩提之童，无不知爱亲敬兄。性之谓也。"曾子曰："人之将死，其言也善。"亦性之谓也。夫人之贼其性者，特以养其小体之故，是以一旦至为不善而无所不至也。孩提之童未为物迁，粹然至善固已。至于将死，而凡所以及其身者，一无恃焉，惟此一身，而亦无所恃焉，则人欲之私，豁然尽去，而油油然复其本然之善矣。此云桀、纣、盗跖之所不能亡也，荀卿之徒自贼而已矣。

【品读与感悟】

荀子主张性恶论，认为人性只限于食色、喜怒、好恶、利欲等情绪欲望，不论"君子""小人"都一样，所以说"人之生也固小人"，这就叫作"性恶"。至于仁义，则是由后天所学、所行、所为而获得的。张履祥不同意荀子之语，认为这种思路损害人的本性。

【原文】

学问乐事，何故作楚囚相对？明道再见周茂叔，吟风弄月以归，可谓善教善学。

【品读与感悟】

面对学习，我们应该以快乐的心态、积极的态度来应对，这样可以开发我们的潜在能力，提高学习的效率。程颢云："再见周茂叔后，吟风弄月以归，有吾与点也之意。"又云："某受学于周茂叔，每令寻仲尼、颜回乐处，所乐何事？"他是从理学家周敦颐处学到了至理名言啊！

【原文】

以待来年之心为学，学之所以无成也。甚者乃待其子，可叹矣！

【品读与感悟】

明日复明日，明日何其多。我生待明日，万事成蹉跎。

【原文】

爱朋友而为之护短，是畏一时之逆意，而忍其友为天下訾也。其不爱孰大于是？

【品读与感悟】

什么才是真正的爱护朋友呢？朋友有了错误应及时纠正，而不是掩饰他的缺点。古人有诤友一说，就是要做能直言规劝朋友的人。

【原文】

父母无人不慈，有一二不慈者则闻之矣。人子多不孝者，有一二孝者则闻之矣。此人子之事亲，终不如父母之爱子为至也。

【品读与感悟】

可怜天下父母心，我们做子女的应当理解和体谅父母的一番苦心与辛劳。

【原文】

其人不贤，誉之何益？其人果贤，毁之何损？适足自见其私而已。且称人之恶，蔽人之美，不祥莫大焉。

【品读与感悟】

"其人果贤，毁之何损"，这就是所谓清者自清、浊者自浊的意思。

【原文】

豁达大度，宽仁爱人，好谋能听，知人善任，此英主之规模，亦吾儒之美德也。

【品读与感悟】

儒家美德，不仅可以修身，更能成为培养英明君主的条件。

【原文】

古之学者，犹中夜婴儿失其母；今之教者，犹建鼓而求亡子。

【品读与感悟】

古代的学者的求知欲望是如此强烈，渴求不倦。可今天身为人师者，故弄玄虚，这就像《庄子·天运》中说的“又奚杰然若负建鼓而求亡子者邪”①，追赶逃亡之人本应静悄悄的，却偏偏要敲着鼓，生怕逃亡者不知道。

【原文】

今之师弟朋友，怀利以相接而已。噫！犹为有师弟朋友也哉？

【品读与感悟】

“君子之交淡若水，小人之交甘若醴。”意即君子之交平淡如水，不尚虚华；小人之交，甜蜜往来，而心存私利。

【原文】

守令得人则民安，教职得人则俗美。民安则盗窃乱贼不作，俗美则公卿大夫多贤。用人者，可不思乎？

【品读与感悟】

选择人才，得根据其才能谨慎思考。倘若用非其人，就像让农夫去打渔，渔

---

①陈鼓应注译：《庄子今注今译》，北京：中华书局，1983年版，第382页。

民去种田一样，只会适得其反。

【原文】

君子得位则行其道，不得位则行其教。教行，道亦行矣。

【品读与感悟】

教化诸人，移风易俗，日久天长，民风变易，接近于推行道义了。

【原文】

为之不厌则能尽其性，诲人不倦则能尽人之性。

【品读与感悟】

穷理尽性是儒家理念之一。人与物都包含天理，必须予以揭示，故《礼记·中庸》说："唯天下至诚为能尽其性，能尽其性，则能尽人之性，能尽人之性，则能尽物之性。"张履祥更注重在探究人和物的本性、天理时发挥主动性，努力不懈，不厌不倦，才能达到目的。

【原文】

与人讲解经书，最是有益。疑问固是相长，即听而不问，亦是相长。故曰："斅学半也。"存养省察亦在此。

【品读与感悟】

教学相长，各有好处。教书遇到疑惑不解之处，为了教好学生，难免百般思索，自会豁然有解；即使存疑不思，也有好处，起码知道自己的不足之处，还有发现问题的意识。

【原文】

与人子言依于孝，与人弟言依于悌，最是易知易从，特患不诚耳。

【品读与感悟】

孝悌之道，无非是教导人们孝顺父母、敬爱兄长，倘若以这些道理教化他人，自然让人顺从，因为这是人之本性。

【原文】

以保赤子之心教人，则尽道。

【品读与感悟】

诚意尤为重要，教化他人当以诚为首，尽心尽力、诚心诚意，自然问心无愧。

【原文】

以我治人则难，以人治人何难之有？

【品读与感悟】

治人之道，当重方法，选择人才以治天下，自是良策。

【原文】

子生，父教固重，母教亦恶可少？哀哉！履祥不得闻父之教也。今恐恐然不敢以不好修者，幸先慈之教耳。

【品读与感悟】

张履祥父亲早逝，母亲对他的成长影响很大。正是母亲含辛茹苦、孜孜不倦地督促教导，才为他将来成就大学问奠定了基础。此句所论，当是先生切身经验之谈。

【原文】

养子六岁，出就外傅。至十有五，章句记诵当已略备，聘贤师教诲之。三载五载而无小成，非下愚，则无志者也。

【品读与感悟】

真正对孩子的爱，一定要请贤明的老师教导他们。教化之效，不可忽视。

【原文】

人非圣贤，岂能尽善？必有不善者矣。人非邪慝，岂能尽不善？必有一善者矣。苟有善，虽不及于吾，何可不学也？苟有不善，虽贤于吾，何可不改也？《诗》曰："伐柯伐柯，其则不远。"

【品读与感悟】

三人行，必有我师，人应该随时学习他人的优点以改正自己的不足。

【原文】

君以我为师，我以君为友，如此则皆有益矣。

【品读与感悟】

亦师亦友，互相切磋，当能互有进益。

【原文】

爱之而弗学，犹嗜炙而弗之食也，与弗嗜何异？恶之而弗去，犹畏溺而弗求出也，与弗畏何异？

【品读与感悟】

若生喜爱之心，便当努力学习，如果口中虽言喜好而无实际行动，这与叶公好龙有何区别？

【原文】

人之有失，每身为之也。克己复礼，则心正而身修矣。

【品读与感悟】

克己复礼是儒士的行为准则之一。“克己复礼”是达到仁的境界的修养方法,《论语·颜渊》说:“克己复礼为仁。”是指约束自我,要使言行合乎先王之礼。杨园先生承继儒家理念,是想以礼仪约束士人的行为。

【原文】

行事之际,常思其终;接物之际,宜戒其薄。

【品读与感悟】

做事情应当三思而后行。

【原文】

为人君者不可以不学《书》,为人臣者不可以不学《书》。为人君而不学《书》,则无以得修己治人之方,为人臣而不学《书》,则无以为祗身事上之则。

【品读与感悟】

此段文字表明先生重视《尚书》,将其视为治民、治国的准则。《尚书》主要记录虞夏商周各代帝王的一些言行,一直被视为中国封建社会的政治哲学经典,既是帝王的教科书,又是贵族子弟及士大夫必修的“大经大法”,影响深远。

【原文】

农夫之播百谷,犹必越三时而后成。为学欲速,求治太急,未有不若宋人然也。

【品读与感悟】

古时候宋国有个人,嫌禾苗长得太慢,就一棵棵地往上拔起一点,结果弄得禾苗全死了。做学问揠苗助长,急于求成,反会把事情弄坏。故而宋代道学家吕本中《紫微杂说》曾说:“学问工夫,全在浃洽涵养蕴蓄之久,左右採择,一旦冰释理顺,自然逢源矣,非如世人强袭取之,揠苗助长,苦心极力,卒无所得也。”

【原文】

圣人自是恭，学者须是敬，敬则能寡过。

【品读与感悟】

敬奉圣贤，效法楷模，自然而然不会犯什么过错了。

【原文】

是非之心人皆有之，须是知得自己。

【品读与感悟】

《孟子·告子上》说人有恻隐、羞恶、恭敬、是非之心，是非之心是智慧的显示，这符合儒家仁义礼智中的“智”。一个人要是无法分辨是非，只能愚蠢度日。

【原文】

气质有生而已定，若欲变化，愚者使明，柔者使强，自非百倍之功不能。若只求彼善于此，即为自弃，非父母生我之心也。

【品读与感悟】

气质、本性，对先生来说后者更重要，因为那是父母所生，怎能轻易改变。

【原文】

子曰：“三人行，必有我师焉。”以愚思之，虽一人，必有我师焉，择其善者而从之，其不善者而改之。

【品读与感悟】

张履祥说的“虽一人，必有我师”，要比孔子“三人行，必有我师”之语还要谦虚，体现了他的好学之心。人要看到他人的优点，并认真学习，孜孜不倦才能有所成就。

【原文】

上智之人，便安乐也没他不过。中人以下，须是从忧患中得来。

【品读与感悟】

安乐、忧患，视人而定，普通人才智有限，还是多经受忧患，才能明晓处理事务。

【原文】

择言而听为难，择人而听则易。

【品读与感悟】

贤者之语，多有启示。奸佞之人，花言巧语，不足采信。

【原文】

见恶不疾，是为长恶，见善不从，是为弃善，损于己亦损于人。

【品读与感悟】

人的态度反映个人心志，一件小事便已露出作恶还是为善的端倪。看见邪恶视若无睹，看见良善无动于衷，都是心中没有为善憎恶观念的缘故。

【原文】

君子攻己之恶，故人称其善也。小人誉己之善，故人莫告其恶。

【品读与感悟】

君子反躬自省，自责己过，总能赢得他人赞誉。小人自我满足，陶醉成就，别人常对其过失讳而不言。日久天长，君子愈行愈善，而小人只能愈行愈远，迷失在错误百出的行动之中。

【原文】

有过不知，不幸；过而不为人见，尤不幸也。

【品读与感悟】

常听人说“文过饰非”，要是把过错藏得更深，让人无法察觉，只能埋下更大的祸患，因为错失了闻过而改的修补机会。

【原文】

既要广大，又要充实；既要高明，又要深邃。履祥自省为学于高广处亦有见得，但深实分数少。譬如三间空堂，虽见开阔，却无文饰之美，器用之富，不足观也。乃栋宇尚有未定，常苦风雨飘摇，可不黾勉。

【品读与感悟】

学问之道，当重视两个方面，即见解远阔、充实深刻。倘若只是高远，缺乏内在肌理，最终让人觉得廓而无用。

【原文】

今之习尚，闻学道者，辄指其作伪，相与讪笑。噫！是犹愈于不耻不仁，不畏不义者矣。

【品读与感悟】

自己不去学习道义，反而嘲笑学习者，真是有些不知羞耻的意味。

【原文】

学问大端，数言可举。若实求之，终身不能尽。是以君子日有孜孜，不知老之将至也。

【品读与感悟】

活到老，学到老，求学是没有止境的。纵是白发苍苍，也不应该放弃治学。

【原文】

工夫要使目前常有做不及事，则不溺于燕安矣。

【品读与感悟】

发现不足，狠下功夫，安逸满足之心自会淡化。

【原文】

万里之行，始于足下；百世之计，定于一日。诸君何难遂立此志？

【品读与感悟】

成功是一点一滴积累而来的，我们应当珍惜每天的时光，每天都取得进步，那么日积月累必然会有更大的成就。

【原文】

学《易》者可与权，知《春秋》之义者可与权矣。

【品读与感悟】

《易经》《春秋》皆儒家的重要经典，古人认为通晓它们的要义，便可治理天下了。

【原文】

仔细简点平日之病，多在贪多而欲速，故读书不记忆。戒之。

【品读与感悟】

俗话说，贪多嚼不烂，读书学习的道理也是一样的。

【原文】

道理之在己，取之而不禁，用之而不竭，人病不求耳。

【品读与感悟】

道理就在自己身上，随意取用而不受限制，使用不会竭尽，人的毛病在于不去寻求这道理罢了。

【原文】

若可以不为圣贤，何必劳己？若终不可为圣贤，何故欺人？

【品读与感悟】

张履祥诘问之语，旨在劝慰众人努力向上，效仿圣贤。如果心中不生仿拟之意，何必自欺欺人，自找劳累。

二、《愿学记》二（节选）

【原文】

入世最是难事，不可不与贤者为友。当今之人，巧言令色，诈伪成风，虽父子兄弟之间，无所不至，若自己主张不定，便为所溺。因思祥二十左右若不得交颜士凤，其惑于此也久矣。

【品读与感悟】

颜士凤是张履祥的同乡，两人志趣相投，结为好友。颜氏曾延请张履祥至其家课子，宾主、友朋相处甚欢。张履祥显然以结交颜士凤为傲，将其视为自己的良友，兴发交友感慨，劝勉世人多交贤友。

【原文】

凡事虽当危难，唯安神定气以应之，则自然得其道理，而于事亦有济矣。如迎潮之舟一般，把得柁正，以舟迎向潮去，过了几个潮头，便平定也。

【品读与感悟】

遇事而能冷静思考，淡然应对，自然能想到更好的解决办法。任凭事情变化，我自岿然不动，气定神闲，以不变应万变。

【原文】

轻信固不可，若理之所有，虽受欺何害？必曰吾不受人欺，从而疑之，便入逆诈亿不信去矣，最是有损。

【品读与感悟】

我们不能轻信他人，但也不应当时时怀有怕被人欺骗的戒心。倘若对方说得有道理，听了也没什么坏处。

【原文】

天下事非膏梁子弟所能为，亦非轻浮疏略者所能为。孟子言“将降大任，必先苦其心志，劳其筋骨，饿其体肤，空乏其身，行拂乱其所为”，直是磨炼他一副精坚强忍智力出来，为天下万世之用。但人须能动心忍性，方不负此意。

【品读与感悟】

张履祥自幼饱受磨难，寡母抚孤，频遭挫折，他把这些人生经历当作上天对个人的考验。这恰好迎合孟子“动心忍性”之说，彰显儒士的风范。

【原文】

在上则进贤才，在下则育贤才，无非为天下国家。

【品读与感悟】

人才是强国之本，要用战略的眼光来看待人才问题，拥有怎样的人才资源，决定着一个国家的未来。

【原文】

观古人年谱，最是有益。古人幼少即有过人，自壮至老，进德修业，孜孜不息。其学亦岁异，则爱日之心自有所不能已矣。

【品读与感悟】

年谱是采用编年体裁记载个人生平事迹，它所记的主人公一般都是某位名人。张履祥认为阅读名人年谱，能让人从字里行间学习到名人的优秀处，看到他们一生的努力拼搏。

【原文】

凡人学问不深，可以渐而深；闻见不广，可以渐而广。惟立身一败，不可复救，高才博学，适足以济其恶耳。

【品读与感悟】

聪明过人虽是好事，倘若守身不正，心有邪念，做起坏事来也是“当仁不让”。

【原文】

学问到独立无惧，遁世无闷，方是成德。不然未可知也。

【品读与感悟】

学问能慰藉人的心灵，让个体在远离尘嚣中充盈愉悦，安于修习，这正是张履祥所企慕的境界。

【原文】

人于世俗之事愈便捷，则于德愈损，而于学也愈远矣。

【品读与感悟】

想要在道德修养和学识见解上有所成就，就不能被世俗之事所束缚，沉溺于流俗。

【原文】

临事固不可不惧，然过于矜张，即反有不当理处。古人于天下国家之事，只作饮食、渴饮、夏葛、冬裘看，所以能依乎中庸也。孟子曰：“禹之行水也，行其所无事也。”凡事尽然。

【品读与感悟】

食物、饮料，夏日葛衣、冬日裘衣，都是日常生活必需之物，人为了生存而不得不谨慎对待这些事物，却又不至于因少见多怪而态度夸张。若是把国家的事情视作日常必需之物，便合乎儒家的中庸之道了，皆有平和风致。

【原文】

万物静观皆自得，四时佳兴与人同，直是恭己垂裳气象。终日言不曾说着自己，终日思不曾省着自己，所谓“放其心而不知求”也。

【品读与感悟】

理学家程颢有诗云：“闲来无事不从容，睡觉东窗日已红。万物静观皆自得，四时佳兴与人同。”张履祥由其诗句有所感发，认为此诗具有无为而治的气象。尧舜垂衣裳而天下治，只要符合世界的秩序，实行道义，做到天人合一，这样就可以无为而治了。

【原文】

己爱己敬则说，己侮己狎则忿，常情皆然，此正惑之不辨耳。己敬德之不修，业之不进，父母妻子将贱之，何况余人哉？若乃好学不倦，改过不吝，立身行道，日进无疆，天下后世犹将尊亲。一时之轻重正不足论也。如孟子所云：“能充无受尔汝之实”，则可矣。

【品读与感悟】

没有察觉问题所在，或者不加分辨问题，徒然让自己在错误方面陷得更深，要想认识错误就得改过不吝，每日修习，方能获得进益。

【原文】

当今有言之似迂缓，而实为三年之艾者，教化是也。小民不知长上，士大夫不知廉耻，虽无患能不溃乎？况痈疽既溃，大命将倾，可又从而伐其元气哉！

【品读与感悟】

痈疽已生，病候潜生，如忽视不理，只能种下祸端，这就是人们常说的“养痈遗患”。只有灸以艾草，方能治好病症。

【原文】

凡看史，到一番大治乱、大变革处，先须立个主意。朝廷施为措置当是何等？君子出处进退当是何等？然后见得自家学问浅深，与古人行事得失处。不然尽熟二十一史，临事只是茫然。

【品读与感悟】

读史使人明智，我们可以在前人的历史经验中汲取智慧，应当以史为鉴。

【原文】

学问到自知不是时，须是全副抛下，从新做起。若只是去泰去甚，留些根在，他日仍复长起，适足以成其文过饰非之习，不济得事也。鼎之初爻，取象于"颠趾出否"，其义可玩。

【品读与感悟】

有错就应全部改正，不能只改正一部分而掩饰其他。

【原文】

乐善改过，所以修身；修身，所以成大业也。古之成大业者，莫不以此。

【品读与感悟】

喜欢做善事，改正自己的错误，所以能够修养身心；修养品德，所以能够成就大业。古代成就大事业的人，莫不如此。

【原文】

群居游谈最害事。己固不可以此损人，交游之中有若此者，亦不宜与之近。

【品读与感悟】

夸夸其谈有害而无益。自古是清谈误国，虚言害己。

【原文】

工夫须从源头做来。

【品读与感悟】

佛教《百喻经》有个笑话：从前有个富翁，愚蠢无知。有一次，他到另一个富翁的家里看见一座三层的楼房又高又大，富丽堂皇，宽敞明亮。回到家里，立刻唤来木匠，让给自己也建一座巍峨高楼。于是木匠便开始量地基、叠砖、造楼。富翁看见木匠叠砖建造第一层，心生疑惑，不晓得是怎么一回事，固执地说："我只要高耸云端的那一层！"这个富翁根本不知道"九层之台，起于垒土"的道理，凡事都得从第一步做起啊！

【原文】

敬以事亲，则亲安；敬以事长，则长安；敬以御下，则左右婢妾之人安，无所不敬则无所不安。故曰："不可不敬也。"

【品读与感悟】

对待他人应该给予足够的敬重，这样周围的人才会安定下来。

【原文】

学圣贤之学，修之于身则为道德，见之于行则为事业，发之于言则为文章，一而已。

【品读与感悟】

圣贤之学，道理沛然，无论是修身、立行、说话皆有裨益，倘若以此为鉴，自会有所进益。

【原文】

为学须于心界辨得分明。心乎善，闻见、才能种种，皆以济其善；心乎不善，闻见，才能种种，皆以济其恶。

【品读与感悟】

知识、才能，全在于心地如何，居心良善自是有助于行善，居心叵测反成为作恶的助手。

【原文】

吾人自著衣至于解衣，终日之间，所言所行，须知有多少过差。自解衣至于著衣，终夕之间，所思所虑，须知有多少邪佞。有则改之，此为修身第一事。

【品读与感悟】

每天应当反思自我，及时改正缺点，弥补不足。每日都有长进，时间久了自然不可限量。

【原文】

人既有志，正须下笃实工夫，方得称志。此如志宝物者必须梯山航海，志收获者必须春耕夏芸。徒抱空志而无实功，究亦何益？况久之玩物，其志亦丧，终成沦落耳。

【品读与感悟】

张履祥屡次强调立志之作用，同时也指出树立志向而不努力去做，只能成为空谈。

【原文】

上天予我一副聪明睿知，如何被声色货利埋没了他？父母生下我一个完完全全的人，如何以非法、非道亏损了他？思此而不发愤者，非人也。

【品读与感悟】

人的一生当勤勉努力，过得有意义、有价值。

【原文】

君子喻义，故素富贵行乎富贵，素贫贱行乎贫贱，素夷狄行乎夷狄，素患难行乎患难，无入而不自得。小人喻利，故为人臣怀利以事君，为人子怀利以事父，为人弟怀利以事兄，富贵而淫，贫贱而移，威武而屈。喻义，故为正学，为王道；喻利，故为伪学，为霸功。其辨只在心术之微，毫厘之际。

【品读与感悟】

“无入而不自得”是君子所能达到的境界。王阳明被贬龙场，在龙场这个宁静而困难之地，他结合自己历年的遭遇，一夜终觉顿悟：“圣人之道，吾性自足，向之求理于事物者误也。”最大的道，就存在于人的内心中，而不是向外去索求事物的道理。当今世人何不拥有一份平定的心态去面对世界呢？

【原文】

待人以恕，取善以宽，亦是成人之美。清议固不可不明，若太深而刻，将使人重足而立，非“容保无疆”之道也。

【品读与感悟】

宽容待人有助于人们友善交往，刻薄、严苛对自身的身心健康也无益处。

【原文】

人生种种罪恶，总从声色货利发根；种种覆藏，总为声色货利渊薮。于此用力廓清，方可成为君子。不然头出头没，弄尽伎俩，不过小人之雄杰者耳。仰愧于天，俯怍于人，徒见其狼狈也。

【品读与感悟】

《孟子·尽心上》有语：“仰不愧于天，俯不怍于人。”应作为检省自我的一个原则。使尽伎俩，愧对天地，不过是让自己进退维谷，陷入尴尬而已。

【原文】

勇于自信，而怯于深造，虽有所成，终是蠢而不精，杂而不纯。陈同甫一辈是也。

【品读与感悟】

陈亮，原名同甫，世称龙川先生，是南宋思想家、文学家，他曾与朱熹进行多次论辩，反对理学家“尽心知性”，提倡“实事实功”。张履祥这里流露出对陈同甫的批评，认为陈同甫自信有余，怯于深造，学问并不精深，看来张履祥是站在理学基础之上斥责陈亮的。

【原文】

求其分，则终身由之而有不尽；举其要，则一言蔽之而无不足。

【品读与感悟】

为学做事都应分清主次，这样才能事半功倍。

【原文】

朋友只救得已然之失，若未形之过，非自己省治不可。然省治已是救其末，当先养其本。操存所以养其本也。

【品读与感悟】

《孟子·告子上》云："操则存，舍则亡，出入无时，莫知其乡，惟心之谓与！"主张执持心志，莫使丧失。端正心态、修养品德才是改正过错最为根本之途径。

【原文】

人之生也，必无一息不用其心之理。用之于善，则为善人矣，用之于恶，则为恶人矣。用之于大，则为大人矣；用之于小，则为小人矣。

【品读与感悟】

心思用于正路才可以使我们走向正途，心思用在歪路，自然南辕北辙。

【原文】

和气致祥，于家庭尤甚。大抵和虽非一人所能为，然未尝不由一人弥缝其间。古人不可及处，正在难处处，处之得理，难挽回处，挽回得无迹。所以云："德慧术知"，言德又言慧，言术又言知，非实从操心虑患中过来，鲜克达此也。今人都说彼只不是，我实无可奈何。且无论家庭之间，必是彼此都不是，就作一是一不是论也，唯其有不是，所以不和。若两是，便是父慈子孝，兄友弟恭了，有何难处？要知虽是难处也，终无不处之理。若以为彼只不是，必无奈何，试思离了此一辈难处的父子兄弟，更可另寻一辈易处的父子兄弟否？

【品读与感悟】

俗话说“家和万事兴”“一个巴掌拍不响”，在考虑纠纷时我们不妨想想此语。

【原文】

相与以诚，则幽仄而周行；相与以疑，则康庄而荆棘。此君子所以疾小人，而畏与之近也。

【品读与感悟】

以诚待人才能使处事待人之道越走越宽。要是天天怀疑别人，又怎么能和人好好相处呢？

【原文】

世路虽崎岖，本诚恕以行之，但觉其坦直。

【品读与感悟】

路途崎岖与否，只在己之存心，存心宽恕敦诚自是无往不利。

【原文】

天地之道，无一息不去故而趋新。盖故者不去，则新者如何得来？学问之道亦须如此。

【品读与感悟】

除旧迎新是自然之理。

【原文】

大抵学问之道，只恒久便有益。《易》曰：“日月得天而能久照，四时变化而能久成。”日月四时，万古如此，只是有恒，一昼了一夜，一寒了一暑，无锐进亦无速退，无间断亦无增加，天地所以岁功成，万物所以正性命也。反其所常，则为异矣。吾人功夫果然有恒，如四时日月，岂有不能日新又新之理？故曰："久于其道而天下化成"也。

【品读与感悟】

万物都是有规律的，做事应该顺应天道，符合自然发展。

【原文】

工夫但当立准。课程循循做去，不可便计较有益、无益。目前即不见有益，若做得一番工夫，后来得力，亦终在此。以为无益而舍之，或求速效而至于躐等，终于无益而已矣。是以君子贵恒也。

【品读与感悟】

"骐骥一跃，不能十步；驽马十驾，功在不舍。"任何事情的成功都在于坚持不懈地努力。

【原文】

天无日不生，地无日不长。贤人君子未尝绝于世，谓世无人者，由于己之隘。

【品读与感悟】

天地化育万物，世间育生贤达，贤人君子就在我们身边，为学之士要善于向身边的贤人学习，不能闭目塞听。

【原文】

一年只做一种功夫。大都学者之患，当其初也，只欲一蹴而至，既做彼，又做此，纷纷营营，全无头绪，究之一无所得而已。夫志之所欲，固将终身而不违。至若目前功夫，会须做了一件又是一件，悠悠精熟，不至有得不已。久之见其逢源也。

【品读与感悟】

慎重地立下志向，就要有恒心、有毅力，坚持完成，而不能三心二意。

【原文】

学者起足第一步，须是路头不错。此处一错，无所不错。

【品读与感悟】

做事情一定要选对方向，如果方向不对，那么一步错，步步错，只能是南辕北辙了。

【原文】

乡原之不可以入尧、舜之道，其病根固在似是，然亦由于自以为是，故不可挽救。若一念自悔，反而求其真者，则何不可入德之有？君子有终身之忧，我犹未免为乡人也，只是用心真实无伪。

【品读与感悟】

乡原指乡里那些言行不一、伪善欺世的人，指不讲是非的好好先生。孔子对乡原之人最为鄙视，《论语·阳货》载："乡原，德之贼。"

【原文】

善恶非不自知，所以不能去恶而即善者，其病由于自恕，自恕由于志之不果。开门放贼，最学者之大患。

【品读与感悟】

坚定志向，明辨善恶，心中一定要明了，不能犹豫不决，不分是非。

【原文】

自文其过，恶人切磋，总是自弃。《诗》曰："不惩其心，覆怨其正。"曲木怨绳墨，往往有是。

【品读与感悟】

生活中一些人不自我提高、自我上进，却抱怨规则的约束，此种人极易走向堕落。

【原文】

知见日进于高明，践履日归于平实。

【品读与感悟】

这才是真正达到为学修养的境界。现实生活中有些人反其道而行，知识与见解虽然不错，但行动张扬高调，恰恰是说明知见未能达于高明之处。

【原文】

世俗之士，耻贫，不耻贱；耻不文，不耻不义。可谓无所用耻矣。

【品读与感悟】

张履祥所说的耻，是指羞耻心，他试图导引大众以不义为羞耻，免却世俗之态。

【原文】

夫道一而已矣，君子修之吉，小人悖之凶。

【品读与感悟】

道理是相同的，不同之处在于人对其的态度，态度不同，其结果便有了不同。

【原文】

学者苟能责志，斯能离师傅而不返。责志只在念念自反而已，先儒所谓"以己心为严师"也。

【品读与感悟】

魏裔介《琼琚佩语》言："正心之始，当以己心为严师。"意谓端正自己的第一步，就是在心灵深处严于律己。

【原文】

与人子言依于孝，与人弟言依于悌，便是参赞化育所在。

【品读与感悟】

孝悌忠信可谓礼之第一步，也是为人处世的原则。

【原文】

富贵贫贱之关未透，则得失足以动其心；生死之关未透，则利害足以动其心；好名之关未透，则毁誉足以动其心。非历试不知也。

【品读与感悟】

为人应看透富贵贫贱、看透生死、看透好名，如此才能不因得失、利害、毁誉而丧失原则，迷失自我。

【原文】

治天下，只行其所无事而已。若操切一分，便入申、韩；若减损一分，即入黄、老。居敬行简，乃能行所无事。

【品读与感悟】

张履祥讲求儒家之中正平和，对法家、道家是持反对态度的。

【原文】

知行合一之说，至于今日，已不能无弊。世之终日坐论而鲜有见诸行事者，率坐此患。非诚无以救之，非晦无以养之。噫！夫子所以思躬行君子也。

【品读与感悟】

张履祥在求道的历程中，逐渐认识到王阳明学说的弊端，而极力推崇朱熹之说，践行理学宗旨。

【原文】

养德养身，非有二道，君子庄敬日强，小人安肆日偷而已。

【品读与感悟】

君子谨慎反省，小人自我放纵，修养身心，才是正途。

【原文】

古人舍生取义，自箪食豆羹，至于天下万钟，莫不如此。盖事有大小，义无大小也。食息寝兴，无非此心。

【品读与感悟】

《孟子·告子上·鱼我所欲也》云："生，亦我所欲也；义，亦我所欲也。二者不可得兼，舍生而取义者也。"此种舍生取义的浩然之气万古长存。

【原文】

恒心有无，天下治乱之机也。孝弟忠信，入以事父兄，出以事长上，所谓恒心也。无恒心，则邪说暴行，子弑父，臣弑君，无所不至矣。

【品读与感悟】

张履祥所说的恒心，是要坚持奉行孝悌忠信之道，这样家国才能安定，社会才能稳定。

【原文】

百里一士，千里一贤。欲乡党之中，有志斯道者比肩而起，此实难之。况衰乱之世，上无明主，下无贤公乡卿鼓舞而作兴之，而邪说暴行者日新月盛，以陷溺人之心志。其一二有志者，方且韬藏隐固以自处，于俭德避难、遁世不见知之义，独行狷狷，固无足怪。但得四方同志所在不绝，修之于身，行之于家，信之于乡党、朋友，使所在人心习尚寖出于正，父兄足以先子弟，士君子足以式细民。以是寖昌寖炽，其间必有豪杰之士，应运而兴，以当斯道觉斯民之任。然后至化可得而流，人才可得而盛也。

【品读与感悟】

张履祥极为重视风俗教化的作用，他在桐乡居住之时，推行乡约，试图以儒家的道德伦理重整地方秩序，体现出一个儒者具有的担当。他希望四方之士，为了共同理想倡行儒家学说，敦化风俗，日久天长，风气必然大变。

【原文】

古人穷经将以致用，故得志则行之。今人穷经将以干禄，故得志则弃之。

【品读与感悟】

学习的目的决定着一个人日后的发展取向。当今之人是否也入于“穷经将以干禄”之流呢？

【原文】

学术坏而心术因之，心术坏而世道因之，古今不易之理也。孟子“生于其心，害于其政。发于其政，害于其事”，是本心术而言。“作于其心，害于其事。作于其事，害于其政”，是本学术而言。欲正人心，先正学术，故曰：“乃所愿，则学孔子也。”又曰：“杨、墨之道不息，孔子之道不著。”又曰：“入则孝，出则悌。守先王之道以待后之学者。”又曰：“君子反经而已矣。”无非此意。

【品读与感悟】

张履祥重视心术，认为事情成败与否，在于个人用心。端正人心，遵行孝悌之理，才能化行世风。

【原文】

圣贤学问，尽自光明正大。功利者，岖崎反侧于曲径之中；空寂者，堕黜遏灭虚无之际，其失均也。

【品读与感悟】

在张履祥看来，内心思谋功利或无欲无念都不合适，应该理性筹划，效仿圣贤。

【原文】

少年血气未定，善者固易流于不善，不善者亦易反而之善。若已向三十四十，习积既深，心思用熟，胸中别有一种牢固局面，虽有贤人君子相与熏炙，只可去泰去甚。自非其人力求变改，如《中庸》所言“果能此道”，将来光景大约八九分见得。譬之玉方在璞，百器可为。若已破坏有定形，良工只可就其坏处修改几分，不能全然做过也。

【品读与感悟】

一些东西已经定了形就很难更改，所以我们应当在事物定形前就及早加以修正。

【原文】

人只说世上人不好，却不思自家身分是何等人物。三代以下言气节，莫高于东汉；言道德，莫盛于宋朝。人亦未尝不叹之慕之，却不思自己身分类何代人物。如此，安得长进？须是慕东汉，便要做东汉诸君子的人；慕宋朝，便要做宋朝诸君子的人。果如此，世上人亦未必终于不好。愿且求诸，在我可也。

【品读与感悟】

仰慕东汉，还是追慕宋朝，大多是为当时人的气节、行为所折服，倘若能以古人行为为圭臬，努力效仿，庶几有所长进。

【原文】

孔明澹泊明志之言，千有余年，人皆称之。今人每好诵此，然未有深明其义者。澹之反为浓。浓于名，则以名而丧其志；浓于利，则以利而丧其志；浓于嗜欲，则以嗜欲而丧其志。故惟澹泊可以明之也。夫志，气之帅也，君子庄敬日强，小人安肆日偷。庄敬，则持其志而日强；安肆，则暴其气而日偷矣。凡暴气之事，未有不起于浓艳者。气一则动志，宫室之美，妻妾之奉，所识穷乏者，得我而为之，则失其本心。澹泊则清虚日来，而欲不能胜理矣。孔明生平，看其于此二字如何得力。

【品读与感悟】

淡泊明志，这是我们做事情应该追求的境界，诸葛亮晚年时写给他八岁儿子诸葛瞻的《诫子书》言:“君子之行,静以修身,俭以养德,非澹泊无以明志,非宁静者无以致远。”而当今社会的很多人恰恰以追求功名作为人生目标,不可以不自省啊!

【原文】

有事必有业。学曰学业,农曰农业,未有为其事而无业者。今以事业为居官可立,非矣。

【品读与感悟】

做事情肯定会有所得,这近似于业,倘若以当官为事业,断非张履祥心志。

【原文】

高之入苍天,深之入重渊,却不知身在何处。近代学者,多坐此患。莫不饮食,鲜能知味,子思所以作《中庸》。

【品读与感悟】

既要钻研学业,又要懂得思考体察,道就在我们身边,可我们并没察觉,这就好比大家都吃饭,可又有几个人能通晓食物的滋味呢?

【原文】

丧事不敢不勉,不问轻重也。吾见越中丧家,宗族之人无不袒免者,不特对客为然,虽执事时无不如此。

【品读与感悟】

张履祥讲究礼制,极为重视丧礼,希望人们克尽孝道,即使在亲人死后也要遵行礼法。在中国几千年的文化史上,孝是一种美德、一种文化传统,它不仅要求人们恭敬地侍奉亲人,还要求在亲人死后也要极尽哀伤,不时悼念,将人与人之间的感情通过伦理要求紧密连接在一起。

三、《愿学记》三（节选）

【原文】

德之盛者，才华必敛，非独古贤志愿不及，亦其势所至也。草木花大，则实不蕃，五谷花最细，然“实颖实栗”，千斯仓，万斯箱。人非此不养，俗非此不阜，百果草木孰有尊于是者？物理亦自如此。

【品读与感悟】

为人应实实在在，不能华而不实，应当适当收敛，不去炫耀自己的才华，而应将能力用于实干。这就好比谷穗一样，颗粒饱满的谷穗会谦虚地低头向着大地，只有那些干瘪的谷穗才会头冲苍天。

【原文】

一念之发，为善为恶，岂不昭然？自知于此，不思为善而去恶，必非人情。但就所为善者行将去，不失之过，即失之不及，求其合道，十不一二。此读书穷理，所以唯日孜孜，不知老之将至也。

【品读与感悟】

《论语·述而》载：“其为人也，发愤忘食，乐以忘忧，不知老之将至云尔。”意即这个人，努力奋斗而忘记了吃饭，心里欢乐而忘记了忧愁，不知道自己年事已高了。

【原文】

今人大都要学晋人，窃谓特学其空谈无事事一节而已。然晋人自是洁净，今人实是污秽。盖晋人犹有东汉流风，今人多仍胡元遗俗，论世自不同也。

【品读与感悟】

晋人讲究名士风范，所谓真名士自风流，士人多特立独行、竞尚虚无、谈玄说理，追求超脱的境界。然而，现在的人只不过是追求晋人的形式，在精神层面上并未达到超脱。

【原文】

吾人平日，只两种人宜近：贤士可以养德，明医可以养身。然择之不可以不慎。

【品读与感悟】

人生在世应该保持身体的健康、品德的高尚，提高生活的质量与辩明存在的意义。

【原文】

进有可行之道，退有可居之业，君子也。

【品读与感悟】

君子处世自如，无论进退，都自然得体。

【原文】

关中之教，以知礼成性为先。学者从事于此，极有依据，所谓“上之可至圣人，下亦得以寡过”也。以圣人为之准则，过与不及皆得就裁焉，犹陈绳墨而曲直自见，设规矩而方圆自成也。虽曰天则者心之所同然，然必圣人先得此心之所同然。若离绳墨而欲自呈曲直，舍规矩而欲自为方圆，窃恐巧拙均病，不足以开物而成务也。

【品读与感悟】

“关学”即关中之学，是指宋代理学中的一支。如果就关学的内涵性质而言，它属于宋明理学中“气本论”的一个哲学学派，创始者张载提出了以“气”为本的宇宙论和本体论的哲学思想。

【原文】

尝将圣贤所言君子小人处，默自忖量。

【品读与感悟】

此句足见先生反躬自省，时刻心生警惕。

【原文】

生死存亡、出处去就、辞受取予、动止语默，一而已矣。于此分别轻重大小，其于义理，尚有名实、宾主之辨。

【品读与感悟】

这里所说的名实、宾主，是指主次之别，就好像名称与实质迥然有别。

【原文】

先生治历，重在敬授人时，其察灾祥，所以备修省。后世历家，推算与占验全失本意，占验家尤失之远。

【品读与感悟】

早在《尚书》中就记载了敬授人时，这表明了古人看重时间意义，也显示出古人认识到天时对农业生产的意义。

【原文】

亲亲，仁也。推之，亦随有疏疏之仁。尊贤，义也。推之，亦便有远不肖之义。道理正如卦画一般，阴自为阴，阳自为阳，不得杂然无分别也。

【品读与感悟】

张履祥能从亲亲之义有所感悟，想到疏疏之仁、远不肖之义，切实做到了举一反三。

【原文】

释氏之学，既得后，便无事。吾儒之学，既得后，必有事。然得处正自不同。

【品读与感悟】

儒家积极用世，鼓励人努力向前，这是张履祥所宣扬的。他多次批评佛道之说，消极无用，让人心志松懈。

【原文】

富者田连阡陌，贫者无立锥，以至游民日众，陵暴横行，虽有尧、舜，无以使老有所终，壮有所养，幼有所长。有王者起，田制必当变。学校不以孝弟忠信造士，而相率为浮文，以坏乱其心术，学校必当变。取士不以实行，而专以艺文，不足以得贤才，科举必当变。自一命以下至于杂流，俱命自朝廷，虽舜、禹为选司，无以知人，铨法必当变。职事相牵制，虽有才能，不得展舒，官制必当变。入任之后，无论贤不肖，一概资格序转，贤者壅于上达，不肖者优游以取高位，资格必当变。养兵以病民，而兵不足用，军政必当变。一州之土物，自足养一州之人民，而使西北必仰给于东南，赋法必当变。士人不知法令，他日无以守官，掾史世其家，得以因缘为奸。当做进士观政、监生历事之例，自京朝以至郡邑，使生员、贡士主文移、狱讼、钱谷之事，而去其吏员掾史等而下之，衙役必当变。

【品读与感悟】

张履祥有感于当时社会的诸种怪异状况，如不教授礼仪的学校，不选拔真才实学的科举制度，不任用人才的选官制度等等，提出自己的看法，希望变革旧制，变法图强，这是具有积极意义和政治远见的。

【原文】

今人好以伪之一字抹杀人。曰：某虽有是美，然某事某事破绽，却全是伪也。予谓但当取其美而勉其所未能，则天下多完人矣。

【品读与感悟】

评价别人最忌讳以偏概全，因为某一个缺点便否定他人是不对的，还不如多加勉励，这才能帮助人改正缺点，走向完美。

【原文】

阳明才高而德薄，故无所往而不见其骄吝。

【品读与感悟】

王阳明倡导心学在理学发展史上占据重要地位，张履祥早年也学习阳明心学，但后来他感觉心学“矜骄无实”，容易迷惑儒者，提出“学者当如淫声美色以远之”。

【原文】

学者动称必为圣人，已是一种习气。且求不愧贤人君子，更商量进步可也。

【品读与感悟】

真正杰出的人不在于口头上的高调，而是在于努力践行。

【原文】

医家固须学博理明，然必以识病、善用药为急。吾人学问之道亦如此。朱子每以通世务为言，盖修己治人只是一事。若世务罕通，说道理即成片段，临事只是茫然，所学虽博，适足以为害而已。

【品读与感悟】

张履祥以医生为例，希望求学者不仅要学知识，还要通晓事务，掌握谋生治世之术。

【原文】

愿学虚心以求理，平情以处物。

【品读与感悟】

虚心求理，淡然处事，这是一种人格魅力、处事谋略。

【原文】

天地间，只一日新之数，化工无一息之停，故能日新。吾人学问正当体此。因观圃中菜，有会夫子川上之叹。

【品读与感悟】

子在川上曰：“逝者如斯夫，不舍昼夜。”时间就像这流水一样流逝不返，日夜不停啊！

【原文】

人臣事君,当以尧、舜其君为心。人子事亲,何莫不然?其心曰:"是何足以言仁义?"则不敬莫大乎是。在君、在亲,岂有二也?父如瞽瞍,尽事亲之道而底豫,况不如瞽瞍者乎?人子不能以道事耳,怨怼不可也。

【品读与感悟】

瞽瞍是舜帝的父亲,传说他不够贤明,曾多次纵容后妻谋害舜帝,可舜帝依然对他很孝顺。张履祥这是要以舜帝孝父的例子教化百姓。

【原文】

不能化物,只是己德之不修。修己不力,便为物化,可畏也。若自立主张,而以校论往古,求其得失,则虽圣贤经典,皆可生疑议之端。此近来心学之弊。若以古昔圣贤遗经懿训,立为规矩绳墨,而以权量自己身心,则一言一动无非过失,而终其身无有满志之期矣。

【品读与感悟】

张履祥字里行间都流露出对心学的不满,斥责心学以个人观点指责经典。他希望遵行圣贤经典,以儒家学术为圭臬行事,这才能发现自己身上的缺憾,进而终生奋斗、不断求索。

【原文】

末世直道不行,吾于朋友,只本忠告善道之指。然实无益于朋友。友道直为先,予之不及季心以此。予自问或可窃附于谅。季心能直,韫斯能直,而未足以服物。

【品读与感悟】

这里说的季心是张履祥朋友邱云的字,韫斯是其友朱天麟的字。邱云是一位正直坦率之士,显然得到先生"正直"之赞赏。

【原文】

吾人为学,今人与居,古人与稽,一不可废。盖不稽古,则无以考古人之成法，识事理之当然，而心智亦无由开明矣。然非明师良友以正其得失，则所学者不免失于气质之偏，见仁谓仁，见智谓智，而无以得乎大中至正之矩。甚者师心自用之弊，蹈之而不自知矣。

【品读与感悟】

明师良友对我们的人生极为有益，晚清曾国藩在家书中也曾劝诫诸弟要“明师益友虚心请教”，我们也应以这些劝说自勉。

【原文】

伪终不能胜诚，邪终不能胜正，暗终不能胜明。不诚、不正、不明耳，夫奚疑奚虑？

【品读与感悟】

诚实正义才是正道，终将战胜一切虚伪邪恶。

【原文】

读圣贤之书，而不能有得于中，深信不疑，甚或所见有同有异，是吾心之义理不能与圣贤同也。非为物蔽，必为气拘。可惧滋甚，能不汲汲焉以求其合乎？若任己之偏见而轻著为论说，以肆其欺罔，则诐淫邪遁之病，终不得免而为小人之无忌惮矣。哀哉！

【品读与感悟】

张履祥反对读书时夹杂个人偏见，担心会被邪见遮蔽内心而导致奇谈怪论的产生。

【原文】

胸中稍有知见，正宜因此以求至于全体之明，切不可轻于自信，而果于自是。不然则将执而成僻，虽未至于蔽陷离穷，而有不自知矣。今之学者，十人而九多中此病，是以生心害政之祸未有止息也。

【品读与感悟】

人贵有自知之明，不能偏执自我之见，自以为是。《老子》言："知人者智也，自知者明也。胜人者有力，自胜者强。"能了解别人这叫智慧，能认识自己这叫高明，能战胜别人这叫有力，能克制自己才算刚强。认识自我并不容易，我们应不断地审视自己，完善自我。

【原文】

天道最可畏。赫赫明明，真在食息作止、动静语默之际，人自不察耳。

【品读与感悟】

天理昭彰，一直存在，只是人们不注意察觉而已。

【原文】

一诚，再思，三自反，处事接物之要道也。

【品读与感悟】

此处事为人之三步骤，我们亦应谨记。

【原文】

人须有所不为，不然则亦无所不至矣。

【品读与感悟】

人得给自己划个下限，知道有些事情是不能做的，如果肆无忌惮，任意胡为，只会是无恶不作。

【原文】

圣贤用心，要使天地间物物各得其所。学者从此起念，将来方有成就。若以自私自利为心，终为小人而已矣。

【品读与感悟】

圣贤和小人的出发点不同，他们想的是如何物尽其用、人尽其才。

【原文】

处今之世，秽乱已极，“若将浼焉”之意，何适而可不存也。

【品读与感悟】

张履祥创作此书时正值明末，社会混乱，世态凉薄，他是有感于时事而兴发此语。

【原文】

不信古先圣贤，而信此心，蔽陷离穷，何所不有？此乾初之学之失也。

【品读与感悟】

乾初是明末学者陈确的字，他与张履祥都曾受业于刘宗周。陈确在思想上坚持反对宋明理学，这和他的老师大相径庭，反有亲近心学的意识。而张履祥后来不满心学，所以将陈确只相信自己之心视为他的缺失。

【原文】

道有君子、小人，故《易》言“消长”，若谓小人势将不行，在盛世为然。乱世小人尽用事，如何行不去？若谓小人将必受人诟辱耻笑，亦未尽然。男子虽至于盗贼，女人虽至于娼妓，亦有趋慕之者，亦有称誉之者。善恶是非，独当辨之秉彝之良耳。人世褒讥、通塞，何足惧哉？

【品读与感悟】

小人优游处事，常能左右逢源，占尽风头。这没什么可羡慕的，只要做好自己，那些宠辱得失实在不需挂怀。

【原文】

君子小人，犹阴阳之有对待。天生君子，不能不生小人；圣人爱君子，未尝不并爱小人。但欲其顺以从君子，若害正道，斯恶之矣。地道也，妻道也。地之道乃顺承天，妻之道以顺为正。

【品读与感悟】

世上不可能没有小人，张履祥也只能接受这一现实。但他试图用“顺从”改变现状，希望小人追随君子，还举了地道、妻道的例子。

【原文】

子弟之贤不肖，只以二端察之：若昆虫、草木之类，无故而好伐杀，他日必是贼仁之人；衣服、饮食、书籍、楮墨之类，一概苟且，不分别爱惜，他日必是贼义之人。

【品读与感悟】

观察一个人贤明还是不肖，从他生活中的点滴之事就可辨明，这就是古人所言“观其行而知其人”。

【原文】

礼让可以为国，而不可以治家守身，未之闻也。

【品读与感悟】

张履祥言下之意是说，礼让既可以治国，还可以治家守身，这是希望世人尊奉礼让之道啊！

【原文】

君子常常吃亏，此为乱世言之。方神庙时，诸君子言及于此，其有忧患乎？可以考世运矣。

【品读与感悟】

神庙即明神宗朱翊钧，也就是万历皇帝。明刘若愚《酌中志·忧危竑议前纪》载：“神庙天性至孝，上事圣母，励精勤政。”张履祥显然怀念神宗在位之时，认为当时国家兴盛，君子们并没有任何忧患。

【原文】

知行合一之说，流弊有二：重行者，谓行即为知，冥行倀倀，而不求当乎义理之正；重知者，谓知即是行，穷玄究寂，而不求至于践履之实。乃其自以为是，不能虚心逊志，则一而已。

【品读与感悟】

张履祥在求道之路上逐渐认识到王阳明学说的一些弊端，他反对重行、重知，认为知行合一已经出现严重的偏颇。

【原文】

今人每说“受用”二字，予直不解。所谓圣贤心事，只有朝乾夕惕，那曾贪着受用来？恐便是孔、颜之乐否？曰仰不愧，俯不怍，无入不自得，从战兢惕厉中出，显然有别。

【品读与感悟】

《中庸》云：“君子无入而不自得焉。”就是说君子无论处在什么境遇都能保持中庸之道，安然自足。

【原文】

凡逆诈亿不信者，必是诈不信之人。盖惟己之有私，故疑人之私己也。先觉者以至诚待人，而人自慕其情，实不能隐也。曾子曰：“如得其情，则哀矜而勿喜。”吾人日用酬酢，皆宜以是存诸心。盖厚薄诚伪之所由分也。

【品读与感悟】

古代有“疑邻盗斧”的小故事：一个人丢了一把斧子，怀疑是他邻居偷的，于是仔细观察邻居，发现邻居的一举一动都像是偷了斧子，更确信邻居就是那个偷斧之人。后来这个人在深山里找回了他的斧子，原来是自己砍柴的时候忘记拿了。这个时候他看邻居，一举一动都不像是一个小偷了。这个故事也是告诉我们遇事不能怀有私心，不能先入为主，应该以诚待人。

【原文】

古之士，其尚志也，“行一不义、杀一不辜而得天下，不为也”。今之士，其处心也，欲害人而已矣，穿窬而已矣。

【品读与感悟】

古今之人,信仰有别,后人当从其行为详加思量,考虑自己应该怎么做。

【原文】

隐恶而扬善,则善日至,是与人为善者也。吾人与人之道,宜如是。

【品读与感悟】

《孟子·公孙丑上》载:“取诸人以为善,是与人为善者也。故君子莫大乎与人为善。”与人为善才能构建良好的人际关系,这也是构建和谐社会的基本要求。

【原文】

博弈饮酒,不独废时失事,凡此身非礼非义之端,莫不由此而起。及朋侪中邪僻小人,莫不自此而入。其初之失,似乎甚小,而其流祸极大,不可不痛绝也。

【品读与感悟】

下棋饮酒是一种娱乐休闲,张履祥反对这些虽然有些极端,但也要警惕小人借此而入。

【原文】

择善人而交,择善书而读,择善言而听,择善行而从,是初学切要功夫。从此造乎精微,总不外“择善”二字。

【品读与感悟】

此“四善”对今人而言仍然有着重要意义,我们亦可将此作为一种行事原则。

【原文】

天下古今多少道理,都向《大学》里包纳得去。言近而指远,守约而施博,吾于此书见之。

【品读与感悟】

张履祥对《大学》一书评价很高，认为可以从此书中见到很多道理。《大学》是古代初学入德之门，提出了明明德、亲民、止于至善的纲领，寄托了古人内圣外王的理想。

【原文】

明乎善，则君子与之；诚乎身，则小人亦服之。

【品读与感悟】

孟子曰："反身而诚，乐莫大焉。"意即反问自己，所具备的道理是实实在在存在，没有比这更快乐的事了。这也是一种人生境界。

【原文】

大都势不可积重，积重则难返。如两汉之外戚、宦官，唐之藩镇，宋之夷狄，皆积渐而至于积重难返。故曰非一朝一夕之故。正如祁寒溽暑，不知不觉日渐而进，到丑、未之月，便能流金折胶。如本朝之于进士，亦然。

【品读与感悟】

事物一旦发展到一定程度就难以挽回，正所谓积重难返。最好的方式就是及早解决，免得到时无可奈何。

【原文】

予于儒先，喜看文集，不喜看语录。盖文集出其自家手笔，词以达意，若语录，乃其门人所记载，词气固已不同，全阙更是难考。即如今日，相知传写一二语，往往失却本末，何况古人？即文集尚有字经三写，乌焉成马之疑，况记述尽非其真本乎？

【品读与感悟】

张履祥对文集与语录提出了个人的见解：文集是先儒自我的言论，而语录则是弟子所载，难免有所演绎，事经辗转便易出讹误。例如，古代传写错误有"鲁鱼亥豕”之说，“鱼”错讹为“鲁”，“亥”错讹成“豕”，造成了“晋师三豕涉河”的笑话。像“乌”“焉”传写得多了，就误成“马”字。

【原文】

今之学者，只其为人也，孝弟已做不尽，更说甚穷高极深。

【品读与感悟】

孝悌是一个人立德的基础，而世人对此却不能认真践行，何谈懂事明理。

【原文】

世人好说“朝闻道，夕死可矣”。吾只说勉焉，日有孳孳，毙明而后已。

【品读与感悟】

儒家认为，行仁是任重而道远的艰难之事，但我们应该朝着这个方向不懈努力。我们日常的读书学习，也应有不懈努力的精神。

【原文】

君子戒之在色，戒之在斗，戒之在得，盖终身以之分少、壮、老者，特举重而言耳。均此血气也，欲动情胜，则入于禽兽；发而中节，则配义与道。故有家有国，教学为先。

【品读与感悟】

《论语·季氏》记载孔子认为君子有三戒：“少之时，血气未定，戒之在色；及其壮也，血气方刚，戒之在斗；及其老矣，血气既衰，戒之在得。”意思是说，年少的时候，血气尚未稳定，要戒女色；到了壮年，血气旺盛刚烈，要戒争斗；到了老年，血气已经衰弱，要戒贪得无厌。张履祥此处追述三戒，还阐发三戒根于血气的认识，认为应该注意导引，最好配义与道。

【原文】

重名节，守礼法，初学第一步。虽至成德，熟而化焉已矣。

【品读与感悟】

名节、礼法备受张履祥重视，它是学者学习的基础，也是行为规范的根基，做好名节、礼法，有助于成就品德。

【原文】

圣人作《易》，真是满腔子恻隐之心。

【品读与感悟】

《周易》是古人哲学智慧的体现，其核心是建立在阴阳二元论基础上的事物运行规律。张履祥对《周易》很有研究，曾写有《读易笔记》。他在教导弟子之时，常常引用《周易》中之语，体现对这部儒家经典的重视。

【原文】

世人做功夫，多只走释氏一路，所以不得长进。一等人是欲求静的，却失之堕聪黜明，不知心之神明，如何可使之槁木死灰。一等人是欲默识的，却失之悬空想象，不知在物为理，处物为义，无地不有，无时不然，如何舍却日用行习，别寻一个道理。舜明于庶物，察于人伦，孔子好古敏求，择善固执，可谓"先圣后圣，其揆一也"。敬义夹持，居敬穷理，洛、闽所以为吾儒之正统。今只守此家法，一意致知力行，有忿必惩，有欲必窒，见善则迁，有过则改，以是勉焉，日有孳孳，毙而后已，庶其无失矣。

【品读与感悟】

居敬穷理是程朱理学根本的道德修养与行事原则。朱熹《朱子语类》记："学者功夫，惟在居敬、穷理二事。此二事互相发。能穷理，则居敬功夫日益进；能居敬，则穷理功夫日益密。"[1]张履祥继承程朱之学，故强调居敬穷理的重要性。

【原文】

儒者不为儒者之学，反去旁求二氏之说，搀入正道。二氏亦不专守二氏之

①朱熹：《朱子语类》(第1册)，北京：中华书局，1999年版，第150页。

说，辄欲袭取儒先之言，牵合彼教。此百余年以来，积重之习。想此风自宋时渐有，而决裂大闲，则始于“三教一门”，遂令滥觞，不可界限。学术之祸中于世运，夷夏之闲亦至尽决。率兽食人，人将相食，未知何时而已也。

【品读与感悟】

张履祥固守理学，对佛、道二说极其排斥，他多次驳斥佛道之说，认为它们消极无用，干扰正道。此处他反对三教一门的说法，剖析这种风气的流毒贻害，担心学术弊病影响世运。

第三章

修己治人与《训子语》

清康熙四年(1665),张履祥年55岁,坐馆海盐半逻。此年孟秋七月,先生于海盐遗安堂创作《训子语》,这是先生训诫其子张维恭的一部著作,他自云“因于课读之暇,笔述数条,以示维恭,其敬识之”。书成之后,先生患病,未及誊写书稿。后来又担心未曾向同道求正此书,故一直不敢轻易拿给儿子看,这体现了他谨慎的教育态度。直到康熙六年(1667)仲夏,他反复修正此书,才决定传示将来,拿给儿子阅读,此时长子张维恭十周岁,次子张与敬六岁。《训子语》分为上下卷,上卷有“祖宗传贻积善”“子孙固守农士家风”“立身四要曰爱曰敬曰勤曰俭”“居家四要曰亲亲曰尊贤曰敦本曰尚实”四部分;下卷有“正伦理”“笃恩谊”“远邪慝”“重世业”“承式微之运,当如祁寒之木,坚凝葆固,以候春阳之回。处荣盛之后,当如既华之树,益加栽培,无令本实先拨”“平世以谨礼义、畏法度为难;乱世以保子孙、敦里俗为难。若恭敬、撙节、退让,则无治乱一也”“恂恂笃行,是贤子孙;佻薄险巧,侮慢虚夸,是不肖子孙”“要以守身为本,继述为大”八部分,共有143条。这本书涉及广泛,内容包括待己接物、承前裕后、人情事理等,可作为训子箴言,深受后人重视。

第一节　课督二子的家庭教育

张履祥曾少壮得子，不幸的是二子都没有养大成人。这对张履祥而言是沉重的打击，他在《训子语》序言中深切感叹："予少壮生子，不幸俱殇，先人之绪，几于不传。"[①]张履祥与妻子诸氏所生两个儿子全部夭折，两个女儿亦是命运多舛，而哥哥家唯一的侄子也在十九岁时不幸夭折，这令张履祥倍感痛楚，"犹子之痛，方寸摧裂"。对一个承受传统儒家思想的学者来说，子嗣延续对家族的振兴是一件非常重要的事情，也是传承孝道的一种途径，一旦无后、无子便让士人觉得愧对父母祖先。张履祥后来虽然又娶妾得子，但他得子时已 47 岁，几年后又得一子。此时，他深感自己衰老，深恐来不及教诲子嗣便要辞别人世，因此时时流露出紧迫感与责任感。"每见世之迟暮得子，多至失教，以覆坠厥世，贻笑于人"，他看到世间常有人晚年得子却不能很好教育，不免忧虑自己年老多病是否能将儿子教育成人，只怕他们难以延续祖宗基业。张履祥《训子语自序》言："丧乱以后，忧病相寻，虽复举子，已迫衰暮。大惧弗及教诲，使先人之志事子孙罔得闻知，则予之重罪益不可赎，至痛益不可解矣。因于课读之暇，笔述数条，以示维恭，其敬识之。"张履祥于课读闲暇将这些教诲记录下来，但是仍然担心自己言不尽意，无法让孩子们领悟他的心意，感叹而言："汝父念兹在兹，五十有余年矣。言尽于此，意犹不尽于此。呜呼！可不慎乎。"《训子语》中处处体现出先生对儿子迫切的教育之心，他要让孩子们理解他的良苦用心，想使他们长大成人后有所作为。

一、教子重责的担荷意识

张履祥撰写《训子语》时态度异常严谨，他在《启诸同志先生暨伯兄》中说此

①张履祥：《训子语自序》，《杨园先生全集》（卷 47），北京：中华书局，2002 年版，第 1349 页。

稿初创时,“内禀正于伯兄,外求定于诸先生,未敢辄示稚子”,后经修改,“伏望别其可否,指其得失,兼复冗者汰之,漏者益之,庶乎乖谬减少,可以传示将来”。[①]希望将此作仔细打磨,反复修订,能发挥劝勉子弟的表率作用。

《训子语》强调风俗教化的作用,张天杰在《张履祥与清初学术》中说:“他整顿风俗,教化人心的努力,主要成绩还在理论建设方面。”[②]从立身求学、为人处世、持家兴业、修身养性等方面来教育子弟,重点强调了如下几点:祖宗传贻积善二字、固守农士家风、立身四要、居家四要。通过诸方面的日常教育,可以看出杨园先生付出全部身心尽心尽力地想教育儿子成才。

张履祥对子嗣要求严格, 在家庭教育中扮演着严父的角色。《训门人语》曾记载了一则他教育儿子的小故事:长子张维恭未成年时,还不能戴冠。先生便让他暂时佩头巾来御寒,可儿子不喜欢头巾,在非常寒冷的隆冬之时,干脆散着头发、露着头顶。家人担忧张维恭冻坏身体,于是拜托姚瑚劝告先生,希望他管管儿子。姚瑚在天气最为寒冷时,对先生说:“维恭像这样冻着脑袋,恐怕会染上疾病,这可怎么办呢?”先生严厉地说:“给他头巾,他又不肯带,这个头何妨冻落!”从这则故事中足以看到先生平常对儿子的严厉。他虽然珍惜子嗣,舐犊情深,但并不溺爱纵容,一旦儿子违背礼法便会痛责规劝。《训子语》便是这种思路的凝结物,是指引子嗣走正道、学礼法的一部书籍,寄托着张履祥的良苦用心。

二、教育为重的思想观念

《训子语》处处体现了张履祥教育为重的思想。爱子孙不是供给其丰厚的衣

---

①张履祥:《启诸同志先生暨伯兄》,《杨园先生全集》(卷 47),北京:中华书局,2002 年版,第 1349 页。

②张天杰:《张履祥与清初学术》,杭州:浙江古籍出版社,2011 年版,第 57 页。

食与物质享受，而是给他们提供良好的教育。张履祥的教育观念主要体现在如下几点：

1.教育为重

如何才是疼爱子孙？张履祥认为，给子孙留下田宅金钱而不知道给他们聘请老师的人，他们并不了解爱的真意，他们所做的并不是真正的爱。先生认为："所以人自爱其身，惟有读书；爱其子弟，惟有教之读书。"对子孙真正的爱是给他们延请老师，教给他们读书明理。这对于子孙自己、对于家庭、对于国家而言都有着重要意义。《训子语》言："古者易子而教，后世负笈从师，要无不教其子者。天子之子，特重师傅之选，为国家根本在是也。下至公卿大夫以逮士庶，显晦贫富不同，其为身家根本，一而已。虽有美质，不教胡成？"张履祥举出古代及今世人们求学之例来说明教育的重要性，无论是天子还是普通百姓都很重视教育，都要为弟子们选择一个好的师傅。我们现代社会也越来越重视教育，"不让孩子输在起跑线上"的观念更是盛行，人们甚至从胎教、早期幼儿教育开始抓起，这事实上是重视教育效应的一个表现。

2.慎重择师

选择什么样的老师？张履祥认为，学子在30岁以前，志向性格还没有定型，即使家境贫寒也不能离开师傅。依靠老师的指引，贤惠聪明的人能在义理上不断提高，愚笨不孝的人可以远离邪恶，这是子孙全身保世的最好办法。那么，选择老师的标准是什么呢？他强调："师必择其刚毅正直、老成有德业者，事之终身"，一定要选择那些刚毅正直、老成有德的人做教师并终身向其求教。老师不但要有渊博的学识，而且要有高尚的品德。老师不但教授我们知识，也教授我们做人的道理。老师的一言一行、一举一动对我们的人生起着潜移默化的作用。如果老师只是学识好但品德差，这必将把学生引向歧途。唐代韩愈在其著名的《师说》中曾言："师者，所以传道授业解惑也。"为人师者，不但要讲授学业，解决疑惑，更重要的是在道义上做出表率，正确引导学生。所以，张履祥认为学子在年轻时不能离开师父的指引，而正确选择老师也必将对一个人的功课学习、品德修养产生重要的影响。

除了选择老师，张履祥还重视学子资质、注重针对不同发展阶段采用因人施教和因时施教的方法。在不同的人生发展时期，要注意给予适时的教育。不同的职业也要选择专业的教师，如其所言“稼穑必于老农，诗书必于宿儒，下至巫医、百工，各有所传所受”，此即术业有专攻之谓也。人的爱好不同、能力有别、所学相异，故而得选择拥有不同技能的人做老师。

张履祥能成就学问，与深受几位宿学名儒的影响有密切关系。张履祥在十一岁时就在外祖父家跟从陆时雍先生学习，陆时雍曾以“节操凛然”而闻名，是明代著名的诗学大家。张履祥十五岁时，又到甑山钱氏鹤堂，从学于诸叔明（名董威）先生。对张履祥人生影响最大的当属黄道周与刘宗周二师。张履祥 32 岁时赴杭州参加乡试，得遇黄道周。黄道周先生是著名的抗清英雄，“严冷方刚，不偕流俗”，他曾以淡泊守志、勿图近名相劝杨园，这对张履祥隐居乡间、不求名利的生活方式产生了重要影响。34 岁时，张履祥又在山阴（今浙江绍兴）蕺山，求学于著名理学家刘宗周（号称“蕺山先生”）。刘宗周可谓是明代最后一位儒学大师，对后期儒学发展产生了重要影响。清兵入关后，刘宗周绝食而亡，保全志节。张履祥的几位老师可谓皆是他所标举的师之典范，“师必择其刚毅正直、老成有德业者”，选择名师对他淡泊名利的人生追求、对他淹通儒学的为学志向都起着积极作用，所以张履祥在教育学生时也经常强调择师的重要性。

3.严格教导

中国传统教育理念中一直信守《三字经》的训导：“养不教，父之过；教不严，师之惰。”在教育方面，张履祥不仅提倡一定要为学生提供良好的教育，还主张严格要求子弟。他认为：“子弟童稚之年。父母师长严者，异日多贤；宽者，多至不肖。”学子幼年时便不能随意溺爱，要严格要求他们养成良好的品德和作风，“严则督责笞挞之下，有以柔服其血气，束其身心，诸凡举动，知所顾忌而不敢肆；宽则姑息，放纵姿情，百端过恶，皆从此生也”。严格要求可以约束子弟的血性，以免他们以后放纵胡为。

4.家庭榜样

张履祥强调家庭榜样的作用。他认为，父子忠实，兄弟和睦，尊卑有序，内外大小符合常理，这样才能为子孙树立榜样，才能在子孙的成长中发挥潜移默化的影响。《训子语》言："源远者流长，根深者实遂，前人植基，职惟修德，后人踵武，庶其式谷哉。"家风的熏陶、家教的严格、家人的榜样必将影响子孙的成长，否则不利于子孙成长。

三、《训子语》的职业规划

《训子语》中非常重视人的职业规划。张履祥认为，人应该有自己的职业，无论是农民，还是士人，都应提早树立自己的人生目标，选择某一种职业作为自己的立身之本。用现代的观念理解，这是重视一个人的职业规划。职业规划是对自己的职业生涯乃至人生进行系统计划的过程。如何做好人生的职业规划？张履祥提出了他对职业规划的一些教育理念。

首先，他对于职业定位有自己的看法。他最为推崇的职业就是耕读，这体现出古代社会士农合一的思维模式。张履祥一生都是在耕读中度过，始终坚持"除耕读二事无一可为者"，是一个走耕读之路的典范。《清史稿·张履祥传》有"岁耕十余亩，草履箬笠，提筐佐馌"[①]的记载，先生常戴着箬笠，穿着草鞋，奔走于田头地尾，每年要耕种十多亩农田，宛然是一个农夫的形象。耕读相兼是张履祥的一个重要教育思想。因为他认为通过耕种，一个人可以自食其力，拥有生活的资本，故而强调子孙一定要固守农士家风。对于耕种与读书，他强调两者不能有所偏废，"耕与读，又不可偏废。读而废耕，饥寒交至；耕而废读，礼义遂亡"。读书可以修礼义，明事理，耕种可以使人戒除游荡懒惰，免于饥寒。而且就士人进退而言，耕读相兼的思想也使人处境优越，不为五斗米折腰，不慕权贵，既有生活保障，又可在此实践，静心修礼。

《论语》曾记载了一个有意味的事件：孔子与子路同行，途中子路落在后面，

①赵尔巽主编：《张履祥传》，《清史稿》，北京：中华书局，1977年版，第13119页。

遇到一位长者，子路问老人："是否看到我的老师？"老人说："四肢不勤快，五谷不分，谁是你的老师？"可见传统的士人并未真正重视耕读相兼，而是过分强调学而优则仕。张履祥所提的耕读相兼思想具有重要意义，突破千百年来耕读相悖的观念，学者指出："他关于耕读并重的思想及其实践，都达到了前人所没有达到的高度，从而在传统家训教化史上写下了浓重的一笔，奠定了他在这方面的地位。"[①]耕读相兼的思想可以使子弟们具有自食其力的能力而不至于流离失所，同时耕读相兼也使子弟既知晓义理，又具有良好的劳动品德，这是知识、实践相结合的方式。

其次，他也对目标设定提出了看法。张履祥虽然深受传统儒家思想影响，认为"士为四民之首"，但是他培养子嗣的目的并不是一味地要他们走科举仕途之路以求取功名富贵，更注重让他们知晓义理、深明大义。张履祥在竞相逐利、谋取功名的社会中提出这种观点具有积极意义，这样的观点即使在现代社会中也仍然有着闪光的一面。现代社会中，学生常陷于应试教育之中，其学习知识是为了应付一次次考试，却忽略了多方面知识的摄取与品德能力的培养。张履祥认为，选择职业一定要谨慎。如何选择职业，并不能操之过急。他主张要在子弟七八岁时先送去读书，等到十五六岁时再进行职业选择，决定为农还是为士。《训子语》言："人须有恒业，无恒业之人，始于丧其本心，终至丧其身。"人如果没有明确的目标就会无所事事，没有恒业的人也会丧失本心，终日游手好闲。张履祥强调将知识义理教育与生产劳动相结合，这也是重视人的德智体美劳全面发展。

张履祥的职业发展观点有着积极意义，对子侄、弟子们的人生选择都有莫大的帮助，如汪森在跋语中曾评价："待己接物，承前裕后，一切人情事理，觏缕详赡，非独先生之子当遵而不失，即凡为子者，皆可作座右铭也。"[②]即使在当今社

①徐少锦、陈延斌：《中国家训史》，西安：陕西人民出版社，2003年版，第682页。

②汪森：《训子语跋》，张履祥：《杨园先生全集》（卷47），北京：中华书局，2002年版，第1362页。

会，此书依然具有教育作用。

但是，我们也应该看到张履祥受时代社会因素的影响，难免对一些职业存在偏见。比如他说："商贾近利，易坏心术；工技役于人，近贱；医卜之类，又下工商一等。下此益贱，更无可言者矣。"并没有突破时代观念的束缚，这是那个时代的通病，无法苛责其身。在人生发展道路上，张履祥也常常存有人的命运由上天注定的一些偏见，但在某种程度上也反映出他对把握机会、抓住机遇的感叹，他渴盼知天命而求奋斗。

第二节　为人问学的道德培养

张履祥极为重视培养学子的品德。他认为,人有贤明与愚钝的区别,但这都不是重要的,尤为重要的是人的品德。“人家得富贵子孙,未必非不幸;得贤子孙,乃为幸事。”张履祥对延续子孙后代的期望不是单纯的得子,而是要得到贤达子孙。那么,如何让子孙贤明呢?他说:“子孙何以贤?惟尊礼师傅以修身,继述祖宗以启后,是大节目。”可见,唯有修养品德、尊师重教、传承优良家风,才能确保子孙后代贤明,这亦是教育子孙成人的关键。

在教育子孙方面,他强调首先培养的一个重要方面就是让子孙贤明。张履祥曾经举证了很多类贤与不肖,以便弟子们分辨,如“贤者必刚直,不肖者必柔佞;贤者必平正,不肖者必偏僻;贤者必虚公,不肖必私系;贤者必谦恭,不肖必骄慢;贤者必谨慎,不肖必恣肆……”要求弟子们能够知人,这样能“亲贤远不肖”,也就是说亲近贤者,远离小人,以避免身败家亡。张履祥认为,道德的养成应该从每一件小事做起:“涓涓之流,积为江河,星星之灼,燎于原野,其始至微,其终至巨。”人们做每一件事都应存敬畏之心,这样才不至于使自己的内心有须臾之怠,正所谓“勿以恶小而为之,勿以善小而不为”。

除了道德培养,他还重视义理培养,“从师受学,便有上达之路,非谓富贵也。……试思子孙既不读书,则不知义理,一传再传,蚩蚩蠢蠢,有亲不知事,有身不知修,有子不知教。愚者安于冥顽,慧者习为黠诈。循是以往,虽违禽兽不远,弗耻也。一世废学,不知几世方能复之,足为寒心。然则诗书之业,何可不竭力世守哉?”读书要深明义理,这个义理当是儒家传统的道德规范:仁义礼智信。学习并不是为了求得富贵,其目的在于通过学习通晓人生存在世的原则和规范。如果自己不学习义理,一代代传下去,将会造成有身而不知道修养,有子而不知道教育,那么后果就会很严重。不论是天资聪颖的人,还是天资愚钝的人,都会偏离正轨，走上不肖之路。

《训子语》中的道德培养还非常重视为人处世方面的教育：张履祥强调在处事方面一定要严于律己，宽以待人。

与人交往要做到宽容忠厚，不要轻易树怨。先生提出："我有德于人，无大小，不可不忘；人有德于我，虽小，不可忘也。"对于别人给自己的好处要时时牢记心中，而对于别人的坏处应当衡量轻重，即使是很大的怨仇也不能以怨报怨，而应当采用正当的方法、途径去处理。而这种原则体现于内心，就是先生所言的"宽和之气"："凡做人，须有宽和之气。处家不论贫富，亦须有宽和之气。此是阳春景象，百物由以生长。"与人交往不能苛刻肆意，而应有宽容之心。孟子曰："吾善养吾浩然之气。"这种充满在天地之间、刚正宏大的精神为后世文人所推崇。而这种宽和之气也属于文人胸襟修养之中的浩然之气。为人处世的宽和之气根源于人内心道德的修养，张履祥所强调的处世原则可谓对自己、对他人都有益处，有利于人与人之间的和谐交往，正所谓呈现出"阳春景象"。与人交往是一门学问，也是一门艺术。每个人的秉性气质不同，交往时难免会有不和之处，解决这种问题就需要内心的宽和，这样才能营造出和谐的交往环境，才更有利于整个社会形成和谐氛围。相对于宽和之气，张履祥强调"做人最忌是阴恶"，如果一个人用心奸险刻薄，做事情多阴谋诡计，一定会殃及子孙后代。所谓善有善报，恶有恶报，我们日常处事不得不对此有所忌讳，这也是我们百姓在民间常说的"人在做，天在看"。

张履祥十分重视家人宗族之间的关系。由于中国传统社会是宗法社会，儒家观念宣扬家、国同构，认为家族与宗族同是社会的重要组成部分。如何处理家庭关系以及宗族亲人之间的关系就显得十分重要，且具有一定的实际意义。然而家门兴旺、家族昌兴有一个"古今不易之道"，那就是"祖宗以厚德启其后昆，则寖昌寖炽。子孙削薄其德，丧败随及"。张履祥用日常生活中常见的薄土、薄器来说明为人不厚道的恶果，并用醇酒、厚布来说明积德能长久的道理。张履祥在《训子语》中言道："在贤者当体祖宗均爱之心，曲加保护，不使一人失所，毋论富贵贫贱，无不如之。"又在《上母舅书》中说："古人以碗喻家人，盖言碗之破碎，其初只是碎路一丝，其后渐至不可收拾。又以桶喻处家，盖言为桶之木虽本不一，箍得好时便滴水不漏也。”[①]张履祥善于运用生活中常见的事物来比喻说理，这里他“以碗喻家人”“以桶喻处家”，碗的破碎从点滴裂痕开始，以至于碎裂不可收拾。而如何处家就好像箍桶一般，张履祥文中“箍”之意可喻为孝文化的强化。“箍得好”，则是指人心教化的成功，“滴水不漏”则指家庭成员之间相互团结，家庭美满幸福。

在为人处世方面，张履祥特别强调宗族本是同根，要互相体恤、互相照顾。他提出：“在门内，勉任门内之事，在宗族，勉任宗族之事，不可辄起较量推卸之私心。”如何处理好宗族关系，重要的是不要讲私利、存私心，“充较量一念，势必一钱尺帛，兄弟叔侄不相通；充推卸一念，必至父母养生送死有不顾”。如果家族之间各自计较小利，那么必定会伤了亲人之间的和气，甚至不顾及父母族亲。家和万事兴，我们现代人也应以此为戒。

①张履祥：《上母舅书》，《杨园先生全集》（卷15），北京：中华书局，2002年版，第450页。

第三节　训导子弟的生活智慧

一、治家之道

张履祥日居乡间，其《训子语》带有浓郁的生活气息。书中每句教诲劝诫，并未摆出道学家的气度，而是从生活本身出发，教导子弟们走上正确的为学、为人之路。张履祥的训诫，源自生活又应用于生活，并非虚泛的道理，亦不是高深的古训。他的《训子语》提出方方面面的理论，包含着许多颇有意义的教诲，认为子孙应固守农士家风，提倡爱、敬、勤、俭立身四要，主张亲亲、尊贤、敦本、尚实居家四要，力劝学生以守身为本，事事皆与生活、立身息息相关。这些言语来自先生读书、为人、生活的经验，也必将对子嗣们的读书、为人、生活产生重要的影响。

1.积善传家

《训子语》首先从自己的家门风范出发，提出家风对子弟的重要影响，这是从道德角度来论述如何治家。《训子语》开篇即从“积善二字”开始教导子弟。家风环境对人有着重要影响，如孟母三迁的故事最能说明家教氛围对一个人成长的重要性。张履祥说：“吾家数世以来，未尝显盛，只有积善二字，家门守之，乡里亦信之，此风可长不可失也。”恪守积善的家风，使张家得到了邻里百姓的信服。他认为，应该将这种家风发扬下去，这样家门才能长久兴旺。如此教导以己为例，既亲切又易令人信服和接受。《训子语》提出立身的原则：爱、敬、勤、俭，都洋溢着浓郁的生活气息，目标是倡行仁爱、孝敬、勤勉、简朴的传统范式。张履祥对子弟的教育处处充满着爱心与责任心，体现了一位长者的诚挚期望。这些都是我们生活中可能遇到的情形、可能遇到的礼仪、可能遇到的道德问题，而张履祥处处叮咛嘱咐，通过此篇文字诠释自己的教育理念、寄托对子孙的期望。张履祥提出爱人要从侍奉双亲做起，培养孝心是孕育爱心的根本；敬人当从尊敬长辈开始，敬重亲长是培养恭敬的根本。以孝为本的思想，这正是儒家传统思想中的核心观念，也是理学人士的理想操守。

2.勤俭持家

勤奋、节俭是持家的重要方式。关于勤奋节俭持家，张履祥说："男子服用固宜俭素，妇人尤戒华侈。"劝告世人不要在服装、用度方面追求奢华。根据所需来考虑用度开支，贫穷之家就会节俭生活，富贵之户也不会奢侈无度，然而只有摒除世人心中的贪欲，才能真正做到节俭。家庭的日常收入与支出并不能一味苛刻，只知悭吝，而是要讲究货财的源流，做到取之有道、用之有度。张履祥认为："源则问其所由来，义乎？流则问其所自往，称乎？"只有通过自己的劳动所获才是合理的，日常用度要做到丰俭合宜。

俗话说，不如意事常八九。生活中难免遇到各种各样的处境，或是显达富贵，或是贫穷困窘，如何应对各种处境，张履祥也在生活中总结出各种值得我们思考和借鉴的经验。如何处富贵，张履祥特别强调不要将奢侈的生活方式传给后代，否则对后代有百害而无一益。《训子语》提出平常多存钱财，以防意外，应该要有节制，只要不令储备空乏就行了，并不是要求厚藏积财。"大凡势盛之日，占之以为利者，势去，子孙必以是受其害，至于轻重浅深亦常相准，盖倚伏之机固然也。"大凡家势昌盛的时候，喜好贪占他人利益的人，一旦其家势衰败，子孙肯定会因此遭受损害，而且受害的轻重浅深也常常与祖辈相称，因为依存转化的道理本来就是如此。张履祥认为："计口以给衣食，量人以准日用，素贫贱行乎贫贱，素富贵不忘艰难，所需自有分限，不俟求多也。"量力而行，适可而止，不要有过多的贪求，那么就会淡然面对富贵与贫贱。这样的生活态度及节俭美德足以让今人慕效。现代社会中有些人的生活方式过于追求奢华，稍稍富贵在吃穿日用方面便讲求奢华、要讲档次，追求各种奢侈品牌，有些人甚至超出自己的经济能力而过度消费，最终自食恶果。尤其是处于贫困之时，更应该讲究勤奋、节俭。"惟有内外勤劳刻苦，以营本业自足，免于饥寒。""夙夜不忘。当以穷乃益坚自励自勉，勿萌妄想，勿作妄求。妄想坏心术，妄求丧廉耻。"面对贫困更应勤劳刻苦，务实本业而自给自足，应以坚强的精神来自励自勉，不要萌生妄想，更不要有非分的追求。在这种困厄之时，切不可以环境为借口而失足堕落，亦不该不努力反而怨天尤人。

3.和睦传家

家庭是社会结构中的最小单位，故成为社会稳定的基础要素。儒家八目之一便强调齐家。古人处理家庭关系极力追求庄重和谐，故《诗经·桃夭》强调出嫁女子要“宜其家室”“宜其家人”。张履祥认为：“所以古人于家室之际，致美肃雍。盖肃敬则无媟慢之端，雍和又无寡恩之节，家室宁有不宜乎。”持守庄重就不会有轻狂的行为，和谐相处就不会有薄情寡义的行为，这样夫妻关系怎么会不和谐呢？要想实现夫妻和谐、家庭和谐，关键在于个人的品德修养，因为提高自己的品德修养最为要紧，能够产生一系列的影响。他还指出后辈在家庭和睦中所发挥的作用，《示儿》云：“忠信笃敬，是一生做人根本。若子弟在家庭，不敬信父兄；在学堂，不敬信师友，欺诈傲慢，习以性成，望其读书明义理，向后长进，难矣。”①其语振聋发聩，渗透着儒家伦理观念的强烈意识。

二、生活点滴

张履祥从方方面面教导子弟，基本从生活实际出发，重视日常一言一行的培养，充满着生活的智慧。他教导子弟们如何应对宗族、如何应对邻里事情，要互相体谅，投之以桃报之以李；教导子弟们如何处理父母、兄长、夫妻、妯娌等人际关系；教导子弟们如何迎来送往，要诚敬以待，内外如一。他的书籍强调建构融洽、温馨的家庭氛围，力主一定要互相照顾、能够换位思考，理解他人的不易。这些训语劝诫子弟们不能自私自利，要和睦团结，心中存有爱意，莫要纠结于小事小利，这样视野才会更开阔，胸襟也会更宽广。再如，阐释如何对待妻子的问题，张履祥就从生活出发列举妻子在家庭中的几项重要作用，“舍父母兄弟而托终身于我，斯情亦可念也，事父母，奉祭祀，继后世，更其大者矣”。只有看到家中每个人的重要作用，重视妻子的角色并尊重其地位，尝试建立和谐的家庭氛围，家庭生活方能和谐美满。这些日常生活遇到的种种琐事在《训子语》中都有一些说明，以此来指导子弟们的日常生活。

《训子语》可以说是张履祥的家规家礼，因为作者的承学、习尚因素而体现了比较鲜明的理学思想，如它所谈及的处世原则、治家之术等体现了朱熹的一些家训家规思想，这也体现了理学理念在不同历史中的传承。张履祥说：“三纲

①张履祥：《示儿》，《杨园先生全集》（卷14），北京：中华书局，2002年版，第442页。

五常,礼之大体,百世不能变易。古谓之道,后世谓之名教。……父子、兄弟、夫妇,人伦之大。一家之中,惟此三亲而已。不可稍有乖张,父子尤其本也。”他提倡维护人伦关系,延续朱子“家礼”所宣扬的观念,皆从家族生活中总结经验。这种思路是家训著作常见的现象,像晚清曾国藩所著家庭教育著作《曾文正公家训》提及“家败离不得个奢字,人败离不得个逸字,讨人嫌离不得个骄字”[1],所提出的八字家规“书蔬鱼猪,早扫考宝”,即读书、种菜、养鱼、养猪、早起、扫除、祭祀、睦邻的教育理念,皆流露生活气息与日常作风。

①曾国藩:《曾文正公家书》,北京:中国书店,2011 年版,第 286页。

第四节　《训子语》品读

一、《训子语》上

1.祖宗传贻“积善”二字

【原文】

洪武御制“江南风土薄，只愿子孙贤”，此赐义门郑氏语也。子孙何以贤？惟尊礼师傅以修身，继述祖宗以启后，是大节目。吾家数世以来，未尝显盛，只有积善二字，家门守之，乡里亦信之，此风可长不可失也。

【品读与感悟】

张履祥指出，尊崇礼义，发扬先辈优良品德，是教育子孙后代的根本。只有积累善行，家门才能长久兴旺，正所谓“积善之家，必有余庆”。

【原文】

《易》曰：“积善之家，必有余庆；积不善之家，必有余殃。”又曰：“善不积不足以成名，恶不积不足以灭身。”人之为善，修其孝悌忠信，只是理所当为。其不为不善，亦由此心之良不敢自丧，以沦入禽兽，非欲徼福庆于天也。然论其常理，吉凶祸福，恒亦由之。积之之势，不可不畏也。父子兄弟心术念虑之微，夫妻子母幽室墙阴之际，勿谓不足动天地感鬼神也。天地鬼神不在乎他，在吾身心而已。

【品读与感悟】

张履祥引用《周易》之语来强调积善的重要性。善恶存于人的内心，事关人的吉凶祸福。他警戒子孙不要心存侥幸而为恶，天地的感应正在于人的内心，为善还是为恶，这一切是有天地明鉴的。

【原文】

唐虞教人以五典，曰："父子有亲，君臣有义，夫妇有别，长幼有序，朋友有信。"成周教人以六行，曰："孝、友、睦、姻、任、恤。"人之善道备举矣。至洪武间，所颁《乡约》六言，曰："孝顺父母、尊敬长上、和睦乡里、教训子孙、各安生理、毋作非为。"则又贤愚共晓，若能恪遵此训，即知为善之路。孔子所谓"正鹄"，孟子所谓"安宅正路"，无逾是。

【品读与感悟】

五典、六行、六谕都是规范行为的教育标准，只有遵循此标准才能行善积德。推行教育准则教化百姓，通过纲常伦理教化子民遵纪守礼，有利于社会、国家的稳定发展。

【原文】

《书》曰："惟民生厚，因物有迁。"概观世运，厚则治，薄则乱。其在于家，祖宗以厚德启其后昆，则寖室昌寖炽。子孙削薄其德，丧败随及，古今不易之道也。盖土薄则易崩，器薄则易坏，酒醴厚则能久藏，布帛厚则堪久服。存心厚薄，固寿夭祸福之分也。虽然，有本有末，厚于本靡有不厚；本之薄靡有不薄。不亲其亲，不长其长，而谓于他人厚者，未之闻也。《中庸》言："君子之所不可及者，其惟人之所不见。"厚之与否，要当察于用心之际。

【品读与感悟】

一个人的德行至关重要，这是张履祥教育思想的根本观念。张履祥以育德养性教化子嗣，尝试培养一种良好的家风。

【原文】

凡做人，须有宽和之气。处家不论贫富，亦须有宽和之气。此是阳春景象，百物由以生长，所谓"天地之盛德，气也"。若一向刻急烦细，虽所执未为不是，不免秋杀气象，百物随以凋殒。感召之理有然，天道人事常相依也。刻急烦细，与整齐严肃不同。整齐严肃，是就纲纪名分而言，凡尊卑、大小、亲疏、内外，截然不可假易是也。正如四时寒暑，节序各殊，而元气未尝不流行于其间也。

【品读与感悟】

张履祥以直观感受为例来教育人，做人要有如春风宽和之气，反之则如肃杀之气，徒然使百物凋零。这样的说理方式，会使人更有切身的感受和体会。

【原文】

做人最忌是阴恶，处心尚阴刻，作事多阴谋，未有不殃及子孙者。语云："有阴德者，必有阳报。"德有凶有吉，吉报不当希望于天，凶报可不惧乎？先人有言："存心常畏天知。"吾于斯语，夙夜念之。

【品读与感悟】

高尚的品德，宽和的风范，才能得以扬名存世。"存心不良最怕老天知道。"这就是老百姓常说的"人在做，天在看"的意思，我们也应该时时牢记在心。

【原文】

子孙只守农士家风，求为可继，惟此而已。切不可流入倡优下贱，及市井罡棍、衙役里胥一路。

【品读与感悟】

耕读相兼是张履祥重要的教育理念及职业指导。他认为，只有如此才能存立身之本，才能使家门世代相传。

【原文】

人须有恒业，无恒业之人，始于丧其本心，终至丧其身。然择术不可不慎，除耕读二字，无一可为者。商贾近利，易坏心术；工技役于人，近贱；医卜之类，又下工商一等，下此益贱，更无可言者矣。然耕与读又不可偏废，读而废耕，饥寒交至；耕而废读，礼义遂亡。又不可虚有其名而无其实，耕焉而田畴就芜，读焉而诗书义塞。故家子弟坐此通病，以至丧亡随之。古人耕必曰力耕，学必曰力学。天之生人，俱有心思智虑，俱有耳目手足，苟能尽力从事，何患恒心或失而世业弗永乎？

【品读与感悟】

耕读为重是张履祥一贯推崇的。虽然他对工商医卜等职业不屑一顾，有所偏颇，其态度不足提倡，但是他强调耕种与读书两者不能有所偏废，而且主张既然要耕读，就必须努力地、勤勤恳恳地去做，不能有名无实。此论很有现实意义。

【原文】

穷通寿夭，盛衰绝续，命也。做好人，可以长久不替。常言："耕读俱好，学好便好；创守俱难，知难不难。"若要做好人，只尊礼师傅、亲近贤人是第一事。

【品读与感悟】

只有做好人才能使家道长久，而做好人则需要向有德能的人学习，亲近贤良之人，这是我们应该切记的。

【原文】

士为四民之首，从师受学，便有上达之路。非谓富贵也，富贵、贫贱一时之遇，丰约通塞，定命不可为。若贤士君子，则人人可为。读圣贤书，愚者因之以智，不屑因之以贤。学之既成，处有可传之业，出有可见之功。天爵之贵，无逾于此。所以人自爱其身，惟有读书；爱其子弟，惟有教之读书。人徒见近代游庠序者至于饥寒，衣冠之子多有败行，遂以归咎读书。不知末世之习，攻浮文以资进取，未尝知读圣贤之书。是以失意斯滥，得志斯淫，为里俗所羞称尔，安可因噎而废食乎？试思子孙既不读书，则不知义理，一传再传，蚩蚩蠢蠢，有亲不知事，有身不知修，有子不知教，愚者安于冥顽，慧者习为黠诈，循是以往，虽违禽兽不远，弗耻也。一世废学，不知几世方能复之，足为寒心。然则诗书之业，何可不竭力世守哉？

【品读与感悟】

爱护子孙，很重要的一点就是让子孙们读书。读圣贤之书可以使人变聪明，明事晓理，练达世物。读书不能讲求功利，只想着升官发财，得想着你能获得什么样的思想启示。子孙后代不读书是一件很可怕的事情，只能日趋愚昧，家族也将会慢慢衰落。所以教育子孙读书是至关重要的事情，张履祥想让子孙们读书、知义理，世代承传家业、家学、家风。

【原文】

圣贤所言之理，无非天之理，圣贤之言，即天之言也。侮圣人之言，则逆天理，逆天理，则有天殃。自古及今，无有不然。子孙即不能通经学古，《四书》《小学》不可不通晓；即不能通《四书》，不可不将《小学》熟读详解，佩服终身。果能笃信此书而服行之，虽为农夫，足有君子之行矣。

【品读与感悟】

张履祥这段话隐藏一个取舍顺序，他认为《小学》最为实用，教授子弟文字、音韵等基础东西，发挥很基础的作用；《四书》是宣讲儒家基本要义的著作，这是启蒙发义的著作；古代经典是较高层面的著作，是读书人最该研习的典籍。人们要遵从古代圣贤言行以行事，子孙们不能连最基础的《小学》也不认真通读。倘若能明晓道理、熟知规律，并且终身按此道理来做事，有君子风范。

【原文】

子弟七八岁，无论敏钝，俱宜就塾读书，使粗知义理。至十五六，然后观其质之所近，与其志尚，为农为士，始分其业。则自幼不习游闲，入于非慝，易以为善。虽肄《诗》《书》，不可不令知稼穑之事。虽秉耒耜，不可不令知《诗》《书》之义。

【品读与感悟】

张履祥把耕读视为一体，注重从学子幼时便培养耕读相兼的习惯。他认为，人无论才质如何，都应该入学堂读书，无论以后是读书还是务农，都应当知道基本的诗书礼义。即使日后研习儒家经典，诵读《诗》《书》，也不能脱离农业，成为一个五谷不分的腐儒。

【原文】

近世以耕为耻，只缘制科文艺取士，故竞趋浮末，遂至耻非所耻耳。若汉世孝悌力田为科，人即以为荣矣。实论之，耕则无游惰之患，无饥寒之忧，无外慕失足之虞，无骄侈黠诈之习。思无越畔土，物爱厥心臧，保世承家之本也。但因而废学，一任蚩顽，则不可耳。

【品读与感悟】

在张履祥眼中，从未以耕种为耻、以读书仕进为荣。他强调耕读并重，这是对时人逐利观念的反驳，也是个人风范的展示。古代社会很多读书人自命清高，排斥农耕，一味地追名逐利，其心态演变根源于社会制度。张履祥此段话语并未非议当时的科举取士制度，只是以实证说明农业的重要，让人无法责难、无可否定，这事实上是他常年耕读并重的经验总结。

【原文】

文武本无二道。古者农人为卒伍，公卿为将帅，兵亦儒者当知，安可不学？但目前所见，人家子弟才习兵矢，便有犯上作乱之事，戾傲施于父兄，恣睢行于同列，小则败行危身，大则流为盗贼。又似武事决不可学，何也？由其始初未尝教以孝悌忠信，使知礼义，而所训习之人，率皆嚚悍无赖。故其血气心知之险导其端，而迸发如绝溃堤，泛滥四出也。须看子弟年三十左右，德性驯良，学粗有得，志趣远大，才足干济者，乃延笃学名儒，本其平日所肄经史大纲，益加详究。若朝廷邦国、礼乐刑政、天文律数、屯田水利、边方险要之类，事事讲求，则兵法亦是一种学问。或能负笈远游，博学无方，固皆分内当为，不可自限。然此等子弟，自是不易得，非可一概论也。若方幼少，启以搏击战斗，使不仁之机先动于气志，而得善其终者寡矣。

【品读与感悟】

教育子孙最重要的是先教给他们孝悌、忠信等礼义之事，只有养成心性品德，即使是学习兵法箭法，也不至于丧失本性，产生邪念。反之，心性品德有了偏颇，学习也会走向歧途，不但无益反而有害。这里张履祥表现出对屯田水利等学问的重视，也是具有教育眼光的。

【原文】

盗贼、倡优、人奴之类，辱家门，蹈刑戮，父不欲以为子，祖不欲以为孙，兄弟族人不欲其为兄弟族人，世所知也。若夫不孝敬于父兄，不率从于师长，不顾是非，不畏刑宪，豪横无耻，与游惰无业、市侩徒隶之类，其流实有甚于盗贼，种种者与众绝之，岂云过乎？

【品读与感悟】

无业游民、市井无赖之类的所作所为违背礼义，必然会导致众叛亲离，所以张履祥一再强调人应该有正当的职业，否则就会游手好闲。

2.立身四要：曰爱、曰敬、曰勤、曰俭

【原文】

立爱自亲始，爱身爱之本也；立敬自长始，敬身敬之本也。以爱敬存心，而入于邪慝者希矣。

【品读与感悟】

心中有爱，心中有敬，是处身、立世的一个基本环节。

【原文】

人有此生，当思不虚此生之意。在门内，勉任门内之事；在宗族，勉任宗族之事，不可辄起较量、推卸之私心。充较量一念，势必一钱尺帛，兄弟叔侄不相通；充推卸一念，必至父母养生送死有不顾。门内如此，况宗族乎？即父母不若无此子，即祖宗不若少此子孙，又况其余，安有一步推得去？人家譬如屋室也，有栋梁，然后又椽檐、榱楹，然后又墙壁、门户，大小长短各效其能以为用，便可成室。若各各自私，毋论不足成室，究竟一无所用而已。抑思天下为一家，中国为一人，而仁为己任者，独非人乎？乃不求为柱石栋梁，甘自弃为沟中之端，哀已！

【品读与感悟】

张履祥利用各种建筑材料共同发挥作用才能建成屋室的比喻告诫人们：人不能有私心，这是很重要的，一旦不去担负责任、发挥作用，不要说建成屋室，最终只能是一无所用。善用人们易知易感的日常生活中的事物来说明道理也是张履祥的一种教育方式。

【原文】

人不可孤立，孤立则危。天子之尊，至于一夫而亡，况其下乎？一家之亲而外，在宗族当不失宗族之心，在亲戚当不失亲戚之心。以至乡党朋友亦如之，以至朝廷邦国亦如之。欲得其心非他，忠信以存心，敬慎以行己，平恕以接物而已。人情不远，一人可处，则人人可处，独病在我有所不尽耳。贤者与之，不贤者去之，何伤？久而不贤者终将服之。匪人昵之，正人弃之，殆已，究则匪人亦将离之。是以君子不求人求己，不责人责己。

【品读与感悟】

试想，人如果处于孤立无援之中将会是一件很可怕的事情。因此，要严以责己、恭敬从事，这样才不会孤立无援，以至败身亡家。即使重视与人结交，也得注意结交对象，那些行为不端者还是与他们保持一定距离为好。

【原文】

作家以勤、俭为主，做人以孝、友、睦、姻、任、恤为主。

【品读与感悟】

张履祥很推崇周代的一些礼制，如提及西周选拔官吏重视“知”“仁”“圣”“义”“中”“和”的“六德”和“孝”“友”“睦”“姻”“任”“恤”的“六行”。先生强调即使居家也应严守德行，遵行周代的礼法。

【原文】

凡读史传，至世德之门、孝义之里，或乡闾所称，或朝廷所表，未尝不甚慕之，谓子孙何幸得生其家？乃终不知反求诸身，岂非惑乎？夫彼非有异道也，父子笃，兄弟和，尊卑得其序，内外大小得其常而已。吾犹是，父子犹是，兄弟犹是，尊卑大小内外不能如彼，何也？得非身之不修，彼怀仁义，而爱敬敦让以化之，我则怀利，而傲慢贪戾以败之与？美恶之习，始于一人二人，其流必及数世，诚之所感，不言而喻。故意向不可不端，立身不可不正。源远者流长，根深者实遂，前人植基，职惟修德，后人踵武，庶其式谷哉。

【品读与感悟】

读书应当多一些思索，想一想为什么是这样而不是那样，为什么别人要这么做。就像看到书籍中的成功人士，不应该只是羡慕，需要想明白他们是怎么成功的。自己若不把事理想明白，或者知道原因后却不愿意发奋努力，那一辈子也只能生活在成功人士的阴影中，没法子创造自己的“神话”。

【原文】

古者选士于乡，经乡党耳目至近至众，其为贤不肖，如鉴之照物，不可掩也。盖一人之爱憎喜怒则莫不私；众人之是非好恶则莫不公。吾人立身，欲考在己之得失，借鉴于乡党，其观人取友，采听之乡党，可以鲜失。要以善者好、不善者恶为准。

【品读与感悟】

张履祥用照镜子的道理向我们说明考察一个人一定要考虑周围人对他的意见。我们在日常生活中也应多多听取周围人的意见，以检视自己的得失。

【原文】

处人伦事物之间，有顺有逆，即不能无德怨。曾子曰：“出乎尔者，反乎尔。”《诗》曰：“投之以桃，报之以李。”盖言施报也，然微有不同。自处之道，有树德无树怨，固然也。人情则不可知。处之之道，我有德于人，无大小不可不忘；人有德于我，虽小不可忘也。若夫怨出于己，当反己而与人平之。其自人施于我，则当权其轻重大小，轻且小者可忘，忘之，重而大者报之为直，不能报为耻。要之，作事当慎谋其始。德不可轻受于人，怨须有预远之道。施德当体上天栽者培之之心，处人则念“怨不在大，期于伤心”之义。

【品读与感悟】

世上的人难免有恩恩怨怨的烦恼，面对恩怨采用什么样的心态来面对是很重要的。张履祥认为,与人相处应当做到树德而不结怨,他还指出了如何处理恩怨的方法，我们应当认真思考他提出的问题和解决方案，这样就可以树德而不结怨了。

【原文】

有田亩,便当尽力开垦;有子孙,便当尽力教诲。田畴不垦,宁免饥寒?子孙不教,能无败亡?疏沟导渠以备旱涝,蓄粪完器以乘时令,治田畴之急务也;择业授事以戒惰游,延师肄经以远非慝,教子孙之急务也。人生无一事可不尽力,此其大者。

【品读与感悟】

教育在张履祥看来是至关重要的，教育子孙是第一要务。要为子弟聘请老师,只有这样他们才不至于陷入迷途,才可以延续家业。张履祥的教育内容包括最基本的农业知识,如疏通沟渠、积蓄肥料、修理农具。

【原文】

男子服用固宜俭素,妇人尤戒华侈。妇人只宜勤纺织,供馈食,簪珥衣裳,简质而已。若金珠绮绣,求其所无,慢藏诲盗,冶容诲淫,一事两害,莫过于此。况妇德无极,闲家之道,当以为先。稚子侈心,益当豫戒。

【品读与感悟】

治家应该注意节俭,外在穿着装扮过于华丽既会使财色外显、招至祸患,也会诱发淫心而导致道行有亏。《左传·僖公二十四年》云:“女德无极。”张履祥在这里也在强调妇女德性。

【原文】

凡人用度不足,率因心侈。心侈则非分以入,旋非分以出。贫固不足,富亦不足。若计口以给衣食,量入以准日用,素贫贱,行乎贫贱,素富贵,不忘艰难,所需自有分限，不俟求多也。若能于膳养之余，节省繁冗，用广祭产，置赡族公田，非惟可以上慰祖宗之心，即下及子孙得以永久不替，理甚易明。世之亟于自私，缓于公义，侈于奉己，啬于亲亲者，吾每见其立覆矣。

【品读与感悟】

贪欲是非常可怕的，一个人如果对欲望有着过分的追求，就会自我放纵而不知道约束行为。

【原文】

予平生居家，非祭祀不割牲，非客至不设肉。然蔬食为多，惟农人、工人不免以酒肉饷。虽佳辰令节，未尝觞酒豆肉，无故夫妇同之也。幼少之日，寒一帛，暑一绢，非敝尽不更制。壬午以后，则布衣布裳终焉而已。固缘贫穷孤蹇，情事莫伸，有痛于心而然，亦由壮岁经凶经乱，见饥死者父子兄弟不能保，罹兵者城邑村落为丘墟，同兹覆载之人，孰非尽人之子。一念及之，恻恻于怀，栗栗于肤。幸兹布衣蔬食以延先祀，于分过矣，于赐厚矣。敢萌侈心？后人虽遇太平，处丰乐，愿勿忘此意也。

【品读与感悟】

心怀简朴之意，以慰藉先人，处安不忘忧，居富不忘贫，这是我们应该时常谨记的。张履祥力行简朴，既秉承儒家戒奢尚朴的理念，也潜藏着他经世事更替而遭受苦痛的复杂心态。张履祥自明入清，亲眼看到战乱带给百姓的沉重苦难，目睹乡邻不幸饿死，亡于兵燹，他在这种时代悲辛中自然难以忘怀苦痛，作为亡国的士大夫又怎能甘于安乐、安于奢靡呢？

3.居家四要：曰亲亲、曰尊贤、曰敦本、曰尚实

【原文】

三纲五常，礼之大体，百世不能变易。古谓之道，后世谓之名教。命之自天，率之自性，人人具有，人人当为。全之则人，失之则入于异类，不可不敬求其义，不可不力行其事。“君子修之吉”，修此也；“小人悖之凶”，悖此也。

【品读与感悟】

纲常伦理是儒家的基础架构，也是张履祥信奉的基本准则，从中我们不难看出儒家礼法观念对儒士的影响。

【原文】

父子、兄弟、夫妇人伦之大。一家之中，惟此三亲而已，不可稍有乖张，父子尤其本也。一处乖张，即处处乖张，安有缺于此而全于彼者？自古人伦之变，祸败所贻，常及数世，无或免者，天道然也。

【品读与感悟】

古代社会的伦理纲常源自宗法制度，是以父子、兄弟、夫妇等关系为基础的。换个角度来看，家庭的各种关系处理好了，社会才能稳定，国家方能太平。一个人要是连自家的关系都无法处理好，还能指望他处理好宗族之事、地方之事、国家之事吗？

【原文】

一族之人有贤、有不肖，正如一体之中有心志耳目，即有足趾爪发。在贤者，当体祖宗均爱之心，曲加扶持保护，不使一人至于失所，毋论富贵贫贱，无不如之。孟子所谓“亲爱之而已矣”。若专己自私，不相顾恤，有伤一体之谊，是为得罪祖宗，不孝孰大焉！葛藟犹能庇其本根，可以人而不如草木乎？

或疑贫贱易至失所，富贵何待保护。不知富贵之失所，盖有甚于贫贱者。教其不知，而正其过失，所以安全之也。自好者，每因族人富贵即与之疏。其富贵者，亦不知其可忧，疏远族人，以蹈危亡，故及此。

【品读与感悟】

讨论家庭中的父子、兄弟、夫妻关系之后，张履祥将人际关系向外扩展，开始论述家族中的复杂关系。古代社会盛行宗法制，确立以姓氏血缘为联结纽带的宗族关系，形成具有密切关系的地方生活群体。如何处理这些小群体的关系，至关重要，张履祥希望举族和睦，爱心均沾，不使一人至于失所。

【原文】

宗族亲戚之人或贤或否，此由天定，无可取舍。贤者自当爱而敬之，否者无失其亲而已。至于师友，一入家门，子弟志尚因之以变，术业因之以成，贤则数世赖之，否亦害匪朝夕，不可谓非家之所由存亡也。择之又择，慎之又慎，夫岂不宜而可随人上下乎？

【品读与感悟】

贤明与否关系个人的成长，也关系着家族的存亡。家族中的贤、愚之人，会直接影响家族的兴衰；师友贤、愚，也会影响到子弟成长，不能不对此谨慎。

【原文】

人无论贵贱，总不可不知人。知人则能亲贤远不肖，而身安家可保；不知人则贤否倒置、亲疏乖反，而身危家败，不易之理也。然知人实难，亲之、疏之亦殊不易。贤者易疏而难亲，不肖者易亲而难疏。贤者宜亲，骤亲或反见疑，不肖者宜疏，因疏或至取怨，所以辨之宜早。略举其要，约有数端：贤者必刚直，不肖者必柔佞；贤者必平正，不肖者必偏僻；贤者必虚公，不肖者必私系；贤者必谦恭，不肖者必骄慢；贤者必敬慎，不肖者必恣肆；贤者必让，不肖必争；贤者必开诚，不肖必险诈；贤者必特立，不肖必附和；贤者必持重，不肖必轻捷；贤者必乐成，不肖必喜败；贤者必韬晦，肖者必表暴；贤者必宽厚慈良，不肖必苛刻残忍；贤者嗜欲必淡，不肖势利必热；贤者持身必严，不肖律人必甚；贤者必从容有常，不肖必急猝更变；贤者必见其远大，不肖必见其近小；贤者必厚其所亲，不肖必薄其所亲；贤者必行浮于言，不肖必言过其实；贤者必后己先人，不肖必先己后人；贤者必见善如不及，乐道人善，不肖必妒贤嫉能，好称人恶；贤者必不虐无告、不畏强御，不肖必柔则茹之、刚则吐之。若此等类，正如白黑冰炭，昭然不同，举之不尽，总不外公私、义利而已。世谓知人之明不可学，予谓虽不能学，实则不可不学也。《中庸》言："知人不可以不修身，而修身又不可不知人。"二者相因，得则均得，失则均失，人苟能为知人之学，庶其无殆矣乎。

【品读与感悟】

鉴察人的品行、才能是一门学问，与贤人相交和与不贤的人相交，两者的结果大不相同。张履祥观察细微,列举诸多贤者与不贤者的区别,可以把这些区分当作正反面的例子来看待，凡是属于贤者特征的就多加学习，凡是属于不贤者特征的就努力规避。归根结底,一个人如何对待公与私、义与利才是根本区别。

【原文】

古人为家,惟尚礼义,今人为家,惟尚货财。不知货财多寡有无,自有定分,非人所能为也。《论语》“富不可求”,《大学》“悖入悖出”,《孟子》“为富不仁”,言之非不甚明,人不知信耳!凡物得之难,失之亦难;不义得之,即不义失之,真若影响也。农人终岁勤勤,丰年所得已无几何,无田者以半输租,有田者供赋役三之一,衣食之计,不免称贷典质之苦,故曰“稼穑艰难”也。然养生送死,思无越畔,世世恒于斯。仕宦而入厚禄,商贾而拥丰资,非但子孙再世将不可问,身命之不保者众矣。子孙苟能视货财轻,则自能视礼义重。圣贤以非有而取,同于御与穿窬。呜呼! 几见杀越人以货、穿窬之盗,得长保所有以没齿乎?

【品读与感悟】

君子爱财,取之有道。孔子说过:“不义而富且贵,于我如浮云。”人又怎么能一味地追求富贵呢? 只有经历艰难,才能体味“艰难困苦,玉汝于成”的含义,才能懂得珍惜。

【原文】

事无大小,必有成法。循之为力既易,终焉无敝;违之为力虽劳,终必失之,是以不可不学也。然欲务学,必先求师。稼穑必于老农,《诗》《书》必于宿儒,下至巫医百工,各有所传所受,况为人之道而可无所受教乎? 予幼少不学,颠沛屡经,以至居丧弗能如礼,葬埋不知尽道,苟且徇俗,痛悔终身,已无可及,他无论已。周子曰:“师道立则善人多。”国不崇学,家不隆师,乱亡之征莫过此矣!

【品读与感悟】

尊师重教是我们中华民族的优良传统。人不可能生来就知道任何事情,必须通过老师传授才能掌握知识。要想学习种植庄稼的技能就得向老农学习，要学习经典就得向儒士请教,向不同的人学习才能有所成就。

【原文】

古者易子而教，后世负笈从师，近代延师教子。世变虽殊，要无不教其子者。天子之子，特重师傅之选，为国家根本在是也。下自公卿大夫，以逮士庶，显晦贫富不同，其为身家根本，一而已。虽有美质，不教胡成？即使至愚，父母之心安可不尽？中等之人，得教则从而上，失教则流而下。子孙贤，子以及子，孙以及孙；子孙弗肖，倾覆立见，可畏已！近日师道不立，为子孙计者，孰知尊师重傅之道？甚之生子不复延师，盍思为人父母，将以田宅金钱遗子之为爱其子乎？抑以德义遗子之为爱其子乎？不肖之子遗以田宅，转盼属之他人，遗以多金，适资丧身之具，孰若遗以德义之可以永世不替。夫贤师世未尝少，求则得之，存乎诚敬而已。司马温公虽谓积阴德于冥冥之中，然何若求贤师教之于昭昭之际乎？古称民生于三事之如一，世人但知不可生而无父，岂知尤不可生而无师乎？

【品读与感悟】

教育子孙，为子孙延请老师才是对子孙真正的爱，而一味给他们金钱财物，只不过是贻害他们，有害而无益。试想，家里要是有一个不明事理的颟顸后代，不知道礼法，不通晓处事原则，纵使家有万金，用不了多久也会挥霍一空。

【原文】

子弟三十以前，心志血气未有所定，虽贫且贱，不可辄离师傅。贤智者可使义理日进，愚不肖者可使非慝日远，全身保世，无出于此。师必择其刚毅正直、老成有德业者，事之终身。

【品读与感悟】

为子弟选择合适的老师教育他们才是全身保世之法。张履祥认为，老师应满足道德要素，性格要刚强坚毅，品行要正直不阿，做事要老成持重，还要德行、功业并重，这样的老师才能把学生引向正道。

【原文】

自天子至于庶人，各有职分当为之事。早作夜思，不离职分之内，为君使是圣明，为臣便是忠良，士则为良士，民则为良民。自幼至老，为子弟有子弟之职分，为父兄有父兄之职分，世无无职分之人，人无无职分之日。求尽其职分，自不容不朝夕乾惕。古人不敢怠荒，日有孳孳，不知年数之不足，凡以此耳。人不安本分，正如鱼脱于水，不免死亡及之。程子亟称"要不闷，守本分"之言，其示人切矣。

【品读与感悟】

人尽其责，人尽其守。倘若未能尽职尽分，就当反躬自省，不安本分，难免招致灾祸。

【原文】

大凡人之心想，多只向好底一边，希望至于老死不已。贫想富，贱想贵，劳想逸，苦想乐，转转憧憧，无所纪极。且思天下岂有人人富贵逸乐之理，亦岂有在我尽受富贵逸乐，在人尽受贫贱劳苦之理？妄想如此，是以分内全不思省，宜其祸患猝来不意也。天地间人，各有分内当修之业，当修而不修，缺失不知几何。念及分内所缺、所失，自不得不忧，自不得不惧。知忧知惧，尚何敢肆意恣行，以取祸败？故曰："君子安而不忘危，治而不忘乱，存而不忘亡也。"此心自幼至老，何可一日不栗栗持之乎？

【品读与感悟】

常怀敬畏之心，做什么事情都会谨慎而为，这样就可避免放纵欲望而肆意妄为。

【原文】

人生饥渴不能无饮食，寒暑不能无衣裳，以及冠昏丧祭，岁时伏腊，馈问庆吊，俱不能无资于货财。然其源不可不清，其流不可不治。源则问其所自来义乎？不义乎？流则问其所自往称乎？抑过与不及乎？果其取之天地，成之筋力，如君子之劳心禄入是也，小人之劳力稼穑、桑麻、畜牧是也。下此，则百工执艺之类，又下，则商贾负担之类，皆义外之是非义也。果其量入为出，权轻重，审缓急、先后，宜丰不俭，宜寡不多，斯为称，否则非。当用而不用，即不当用而用矣。世人不治其流，求其源清固不可得，其源不清，欲其流治亦不可得也。以是，二患成其百恶。明有视听，幽有鬼神，君子赢得为义，不言利而利存；小人赢得为利，利未得而害伏，愚哉！

【品读与感悟】

人的生活离不开钱财，应当适度消费，既不能奢侈，也不能吝啬。钱财来源得有一个度，钱财花销也得有一个度，讲来源是告诫世人不取不义之财，慎花销是告诫世人不能肆意消费。

【原文】

一方有一方之物产，天地生此以养人，在人为财货。但能反求诸己，竭力从事，不闭塞其利源，养生送死可以无憾。何事妄求，以为心害哉！

【品读与感悟】

我们应该勤奋劳动，合理利用自然资源，别妄求利益，自埋祸根。

【原文】

天地间人，各一心，心有万殊，何能疑贰不生，始终若一？所仗忠信而已。以忠信为心，出言行事，内不欺己，外不欺人，久而家庭信之，乡国渐信之？甚至蛮貊且敬服之，由其平生之积然也，故曰："诚能动鬼神。"若怀欺挟诈，言不由衷，行无专一，欺一二人，将至人人疑之。一二事不实，事事以为不实。凡所接对，莫不猜防怨恶，将何以自立于天地之间？每见年少之日，自谓智能，虽在父子兄弟间，说不从实，举动诡秘，见恶亲长，取贱乡邻，虽至老死，后人犹引以为戒。哀哉！

【品读与感悟】

与人相处最重要的是讲究忠信。"人而无信，不知其可也。"若有一两件事情做得不地道，便很难再取得他人的信任，这就像故事《狼来了》所讲的道理。

【原文】

子孙于祖父，奉养之日多少不可期，甚乃一日不逮养者！昊天罔极，惟追远一事，得以终身行之，不只于其身而已，子孙服孝未尽，犹得以尽其心也。若祠墓之祭，则又不可以世计，故礼以祭为重。古人之所以事死如事生，事亡如事存。凡门中小大男女，不可不知此义。

【品读与感悟】

子孙应当抓紧时日侍奉长辈，莫留“子欲养而亲不待”的遗憾。即使亲人亡故，可孝道却依然需要延续，对去世的先人也应当祭祀怀念，代代相传。

【原文】

墓祭饮馂，以子弟之师为宾，妣族一人为客，务近诚敬之道，使子孙观法，永为可继。若妣党或因道远不能邀至，犹当馈以祭肉，勿令渐成遗忘。师则别燕为宜。但族人不得咸在，故欲于祭之日以礼相示。若有祠堂，则于祠祭之日行之。

【品读与感悟】

祭祀作为一种礼仪，能借缅怀、纪念的方式表达感恩之情，是人伦关系在情感上的延续。张履祥所说的墓祭饮馂遵照一定的丧葬仪俗，渗透了礼法观念，体现了一位儒者对礼的重视和强调。

【原文】

报本之义，豺獭皆知，而况于人？笾豆之实，牲殺粢醴之将，自古未有飨之者也。孝子孝孙，尽心以格祖考，庶几飨之而已。诚敬之不至，尚何祭祀之有？是不知其本始者也。本始之不知，犹云有子孙乎？

【品读与感悟】

祭祀礼仪固然重要，但最关键的是内心要敬重虔诚。心中没什么敬意，即使祭祀也没有什么意义。

【原文】

亲友庆吊，称情量力，以诚为主，不以文为先。世俗浮奢，非礼之礼，不足循也。称情者，亲亲则有杀，尊贤则有等。厚其所宜薄，薄其所宜厚，逆情倒施，小人之道也。量力则称家之有无，富而吝财非礼也，贫而求备亦非礼也。

【品读与感悟】

亲友间的庆贺吊丧重在诚心诚意，应当遵从礼义，行事应合乎情理。

二、《训子语》下

1.正伦理

【原文】

礼本诸天地，莫大于名分之际。尊卑上下，名分所以定也。名分一乱，未有不亡，家国一也。其端多始于嫡庶、主仆之际，小加大，淫破义，祸乱随之以生。至于夫妻、父子、兄弟爰及宗族，衅隙既成，萧墙祸稔，纵不灭绝无后，鲜不数世崩离。《记》曰："坏国、丧家、亡人，必先弃其礼。"古今一辙。

【品读与感悟】

礼义之乱是各种祸端的开始。不遵礼义，夫妻、父子、兄弟和宗族之间的关系就会混乱，矛盾就会逐渐形成，日久天长，就会酿成大祸。

【原文】

人之所以异于禽兽者，为其有纲常伦理也。若废纲常、败伦理，与禽兽无异，即使人不及诛，天必诛之。故乱臣贼子，内乱萧墙之变，与夫挟持左道，毁蔑圣贤，未有不杀身戮尸，污宫潴室，灭门殄类者，盖禽兽之道固然也。自天子至于庶人，一而已。《大学》教人以修身为本，夫岂迂哉？

【品读与感悟】

张履祥对纲常伦理尤为重视，直斥败坏伦理者为禽兽。人与动物不同之处就在于人有遵守社会秩序的意识，假若废弃礼仪，毫无操守，连禽兽都比不上。

【原文】

家之六顺：父慈、子孝、兄友、弟恭、夫倡、妇随，是则父父子子、兄兄弟弟、夫夫妇妇，而家道正，反是为逆。顺则兴，逆则废，必然之理，人人言作家，而不知务此，惑甚矣！

【品读与感悟】

张履祥所说的正是家和万事兴的道理。《论语》讲“礼之用，和为贵”，礼的作用就是使家庭关系和顺，家庭关系只有和顺才能安稳。不仅家庭需要和睦，整个社会也得讲和睦，全世界也应当寻求和谐。

【原文】

父慈以善教为大，子孝以承志为大。贻金不慈之大，自贤不孝之大。

【品读与感悟】

张履祥的理念很有借鉴意义。传家后世当以精神为继，物质的东西子孙可以创造。现在的父母大多认为一定要给子孙留下财产，这样才能显示出对子孙的爱，哪里知道这样是有害而无益的，很可能培养孩子的惰性而消磨其志向。

【原文】

有子不教，不独在己薄其后嗣，兼使他人之女配非其人，终身受苦。有女失教，不特自贻他日之忧，亦使他人之子娶非其偶，累及家门。诗云：“恩斯勤斯，育子之闵斯。”凡为父母，莫不如是，故劬劳也。婿之与妇，夫非尽人之子与？坐令失所，夫何忍！

【品读与感悟】

无论是嫁作人妇，还是为人之夫，都要懂得礼教。自家的孩子不加教育，却匆匆忙忙嫁给别人家或娶了别人家的孩子，都是对孩子的不负责任。

【原文】

人子事亲多方，只“生事尽力，死事尽思”二语蔽之，总以爱身为本。爱其身则能修其身，修其身然后可以承先，可以启后。哀哀父母，生我劳瘁，所望于子者，岂有他哉？身之不惜，尚何孝之可言？

【品读与感悟】

“活的时候尽力孝敬，死后心怀思念”这两句话是我们做子女应该牢记的。在张履祥看来，这是有关“爱身”理念，因为我们的身体是父母所赐，又经父母勤劳养育而成，因此爱惜自己的身体，从己做起，便是尽孝了。

【原文】

兄弟手足之义，人人所闻，其实未尝身体力求，故泛泛然若萍之偶合也，纷纷然若鸟兽之各散也。盍思手足二体，持必均持，行必均行，适必皆适，痛必皆痛，偏废必弗宁，骈枝必两碍，不言而喻，无所期而然，是以为分形连气也。方其幼时，无不相好，及其长也，渐至乖离。古人谓：“孝衰于妻子”，孝衰，悌因以俱衰。人能长保幼时之心，勿令外人得以伤吾肢体，庶可永好矣！世人尝言一人不能独好，意将归恶兄弟也。即此一言，不好情形尽见。果然一人独好，同父母之人安有不好之理乎？

【品读与感悟】

这里张履祥强调手足之情有积极意义。妻子如果没有包容之心，定会影响家庭关系。再加上一个人要是有了妻子、儿女，就将爱心聚集到他们身上而减少关心父母的程度，这就可能导致孝顺之心衰减、兄弟之情淡薄。

【原文】

古人有言：“难得者兄弟，易得者财产”，人家每因财产伤败彝伦，疏薄骨肉。子孙当学克让，永保家世，勉思此言。

【品读与感悟】

“难得者兄弟，易得者财产”这句话我们也应该时刻牢记，世上不知有多少为了钱财而兄弟情绝的人。比起手足情，钱财乃身外之物，又算得了什么呢？因此，我们应轻钱财而重兄弟之情。

【原文】

古者父母在，不有私财。盖私财有无，所系孝弟之道不小，无则不欺于亲，不欺于兄弟，大段已是和顺。若是好货财、私妻子，便将不顾父母，而况兄弟！不孝不悌，每从此始。近世人子，多有父母在而蓄私财，及父母在而结私债，均是不肖所为。甚或父母以偏私之心阴厚以财，与不恤其苦，启其手足之衅，为害尤大！

【品读与感悟】

人怀有私心私财是造成父母、兄弟不和的重要原因。私心、私财容易造成家庭分崩离析，父母对某个子女的私心之害更为严重，现在的父母也应当以此为戒。

【原文】

骨肉构难，同室操戈，天必两弃，从无独全之理。盖天之生物，使之一本，本立则道生，根伤则枝槁，未有根本既伤而枝叶如故者。其有或全，必其弱弗克竞，而深受侮虐者也。

【品读与感悟】

既为兄弟，何必同室操戈；既为同胞，何必骨肉相残。兄弟反目，这是天下最悲哀的事情之一。

【原文】

典礼，兄弟无子，以兄弟之子为嗣，所以继绝世，笃亲亲也。世俗利于赀产，不顾天伦，因之富则争而贫则避，迹虽不同，其为不仁一也。兄弟同父之人，从兄弟同祖之人，虽至服绝杀及袒免，推本而言，一人之身而已。何忍利其无子而得财，与薄其无财而莫嗣乎？吾家宗支衰少，先世以来绝嗣者众，往往赘婿为后，兄弟逊让亦弗与争，似于他族为愈。然族姓参乱，祭祀坟墓不复可问。事不由乎礼义，难以久长。今本礼制，约为定例。凡兄弟无子，以兄弟之子应为后者，嗣不得越序而继，与应继而诡辞以避。其膳产，即于本生之产，随其厚薄，兄弟均分。而嗣父母与所生父母，存则同养，没则合葬。其无子，赀产俟本人夫妇没后，以半归之祖墓，以益祭产，慰其奉先之心，以半为本人夫妇及其本生墓产，供子孙祭祀之费。如是则争端寝息，利心莫生，族姓不杂。存无忧失养而亲亲之道敦，没无忧不祀而血食之计永。虽为家门私则，苟能世守，亦仁义之一事也。

或疑嗣父母贫而本生富，与嗣父母富而本生贫，嗣子兄弟之际，保无嫌隙之生乎？曰："存乎其人而已。人之无良，无所不争。如其贤也，无不克善。且此亦未尝非均道也。"

【品读与感悟】

古代的过继制度主要是考虑传宗接代，为使家族能够强盛兴旺，没有子孙者希望过继族人之子以延续家族谱系，体现出强大的亲缘性。过继者因为特殊的复杂身份，他们如何处理过继父母、亲生父母关系以及家族内部关系，成为古代社会常见的现实问题。张履祥在这里提出自己的看法，他反感为了钱财的目的而有意过继的行为，赞赏为承继家族香火的无功利行为，为子嗣过继订立具体的规则。

【原文】

古人耻为人后。为夫舍其所生而谓他人父，谓他人昆者耳。观秦时谪及赘婿，可推也。若宗支无子，伦序当立而为之后，仁义之道也，奚耻焉？但此心为义、为利，不可不辨。吾以两言决之：若继嗣不继产，义也，非利也，义则父子有亲、长幼有序；若重产不重嗣，利也，非义也，利则不夺不餍，夺则不尽不止。义利之分，祸福之阶也。有谓本生之服不宜降，非也。天之生物，使之一本，斩衰三年而有二，是二本也。有谓子为兄弟后，则所生父母没其父母之名，而称叔父、伯父亦非也。非从天降，非从地出，实生我而谓非父母，其谁欺？欺天乎！然则如之何？曰："为嗣父母服斩衰，恩以义重也。为所生父母之服降，不得不可以为悦也。"或疑人子无以自尽于所生，如之何？曰："嗣父母与父母一体也。父母之心弗忍兄弟之无后，故命其子为之后，人子能行父母之心，斯孝矣！义不得复私所生，而私之，非礼也。若夫孝养，则存乎兄弟也，复又奚憾焉？况心亦何不可尽之有。"

【品读与感悟】

张履祥强调过继也要讲究原则，要遵仁义而不能重私利，这实际上是延续上文旨意，更关注义礼的理念。践行仁义，轻视私利，将会父子相亲、长幼有序，家庭就会和睦，宗族凝聚力将会空前加强。在出于仁义的考虑下，张履祥提出应以过继父母养育之情为重，这便能解决如何审视过继父母与亲生父母关系这一问题，尝试建构一种和谐的伦理关系。

【原文】

天之生物，使之一本。人为万物之灵，恶可反失此义？不幸无子女，兄弟之子犹子也。无兄弟，则从兄弟以及再从、三从之子亦犹兄弟之子也。若必无其人，袒免以往，终为一本，不失水木之义。薄俗愚民，乃有舍其所亲，而以他人之子女为子女。非其种者，锄而去之，于义岂为过乎？然女犹可，子必不可，以将乱及宗祧也。若己有子，贫乏不能存，出继异姓，谓他人父，不孝莫大焉。与其继于人也，毋宁赘于人。惟赘于人，因冒其姓，必不可。

【品读与感悟】

传统宗族观念对张履祥影响很深。杨园二子早夭，其兄之子也早早去世，这些现状对他打击颇大，使他对无子继嗣有着深切的感受。创作《训子语》时，他想到壮年时便夭折的儿子，遂感慨而言“予少壮生子，不幸俱殇，先人之绪，几于不传”，因此将一位年过半百的老人的伤心之语寄托此书，暗含承祧的美好心愿。

【原文】

凡人年寿修短，举子迟早，均不可期。子孙成立，祖父寿终，实为家门之庆。不幸幼弱遭丧，孤嫠在室，固存亡绝续之所系也。国家每因六尺之孤，祸乱四起，下逮臣庶，大小虽殊，其势一也。命不可知，修其人事。古人有言曰：“百年之计，莫如树人。商祚几危，保衡是安。周室飘摇，叔父实定。”宗支戚属之中，岂无贤者能者？必不得已，执友世交可以倚托，夹持左右，以俟其长，足以无虞。是在平居慎择其人，寄之心腹，不至变作张皇，颠倒失措。语云：“百足之虫，至死不僵。”信夫！

【品读与感悟】

三国时期，刘备在白帝城病危，临终前将儿子刘禅托付给诸葛亮，成为君臣之间肝胆相照的千古佳话。张履祥希望变故时能有所依托，就像伊尹相商、周公佐周一样，如果落实到家庭，就是平日要培养贤良之人，这才不至于遇到事情惊慌失措。

【原文】

女子既嫁，若是夫家贫乏，父母兄弟当量力周恤，不可坐视。其有贤行，当令子女媳妇敬事之。其或不幸夫死无依，归养于家可也。俗于亲戚，富盛则加亲，衰落遂疏远，斯风最薄，所宜切戒。

【品读与感悟】

与亲戚相处，应当恭敬和善。对于外嫁之女及其夫，也应如此。在其困难时，应该给予力所能及的帮助。

【原文】

子女不幸处后母，嫡庶之间，自非为之母者天性慈良，子固苦，女尤苦。在子女，惟是敬畏小心，求当母意，免于罪戾。实在其父能明且刚，弗令得肆其虐，则善矣。若子女方幼，未有知识，与为父者自度刚明不足，又身不克时时顾察，托于兄弟、姑姊妹及其母氏之党，抚育至长，可以无患。盖阴性刻深，不得不虑也。苟母实贤淑，则又不宜妄生猜嫌，有伤慈孝之道。此际正难审处，惟有德者为能孚而化之。若女子或因许嫁愆期，有为后母与有庶出子女，父母兄弟当勉以慈爱，不异所生。

【品读与感悟】

如何处理好继子与继母的关系，张履祥认为一家里都得小心行事，各尽其责，做子女的要谨慎对待，做父亲的要贤明刚正，做后母的要贤惠。

【原文】

古者男子三十而娶，女子二十而嫁，其婚姻之订，多在临时。近世嫁娶已早，不能不通变从时。男女订婚,大约十岁上下,便须留意,不得过迟,过迟则难选择。选择当始自旧亲以及通家故旧,与里中名德古旧之门,切不可有所贪慕,攀附非偶。

【品读与感悟】

张履祥的婚嫁观具有时代的局限性,并不适合当今情况,但他强调婚配应选有名望德行的人家,不应贪慕钱财,这是可资借鉴的。要是看上人家财富、权势才去结亲,这种婚姻的基础是极不牢固的。

【原文】

古人有言:"妇者,家之所由废兴也。"今人订婚既早,妇之性行未可预知。世教久衰,闺门气习复难深察,娶妇贤孝,固为幸事。若其失教,在为夫者,谆复教导之,为舅姑者,详言正色以训诫之,妯娌先至者,亦宜款曲开谕,使其知所趋向。久而服习,与之俱化矣,不可遽尔弃疾,坐成其失也。教妇初来,今日新妇,他日母姑,如何忽诸?

【品读与感悟】

公婆、妯娌应该如何对待儿媳,尤其是缺调失教的儿媳?此法可做参考。家庭和睦是幸福的来源。

【原文】

妇之于夫,终身攸托,甘苦同之,安危与共。故曰:"得意一人,失意一人。"舍父母兄弟而托终身于我,斯情亦可念也,事父母,奉祭祀,继后世,更其大者矣。有过失宜含容,不宜辄怒;有不知宜教导,不宜薄待。诗曰:"如宾如友。"宾则有相敬之道,友则有滋益之义,狎侮可乎?惟夫骄恣妒悍,不顺义理,欲专家政,祸败门风者,为不可容恕尔!

【品读与感悟】

妻子在家庭中承担着很多责任,尤其是古代女子扮演着操持家务的重要角色。中国古代的劳动妇女一直以勤奋、坚忍的精神无私奉献着，相夫教子，打理家事。此处张履祥认识到妻子的重要作用，提出丈夫要善待妻子，值得肯定，这是对女性的尊重和关爱。

【原文】

贞良之妇，固是不易。其为顽钝无耻，必不可化诲者，要亦无几。乃至专肆不肯顺承，多因丈夫先有失德，为其所轻，甚或短长反为所持，故敢放恣耳。所以古人于家室之际，致美肃雍。盖肃敬则无媟慢之端，雍和又无寡恩之节，家室宁有不宜乎。然则修身何可不急？

【品读与感悟】

要想实现夫妻和谐、家庭和谐，则需注重个人的品德修养。只有自己做得好，才不会被妻子轻视，更不会授妻以柄，家庭自然会和谐美满。

【原文】

古人有言："牝鸡司晨，惟家之索。"妇人专家政，鲜不骨肉乖离，六亲疏弃。是以主权不可旁挠，内命不得擅出。木有蠹则枝瘁，心失识则体乱。始于微，成于著，往昔覆辙，足为鉴戒也。

【品读与感悟】

这是封建社会对妇女的一种不公正评价，应正确认识妇女在整个社会中的重要作用。

【原文】

无家教之族，切不可与为婚姻。娶妇固不可，嫁女亦不可。此虽吾惩往失痛心之言，然正理古今不异。《记礼》者云："为子孙娶妻嫁女，必择孝悌，世世有行仁义者，如是则子孙慈孝，不敢淫暴，党无不善，三族辅之。"故曰："凤凰生而有仁义之意，狼虎生而有暴戾之心。"两者不等，各以其母。呜呼，慎戒哉！

【品读与感悟】

家庭教养对于一个人的成长是极为重要的。古代的家庭教养更重视对子弟进行道德、礼仪的教育,有助于培养知书达理的人士。

【原文】

女子小人之言不可听。非必其人处心积虑欲为人患也,由其所见浅小,或其性习偏乖,虽欲效忠,适足偾事。若更主人偏听,不免曲意逢迎,为害遂大。所以家庭造次之言,最当慎听。

【品读与感悟】

孔子在《论语》中提出:“唯女子与小人难养也。近之则不孙,远之则怨。”这也是孔子生活的时代所产生的偏见。张履祥对孔子之语别有心得,他认为女子、小人言论之所以不可听的原因在于他们见识短浅、性情乖张,常会把事情搞砸。

【原文】

妻亡续娶及娶妾生子,俱不幸之事。若中年丧偶,有子,即宜不娶。不得已则买一妾可也。若近四十无子,方娶妾。前后嫡庶之间,非能立身行道,鲜有不至乖离,酿成家祸。

【品读与感悟】

从这些观点中可以看出,张履祥已经深刻地认识到一夫多妻制的弊端。妻妾之间,一个锅里吃饭,一个屋里生活,难免不生龃龉,你争我斗,长此以往容易搅和得家里不安宁。

【原文】

人无贵贱,各有贤愚。妾媵之中,岂尽无良?但因出于微贱,即甘自菲薄;素无家训,即不识礼义。是以求其贤者,十有恒不得一二也。母既如是,子女之生,气习便异。吾于亲党验之熟矣。此辈不畜为上,或无子及他不得已而畜之,要使难进易退,严之以礼,督之以勤,宁过毋不及。若委以事权,假以名分,鲜有不生祸败者。语云:“腐木不可以为柱,卑人不可以为主。”慎鉴哉!

【品读与感悟】

张履祥娶妻诸氏,后来因虑念子嗣问题而迎娶妾室。有鉴自家的情形,他很注意维系家庭内部团结,总结出许多经验,无非是娶妾贤惠,不授妾室权柄,执法严格,确保妾室不逾家规。

【原文】

再醮之妇,取以配身。古人以为己之失节,自好者宜所不为。若中年以往,或子女幼小,父母待养;或未有子嗣,家贫不能买妾、置婢,不得已收一人,执井臼薪水之役,终不可假之名分,上以卑其亲,下以辱其子。死不附其茔兆,祭不得从先妣,有子,则听其所生别祀。比有子,妾而已。至如门内寡妇,有不安其室以去者,不许复返。虽其子成立,不得蒙面招养,以败家声。如女子适人,更二夫者,绝之。

【品读与感悟】

明清之际,理学家倡言“饿死事小,失节事大”。宋代程颐从伦理道德的角度认为,男人娶寡妇为妻,是一种失节行为;寡居的女子改嫁,也是失节行为。一个人即使贫困致死,也不能失去品节。而张履祥继承这些说法,直言再嫁失节,辱没家风,这些观点并不可取。

【原文】

《会典》:“再醮之妇与婢所生子,虽贵,母不得受封。”古礼:庶子庶女不与嫡等,所以定尊卑、明贵贱也。今日无论民庶之家,不顾斯义,即士大夫,往往昧于等威,以至酿成祸本。总由心志迷惑,不知礼义之不可犯也。上不念祖宗为不孝,下不念子孙为不慈,家门何不幸而生若人?

【品读与感悟】

张履祥尊崇封建社会男女不平等的等级观念,此点我们是应该摒弃的。人无尊贵贱卑,人人平等,那套尊卑贵贱的观念已经过时了。

【原文】

妇有七出之罪，出之可也。近世出妻之义不行，其祸每至妻弑夫而夫殺妻。寡妇不能安其室，再适可也。世人必欲强之不嫁，其弊甚至污风俗而败彝伦。圣人之待下流，固有宽路以处之，不立一概。

【品读与感悟】

古代的七出之罪是指不孕无子、红杏出墙、不孝父母、饶舌多话、偷盗行窃、妒忌无量、身患恶疾，这是夫权制家庭中对女子的苛刻要求，在于巩固夫权家庭的秩序，其观念流露了对女子的责怪与压制。

2.笃恩谊

【原文】

家之兴替，只宗族辑睦。尊长成其尊长，能教率其卑幼，卑幼安其卑幼，能听顺尊长，虽目前衰落，已有勃兴之势。若其反此，目前虽隆，替可待也。然欲使卑幼听从，先须尊长正身以率其下。宽以教之，严以督之，一以祖宗爱子孙之心为心，而毫无偏私。虽幼辈无知，鲜有顽不率从者矣。

【品读与感悟】

家族能够世代相传，在于和睦，而其中长辈的表率作用是极为重要的。长辈做得好了，晚辈就会照样学样，家里的风气越来越好，家族自然越来越和睦。

【原文】

人情乖异不在乎大，多因积小而成。如干糇之愆，言语之伤，最足酿隙，若更以小人间之，彼此谗构，遂至不解。故谨言语，接燕好，古人于此盖有深意也。

【品读与感悟】

日常的言语应当谨慎，交友也应当谨慎，此话含义深远，所以张履祥屡次告诫大家要谨言慎行。

【原文】

人于兄弟叔侄以及婚姻戚党之间，犹以私意行之，阴谋诡计，求利于己，罔恤彝伦，得祸最速，视之他人为尤酷。盖人之不仁，至是益甚也。世人只利害、人我之私牢不可破，所以更无挽救。抑思利人者人恒利之，害人者人恒害之。曾子曰："出乎尔者，反乎尔者也。"他人尚尔，况所亲乎？吾见亦多矣，非独人事亦天道也。

【品读与感悟】

如果一个人与自己的亲人相处时都自私自利，那么对其他人恐怕就更苛刻了，这类人很难交往。丢掉私心，摒弃害人之心，总会受益。"利人者人恒利之。"

【原文】

凡同姓之人，婚姻固不可与通，虽童仆及女婢、仆人妻，俱不宜畜及同姓。今虽世系源流不可以考。恶知厥初以来非一本乎，何忍役辱之也。凡遇同姓之人，亦当加意。或疑姓至今日，多不可信，况同姓至多，岂能概及？曰："固然。但存此意，不失为厚。若尽以为不可信，何所不至？况亲亲之杀，与尊贤之等并行不悖，虽在同宗岂无差等乎？"

【品读与感悟】

《唐律疏议》明确规定"同宗共姓，皆不得为婚，违者各徒二年"，核心是要禁止有明确父系血缘关系的人缔结婚姻。这种观念延续周礼，追溯"同姓不婚"理念，体现了张履祥追慕古礼的意识。

【原文】

亲戚虽与本支不同，推其所自，母之党祖妣及高祖妣之党，于吾身皆有一本之义。其姑姊妹及祖姑曾高祖姑之属，皆由一本而分。远近虽殊，其宜亲厚一也。世人厚其亲者，情好尽于妻及子女之亲，以为至戚不求旧姻，再世而后同于路人。薄已。

【品读与感悟】

俗话说："亲戚亲三代，家族千百年。"就是说亲戚也就是三代亲，到了第四代来往就慢慢减少或者干脆不再来往了。张履祥显然不满凉薄风气，希望不厚此薄彼，呼唤亲戚间的温情能够长久传承。

【原文】

朋友之交，皆以义合，故曰："友也者，友其德也。"有远者，百里一士，千里一贤是也；有近者，塾舍同学及师之子、父执之子是也，至如《小雅·伐木》之篇，燕朋友也，而云"以速诸父""以速诸舅"，可知宗族亲戚之中，志同道合，则亦相与为友。总以道义为取舍，以久要为指归。然究竟远不如近，新不如故。语曰："朋友以世亲。"不易之论也。若夫酒食徵逐，燕僻狎邪，为害匪细，则远之犹恐不及矣。

【品读与感悟】

莎士比亚曾说："东西是新的好，朋友是老的亲。"韩愈诗云："少年乐新知，衰暮思故友。"老朋友最得人心，彼此最能感知对方心意，就像酒一样愈久愈醇。

【原文】

家之有故旧世好，犹国之有勋旧巨室也。典型于是乎示，休戚于是乎关，缓急于是乎赖籍，善败于是乎劝救，不可不笃。若乃时移势异，己或富贵，故人贫贱，遗忘，薄也。己则贫贱，故人富贵，趋附，谄也。行己有耻者，能不守其介介乎？

【品读与感悟】

即使是多年朋友，也得遵之以礼。无论有钱没钱，都得把朋友放到心中，有钱便遗忘故友，真是薄情寡义。倘若因为自家贫穷，便攀附有钱故友，只能是谄媚有余，自重不足。

【原文】

宗族乡邻不和、不一，必是在我处之不尽其道，但可责己，不可尤人。

【品读与感悟】

《论语》言："躬自厚而薄责于人，则远怨矣。"放下姿态，降低身段，多多反省自己的缺点和错误，少点责怪责难别人，心中就不会有怨恨。心中没有怨恨，自然就不会生怨气、发怨言，心自然就舒坦，人生也会过得顺畅了。

【原文】

鳏寡孤独废疾之人，皆天民之穷而无告者也。他人遇此，犹将恻然动念，思有以矜恤之，况在宗族而可漠不相关？若吾族人幸而无此，固为可喜，不幸有之，自应加意。损衣衣之，损食食之，衣食不足，曲为之所。凡有可为，勿惜余力。均为祖宗遗体，苦乐何忍绝异？养其肩背而断其一指，能无痛乎？

【品读与感悟】

同族之人与我们有共同的祖先，应该尽己所能帮助他们。同族同气连枝，互相帮助才能延续门风，光大门楣。

【原文】

邻里乡党与吾先世室庐相接，行辈相差，婚姻庆吊世世弗绝，谊本厚也。其有强盛，情固乐之，益宜内惧而思自勉；其有忧患，即不能恤，忍利之乎？儋石升斗以通有无，不可虚也。或以田宅来售者，劝止之，不得已则宜厚其价值而受之，以寓相周之意。然田可也，宅终不可。宅售则将舍兹而他适，何以为情？若其后人或其同宗兄弟欲复此产，仍受原值归之，永以为好，岂不甚快！《书》曰：“人惟求旧。”旧可怀也。薄俗之习，穷约则耽耽思攫，恶人所有；贵盛则势凌利诱，曲肆并兼。贻谋弗臧，无往不复，天道殊不爽也。

【品读与感悟】

俗话说：远亲不如近邻。人在困难的时候需要邻里的救助，和谐的邻里关系也是我们构建和谐社会的重要环节。张履祥谆谆教诲子嗣，希望他们自小就能处理好邻里关系，培养爱心，无论贫穷富贵都应以人情为重。

【原文】

处乡党，只有谦以持身，恕以接物。谦则和，和则不竞；恕则平，平则寡怨。人生长于乡，犹鱼生长于水也。鱼出于水则死，人不容于乡则祸患随之矣！遇胜己者，不可萌忌嫉、卑拙之心；遇不如己者，不可起轻侮、陵虐之意。《洪范》曰："无虐茕独，而畏高明。"非独乡党为然，乡党尤其切近者也。《易》曰："近而不相得则凶，或害之。"凡今之人得罪于乡党而不获善，其后者目见耳闻至众矣。"出乎尔者反乎尔"盍亦审思之乎？

【品读与感悟】

严于律己，宽以待人，是我们与他人和谐相处的前提。张履祥多次提到与人相处的方式，包括家庭内部关系、宗族关系、亲戚关系、邻里关系、乡亲关系等，无论是什么样的关系，他都呼唤诚心相待，行之以礼，建立和谐的关系。

【原文】

先王分土受田，一夫无失其所，凡有劳事，只使子弟为之，未尝有仆役也。观《论语》"有事，弟子服其劳"及"子适卫，冉有仆"，可见。王政不行，人民离散，贫无依者，势不得不服役于人以生。是以家力有余，子弟不给使令者，养人以资其力，久矣，为天下之通义也。但当善待之，不可横加陵虐。陶公曰："彼亦人子也，先须开以为善之路，示以资生之方，必其不堪扶植与屡不用命者，然后去之。"苟无大恶，亦宜宽宥，不可求之太过，责之太深，使人无所容足也。彼辈无知者固多，然其必不可化导，要亦无多。至其子孙，实为不幸，非由自己作之，放遣可也。天子臣妾万方，犹欲视民如子。士庶之家，牛羊犬马待人，不畏获罪于天乎？

【品读与感悟】

善待仆人，对他们应当宽容谅解，这是在古代社会中难能可贵的思想。古代不少人轻视奴婢，把他们视作为自己服务的工具，横加凌辱，全然不把奴婢当人看。这种人显然不懂得尊重别人，又有强烈的分别心，实足可悲啊！

【原文】

男仆二十余即当为之娶妻，女婢近二十即当使有配偶，或别嫁之。非独免其怨旷，亦所以已乱也。近世仆人忠谨固少，主人待之非理亦甚，盍思上下报施？既有恒分，循环往复，天道之常，能无惕惕于心，可云惟我所制乎？

【品读与感悟】

张履祥颇有卓识，为解决仆婢问题，他提出要早点为他们择配对象。仆婢要是有家有室，就会安心效力，只想着报效主人，和主人的关系自然就融洽了。

【原文】

御仆人之道，严其名分而宽其衣食，警其惰游而恤其劳苦，要以孝弟忠信为先。

【品读与感悟】

先生御仆之法难免有一种优越姿态，居高临下，重视区别主仆名分，流露出鲜明的等级意识。

【原文】

贫家役使之人，第一是勤；贵家役使之人，第一是谨。要之不欺为本。有才智者，害多利少，且于义未当也，总不宜多畜及轻于进退。

【品读与感悟】

花花肠子太多，难免心生计较，总想着算计别人，自然有违义理，对这种人不能不谨慎啊！

【原文】

宾客至，诚敬以待之，当内外如一。若女子小人得罪长者，主人不察之罪也。世竟有阴令若辈为之，自托于不知者，为鬼为蜮，盖无不至，欲免祸败，得乎？

【品读与感悟】

待人要以诚相待，绝不能表面一套，背后一套，如果这样必然会导致祸败。

【原文】

同里共役之人，非关亲旧，则有同井之谊。宜相敦好，慎无挟诈，亦礼让之一事也。

【品读与感悟】

什么是守礼谦让？常怀友爱之心，不生欺诈之念，便是守礼谦让的一种表现。

3.远邪慝

【原文】

凡一身术业，及居常游处之人，下至居室器用财贿，苟为不可容于尧舜之世者，概宜绝去。

【品读与感悟】

张履祥以尧舜之世为标准，希求事事符合尧舜时行事，他是想呼唤一种醇厚风气。

【原文】

贤知子孙可以上达者，教之为学，惟本安定胡公经义、治事二科。其余俱宜舍置，以其无用也。

【品读与感悟】

胡安定，又名胡瑗，是宋代著名的学者、教育家，主张知行合一，倡导“实学论”，其教育理念垂法后世。朱熹曾汇集古代圣贤名流的“嘉言善行”，编成《小学》一书以作为儿童读本，其中详细记录了胡安定一生的教学活动和事迹，认为他的言论可作“百世之法”。此处，张履祥标举胡安定公经义、治事二科，足见其对教育理念的尊重。

【原文】

读圣贤之书，亲仁义之士，则德可以进，业可以修，其益无穷。若读非圣之书，最易坏心术，亲无良之人，必丧及身家，其害无穷。非圣之书非特不可读，亦当投之水火，不可使存于家，亦不可以授于人。无良之人，非特不可以为师友，虽在亲旧，自当畏而防之。若盗贼蛇蝎，切不可与之作缘。

【品读与感悟】

以圣贤书为友、以圣贤人为友，这样才能提高我们的修养。张履祥站在道德角度看待所读之书、所交之人，事事都希望符合圣贤之说。

【原文】

方技之中，惟医为不可少，要须平日择其术精而心良者，与之往还。若星命风水之徒，诞妄妖惑，空乱人意，甚者构成祸害，不可近也。子孙虽至饥寒，不可流为方技，败坏心术，卑贱人品。

【品读与感悟】

张履祥对职业有自己的一套看法，其观念具有鲜明的等级色彩。他把百工视为低贱职业，但肯定医道的价值，站在道德高度上主张与心地纯良者交往。

【原文】

自古方士，祸人家国何限？贫贱彼无所慕而不来，富贵之日，非严绝之不可。其纳身最巧，其逢人最工，阴邪倾变，随所向而售。既容入门，鲜不为惑，惑则身家之祸至矣。况家门所尚，守分循理，诵诗读书，修其孝悌忠信，使老有所终，幼有所长，养生送死无憾。彼说何为哉！或云养生家言亦可以却疾，吾闻之，节嗜欲，定心气，夏葛冬裘，饥食渴饮，亦可少疾矣。事不本诸经传，非先王之道，圣贤之训，笃信之而祸败不及，未有也。每见从事养生家言，反得奇疾者矣。自尧舜至于孔孟，何人道及养生来？康宁寿考如是，不亦足乎！

【品读与感悟】

日常生活应当节俭制欲、顺应天道，不违反自然规律，这样才能达到养生之效，而那些听信所谓养生家言论的人反而没有任何益处。很多人欲望膨胀，却想着养生延寿，自己不修身养德，恐怕怎样做都是无效的。而那些所谓的养生家最善于用各种言语迷惑人心，使人走向歧途。

【原文】

僧道邪术，子孙愚，不可延其徒以资福；子孙慧，不可读其书以求其道。二者害有浅深，惑则均也。道一而已，天下有外三纲五常，而空虚杳冥以为道，作善降祥,作不善降殃;世有不修孝悌忠信,惑世诬民,恣行无忌,而获福者乎?

【品读与感悟】

要想使自己获得福气,一定要讲究忠实诚信,而不是想些僧道邪术。看来,张履祥对僧道之说深恶痛绝。

【原文】

男子妇人,不可与僧尼往来,败坏家风。宗支虽有贫贱,不可令其子女有为僧尼者。寡妇与尼往来,及侫佛烧香,即不如更嫁。令子女为僧尼,不如为人佣作。

【品读与感悟】

张履祥认为,与僧侣尼姑往来而败坏家风的事情在历史上屡见不鲜。僧侣尼姑能往来各家,游走富户穷舍,突破传统家庭的封闭生存状态,所以容易招惹是非,这些都是我们应该注意的。

【原文】

四方风土不同,习俗各有美恶。衰乱以来,败坏日甚,欲求仁里,已不可得。要惟择其善者从之,其不善者戒之而已。吾乡风俗大概不厚,其为见闻习熟,恬不知怪,而贼仁害义之莫大者,无如焚尸、沮葬、溺子女、以子女为僧尼之类。人孰亲于父子?是可忍,孰不可忍,特未之思耳。凶蠢如禽兽,尚有父子之爱,而况于人?推此以思,习俗移人,灭天理、丧良心者多矣,漫云随俗可乎?

【品读与感悟】

地方风俗对人的生活是有影响的,所谓一方水土养育一方人,淳厚的乡风浸润着人的品性。张履祥感慨自己家乡桐乡,世风不古,人情淡薄,流露出他对淳厚风气的渴望。

4.重世业

【原文】

凡在先世所遗，若祭田、祭器、谱系、影像、图书以及手植树木之类，皆当敬守弗失。古人恭敬及于桑梓，用心如何？

【品读与感悟】

敬守祭田、祭器、谱系、画像、图书等，是敬惜物品的表现。张履祥认为一草一木都当惜怜，既有敬怜物品的心意，又包含对祖辈的追思。人生在世，当有追远意识，看看祖辈留下什么，想想自己如何敬惜。

【原文】

坟墓、祖居、田产、书籍四者，子孙守之，效死勿去，斯为贤矣。必不得已，田产犹可量弃，书籍必不可无。无产止于饥寒，无书人不知义理，与禽兽何异？况死生有命，果是能知义理，亦未必饥寒而死也。

【品读与感悟】

读书能使人明白道理，不读书让人愚蠢不堪。多读书，能启人心智，使人明理达事，还能从书中获得乐趣，何乐而不为呢？

【原文】

立祠堂以合族属，置公田以赡同宗，敦本厚族，必以是为先。心存孝悌者，力之所及，自当勉为。吾贫且贱，空言似为可耻，但事无大小，成不成俱非人之所能，此心则何日可忘乎？

【品读与感悟】

张履祥家境贫寒，无力出资建立祠堂、置办公田，但他并没有忘掉个人责任，希望族人能心存孝悌，以宗族繁荣为任。

【原文】

坟墓不宜侈大，侈大则害生谷之地，非可通行。宜仿族葬法，父子祖孙生同居、死同域，子孙祭扫毕萃于斯，仁义之道也。深埋实筑，不易之义也。惟夫地狭，不足容棺则更辟他所，然不可惑葬师邪说，以违前训，自蹈不孝。

【品读与感悟】

坟墓建制应当有适度规模，不应一味追求豪奢，而应深埋实筑。张履祥担心这会增强奢侈之风，还会浪费土地，侵占农田，凡事合乎古训，方能达至正道。

【原文】

卜地以山中为上，力不能远，则乡僻犹可，当以近城市、河渠为切戒。山中不特五患皆无，兼免赋役之累，又不害谷土，故以为上。惟武林诸山不可。

【品读与感悟】

坟茔选址，当以山中为首。张履祥的这种观点，主要出于保护农田。他重视农耕，竭力保护耕地，号召建坟山中以节省平原田地，值得借鉴。

【原文】

坟墓禁人薪樵，子孙之责。墓远，则分一支就近守之，庶为可久。子孙虽贫，若思废卖祭产，及斩伐坟墓树木，无论法不得为，即天道永不祐之。其家每至败绝，不复能振矣。

【品读与感悟】

守护好坟墓是对祖先的敬重，是子孙的职责。古人常在坟前植树，以守护先人坟墓，寓意子孙绵长、万年长存。张履祥提出守护坟墓树木，含有延续祖辈阴德、承继家门孝风的意思。

【原文】

坟墓须防狸穴，绝之之道，猎不如熏，熏不如灌。下灌河泥，上加乱石、灰砂，庶免后患。然每年冬春二次，省灌必不可少，不问与穴远近，绝宜塞绝。若葬时，遵用《家礼》灰隔之法，则无此患矣。

【品读与感悟】

野狸穿穴，深入地下，容易引灌积水，淹埋灵骨，甚至最终导致坟墓坍塌，为了保护祖先墓茔，当然要杜绝隐患。张履祥行火熏、水淹之法，根本原因在于保护祖辈坟墓，敦行孝道。

【原文】

屋室，祖宗所遗，足以安居。宗族聚于斯，坟墓托于斯，子孙守之，敝则略为修葺，无俟增置更造也。增造由于迫隘难居，去乡因乎势不得已。苟慕侈夸壮丽非天理也。萧相国云："后世贤，师吾俭：不贤，无为势家所夺。"李文靖公云："居第当传子孙。"二公功名盖世，贵极人臣，所见如此，何论穷居无德之人哉？《记》曰："君子将营宫室，宗庙为先，厩库为次，居室为后。"轻重固有等矣，今人缔造多反乎是，夸美一时，转盼易主。前覆不鉴，后辙复循，抑何愚哉！

【品读与感悟】

古代社会受儒家思想的影响，上至皇家下至庶民百姓都非常重视祭奠祖先。家族有自己的祠堂，氏族有自己的宗庙，皇家祭奠祖先的场所则称之为太庙。所以在修建房屋时，也应首先考虑祭祀之屋。不仅是祭祀的房屋，即使是祖辈所传的宅舍也得多考虑，莫要奢侈淫靡，只要简单素朴便能长久传世了。

【原文】

书籍惟六经、诸史、先儒理学以及历代奏议、有关修己治人之书不可不珍重获惜，下此则医药、卜筮、种植之书皆为有用。其诸子百家、近代文集，虽无可也。至于异端邪说、淫词歌曲之类，能害人心术，伤败风俗，严距痛绝犹恐不及，况可贮之门内乎！凡书籍自己所有，不可散失，若他人简册，掩为己有，与穿窬何异？戒之，戒之！若系先代所遗及祖宗手泽，片楮只字皆当敬守，不可轻出，以至脱失。

【品读与感悟】

读书应当慎重，那些异端邪说之书常会坏人心术。不过张履祥所说的邪书范围很广，他站在儒家正统道德观念上排斥诸子书籍、近代文集，纯以道德观念来判断书籍，可惜那些优秀的文学典籍皆被他斥为邪说。

【原文】

吾里田地腴美，宜桑谷而不病水旱，但能勤力耕蚕，公私之用可以不匮。然土隘人稠，无山泽之利，风俗日趋于薄，难以乐业。又界水泽之窟，盗贼时作。前逼运河，后枕烂溪，东西支港，秀溪、白马，相距十余里，多故之日，游兵剽掠之患，将恐不免。若事力可办，海滨僻壤，震泽深乡，百里而近，豫营别业，备仓猝避地之所。俟子姓繁多，分族以处，当非重去其乡之义可得拘牵也。

【品读与感悟】

选择一块合适的土地置办产业，以备不时之需是非常重要的。张履祥的这种考量出于现实社会因素。明清易鼎之际，祸乱频仍，盗贼时起，百姓难免遭受侵扰。所以他希望在偏僻之地另筑产业，以备仓促之用。另置产业，具有未雨绸缪的远见。

【原文】

附近田地，须量一家衣食所需，足以耕治可矣。虽力有余，不可多置，多置则宗族邻里即有受其兼并，无土可耕者矣。惟先世遗业不可不守耳。若患人稠地狭，则散处他郡邑，古人多有。覆载甚宽，慎毋争此尺寸也。

【品读与感悟】

置办田产应该适度而行，张履祥是要警戒大众不要过于贪求，心中只想着兼并土地，扩大产业，那样势必损害乡邻、族人，是有违道义、礼法的。

【原文】

隙地为圃，种瓜蔬，植果木，以供宾祭、给日用。构屋数椽，子孙读书，灌溉其中，则不可少。或于舍旁，或于墓近，或于田际，规度为之。然不宜广，广则恐妨谷地，不免无益有害耳。若夫累石为山，掘土为沼，亭台卉木以供游玩，乱世之风，败亡之辙，当以为戒。孟子以坏宫室为洿池、弃田为苑囿，同于邪说暴行，严矣。

【品读与感悟】

开辟一块园圃可以耕种瓜果菜蔬以供生活之需，建造房屋可以供子孙读书。耕种可以解决衣食之忧，读书可以充实知识，提升修养。张履祥设想了一幅静谧的乡村耕读图景，这与富贵人家凿池建亭游玩完全不同。

【原文】

唐人诗："锄禾日当午，汗滴禾下土。"祖宗躬耕之地，相传不知几何世，资以衣食不知几何年；守到今日，心计不知用几何；旦昼勤劬，即汗汁不知滴几何。子孙诚能念及，必不忍弃与他人矣。

【品读与感悟】

土地养育了我们。祖先耕耘的土地上有先辈付出的心血，我们应该好好守护，在土地上勤劳耕种。

【原文】

里人欲卖祖田者，予劝止之。答曰："无如饥寒何？"予谓之曰："田在不免饥寒，田去顾得饱暖乎？"其人曰："然则卖屋何如？"予曰："祖宗无屋遗汝，将如饥寒何？抑能不衣不食也？"其人无以应而退。或曰："然则何以为之计？"予曰："天之所生，地之所长，无不衣食者，皆待废业乎？祖业有尽时，衣食无日已，终如何？君子劳心，小人劳力，有心思筋力而苦衣食，是谁之咎？"又曰："祖业必无可废乎？"曰："为祖宗之故，不得已而废可也，否则水火盗贼出于不意犹可也。若乃赋役、凶灾、婚姻、疾病之类，贮之当有时，出之宜有准，已不宜废业矣，矧无其事乎？""然则称贷以佐不给可乎？"曰："是废业之基也，贷之甚易，偿之甚难，轻贷于人者，必非长保厥家者也。凡人穷则思变，变则思通，己不求通，天地不能通之，而何尤乎人？自秦而降，朝廷无复置民之产，有无多寡，皆由祖父，若复轻视，莫知敬惜，流亡不亦宜乎？"

【品读与感悟】

张履祥苦口婆心,劝阻他人变卖房产、田地,不仅考虑到承继祖辈基业,也考虑到现实生活的因素。节约开支、合理花费是可以维持生计的,借贷和卖祖产虽然可以解一时之困,但却是败家的征兆。把家业根基都破坏了,还想着发愤图强,这是很艰难的事情。处困境时,我们应该穷则思变,变则思通,而不是消极应对,怨天尤人。

【原文】

杭州少本业,嘉兴尚浮夸,渐习其间,欲厉名节、长子孙不亦难乎? 非卜居之善地也。湖州近朴,然赋繁役重,政猛于虎矣。唐宋以来故家,上江山中往往有之;宋元以来故家,则近地乡间尚有求之,城邑盖未之见。后视今,犹今视昔。噫,可鉴矣!

【品读与感悟】

风土不同,人情自是有别。杭州、嘉兴自古繁华,难免世风浮华,这对古代知识分子而言,这里很难保养人的名誉节操。而偏远的山村,远离都市尘嚣,不受浮华风气侵扰,民风较为淳朴,倒是适宜调养身心、养育子孙。

【原文】

家有余屋赁人居住,犹之家有余田佃人种植,理也,亦势也。但择人以授,不可不慎。莫善于农人,其次工艺之人,其次商贾之良者。若倡优市侩之属一入其间,目前即不无小利,终为后患。且使子孙少长习见,保无流入? 又隐患之莫大也。且家国只是一理,穷达岂有二致。假方居官食禄,能不为朝廷整齐风俗,禁抑游末乎?

【品读与感悟】

只为了收取租赁费用,便随意把自家房子出租给别人,这可并非明智之举。一旦房客品行不端,办事颟顸,自己很可能因此遭到拖累。张履祥所论则是从租客身份分析,不希望奸猾的租客带坏子孙,并由此想到治国之道,真有远见啊!

【原文】

贺翁诗:“有客来相问,如何是治生。但存方寸地,留与子孙耕。”人不言治生固不可，才言治生，即方寸地不能复顾。意为子孙计长久耳，亦尝三复此诗乎？此意自少至老，宜凛凛持之，而在暮年为尤甚。

【品读与感悟】

宋人贺亢有诗："但存方寸地，留与子孙耕。"这里的方寸比喻人心，隐指让子孙得到先辈的良心启发。宋代大儒叶适《留耕堂记》记述他在幼年时便听闻这首诗歌，所以将自己的居室命名为"留耕堂"。叶适劝诫世人"广欲莫如少取，多贪莫如寡愿，有得莫如无争"，人们都想着给子孙后代留下财富，可是有谁想到"货虽留而心不足以留也。留之家，家不能受，留之子孙，子孙不能守，甚至刑祸戮辱，水火盗贼"。还不如将一片干净的方寸地留给他们，让子孙固守心田，"货虽不留，心足以留也"。

5.承式微之运，当如祁寒之木，坚凝葆固，以候春阳之回。处荣盛之后，当如既华之树，益加栽培，无令本实先拨

【原文】

凡家不可太贫，太贫则难立，亦不可太富，太富则易淫。产业须量口之多寡，用度须称家之有无。要使贫不至于困，富不足以骄。可以养生送死，守家法，长子孙而已。

【品读与感悟】

儒家对贫、富有自己的看法。子贡曾问孔子："贫而无谄，富而无骄，何如？"孔子回答道："可也；未若贫而乐，富而好礼者也。""贫而无谄，富而无骄"是说穷了不要有太多的埋怨，富有了也不能骄奢淫逸。孔子觉得这还不够，即使贫穷也要安贫乐道，要"穷并快乐着"；富贵了不仅不能骄奢淫逸，还要用礼来节制自己的言行，富而知礼。张履祥也提及了贫富，他主张不能过贫过富，延续儒家不重富贵的思路，以淡然态度应对贫富，更关注通过财产去做到养生送死、恪守家法、养育子孙等事情。

【原文】

自昔虽云处贫难，处富易，其实处富贵殊不易也。富贵败坏人，有甚于贫贱者。总之，人当思自立之道，求其内不失己，外不失人，则处贫贱可，处富贵亦可。

【品读与感悟】

人不能因为富贵而自甘堕落、丧失志向，正如孟子所言“富贵不能淫”。贫贱、富贵，只是处境不同而已，不变的当是人内心中的操守、信念，要是连操守、信念也因为境况变化而变易，那真是让人无话可说。

【原文】

处贫贱之日，不可轻于累人，累人则失义；处富贵之日，则当以及人为念，不然则害仁。

【品读与感悟】

无论是身处贫贱还是身处富贵都应处之有道。为富不仁，最易种下祸患，导致自食其果。而要知晓仁道，就应该泽及他人，以他人利益为重。张履祥这是要践履儒道，倡行仁道的道德标准，呼唤人与人之间相互友爱。

【原文】

人之享用必视乎德。富贵福泽，厚吾之生，惟大德为克胜之，德薄则弗克胜，祸至无日矣。贫贱忧戚，玉汝于成，惟修德可以逭灾，恐惧可以致福。通计天下之人，苦多于乐，人之一生，亦当使苦多于乐。只看果实未来甘者，必先苦涩酸辛。盖五行之生，理实如此，初水次火次木次金次土，甘只一味最在后，是以始于苦者，常卒乎甘，未有终始皆甘者。人当困厄之日，不可怨天尤人，当思动心忍性，生于忧患之意。若遇适意，不可志骄气满，当怀栗栗危惧，将坠深渊之心。

【品读与感悟】

人应当居安思危，常存忧患意识，这样才能苦尽甘来。身处逆境并非坏事，“艰难困苦，玉汝于成”。孟子曾说：“生于忧患，死于安乐。”意思是忧愁患难使人生存发展，安逸享乐使人萎靡死亡。逆境和忧患的经历，刺激人们的斗志，激励人们迎难而上，是人生的一笔宝贵财富。即使遇到顺境，也不应该骄狂自满，当如履薄冰，想想富贵能延续多久，还是唐代诗人李峤说得好：“山川满目泪沾衣，富贵荣华能几时？不见只今汾水上，唯有年年秋雁飞。”

【原文】

处贫困，惟有内外勤劳刻苦，以营本业自足，免于饥寒。布衣蔬食，终岁所需无几，何忧弗给？丧祭大事，称财而行，于心为安，于义为得，况其小者？夙夜不忘。当以穷乃益坚自励自勉，勿萌妄想，勿作妄求。妄想坏心术，妄求丧廉耻。贫穷，命也，奚足为忧！所忧者，不克自立，辱其身以及其亲耳。

【品读与感悟】

“妄想坏心术，妄求丧廉耻”，真是至理名言。有多少人妄想妄求，贪图不属于自己的东西，以至于挖空心思，不顾礼义廉耻。贪欲让人迷失方向，欲望让人不知进退，张履祥之语真是醍醐灌顶。

【原文】

人于贫穷患难之日，在族党固有救恤之义，在己越当奋厉忍苦支撑，不可因而失足，及怨尤于人。此际站立得住，便有来复之机。若一日失足，后难挽救。每见人当困厄，辄以鹿死不择音为解，不当为者不惜为之，他日悔耻已无可及，甚使子孙永受其害，可戒也。至于怨尤，非徒无益，益取困穷。人之祸难，至死而极，果其不为不义，死不亦光乎？

【品读与感悟】

“鹿死不择音”中的“音”通“阴”，意思是鹿到了快要死的时候，不选择庇荫的地方，人们常用这句话比喻只求能够安身，并不选择地方。即使不考虑所处境遇，也得心存警戒，所以张履祥告诉我们处困厄当自强，切忌以此为由而自怨自弃，只要有坚定的意志，努力作为，就能重整旗鼓、振兴家业。

【原文】

人当富足，若于屋舍求其高大，器物求其精好，饮食求其珍异，衣服求其鲜华，身没而后，即不免于饥寒失所，常也。然多有不足没身者，盖奢侈固难贻后，盈虚消息又天道之常。果其力之有余，便当推以予人。晏平仲一狐裘三十年，三党之亲，无不被其禄者，齐国之士待以举火者尤众。俭以奉身而厚以及物，此意可师也。薛文清公曰：“惠虽不能周于人，而心当常存于厚。”则又不问贫富皆宜以是为心矣。或曰：“常存有余，以备不虞，不可与？”曰：“存有余以备不虞，谓宜撙节不使空匮耳，非谓多藏也。且不虞何可胜备也？不虞之事未必不生于多藏。吾见悭鄙之夫每丧其有，至于失所者矣，未见好行其德之人，而一旦失所者也。”

【品读与感悟】

将奢侈的生活方式传给后代，这对后代有百害而无一益，只能让他们深陷其中而更容易遭受打击。能永久传给子孙后代的应该是仁者之心，这就像明代理学家薛瑄所言“惠虽不能周于人，而心当常存于厚”，正应了一副对联“忠厚传家久，诗书继世长”之意。

【原文】

大凡势盛之日，占之以为利者，势去，子孙必以是受其害，至于轻重浅深亦常相准，盖倚伏之机固然也。

【品读与感悟】

贪图便宜，损人利己，这有违儒家的义利观，张履祥极为反对这类事情。

6.平世以谨礼义、畏法度为难；乱世以保子孙、敦里俗为难。若恭敬、撙节、退让，则无治乱一也

【原文】

人家不论贫富贵贱，只内外勤谨，守礼畏法，尚谦和，重廉耻，是好人家。懒惰则废业，恣肆则近刑，淫佚则败门户。丧身亡家，莫不由此。

【品读与感悟】

平天下当自治家开始，治家至关重要。只有遵纪守法，勤勉家务，崇尚礼法，才会确保家室兴旺，张履祥这是在训导儿子要固守家业。

【原文】

盛王之世，教化行而风俗美，故《记》曰：“一道德以同俗。”此时人易以为善。若《诗大序》所谓“王道衰，礼义废，政教失，国异政，家殊俗”，当此时，人之为善实难。然孟子则谓：“周于德者，邪世不能乱。”又曰：“入则孝，出则悌。”又曰：“人人亲其亲，长其长。”可以见家虽殊俗，其不随世以变者，自古未尝无其人焉，如江州陈氏，浦江郑氏，百世之下，闻者可以兴起也。其要，先在正其心术。心术之正，须自爱亲敬长始。能爱亲敬长，然后能务本力穑、知诗识礼，然后能不犯上作乱；能不犯上作乱，然后能居贤德善俗，得志与民由之，不得志独行其道。凡人随

俗波靡，只是志不立耳！志之所至，气节从之，正如此心欲东，身便东行，欲西，身便西去。不东不西，只缘主心不定，定即毅然举足，人更牵扭不住矣。每见侪辈中有言谈举止端庄敦厚，人即叹美谓为好人家子弟，若轻薄颇僻，人即鄙薄谓为下代不秀。即此可发深省，我今日见做何等样人，可是增光祖先底、还是羞辱祖先底？所谓"古旧人家"，岂是簪缨阀阅，世世不绝而已！夏桀、商纣，周之幽、厉，祖先俱是圣人，俱是天子，然不免杀身灭祀，贻辱至今，推明其故，岂非心术向邪，背弃礼义？即不难一旦及此。世道盛衰、治乱正与寒暑阴晴一般，阴有阴的事要做，晴有晴的事要做，当其暑，有处暑的道理，当其寒，有处寒的道理。孟子谓："五谷者，种之美者也。"良心是人底种子，收藏培护，能尽其力，不违其方，无使良莠螟虫得以贼之，虽遇水旱，不能为灾也。

【品读与感悟】

司马光在《资治通鉴》中说："教化，国家之急务也，而俗吏慢之；风俗，天下之大事也，而庸君忽之。夫惟明智君子，深识长虑，然后知其为益之大而收功之远也。"意思就是惟有远见卓识的为政者，才懂得要想长治久安就必须先重视教育文化、培育社会良风善俗的道理。良好的风俗讲求政通人和、廉洁自守、守法奉公，只有形成良好的风俗、引导国人讲求教养，才能上重教育文化，下尊奉文明。而良好的风俗教养是我们建设和谐社会的重要部分，又怎么能不予以重视呢？

【原文】

《家礼》斟酌古今，通乎大夫士庶，冠昏丧祭可准而行。贫不能具物，存乎诚敬而已。若力所能为，自宜勉及于礼。

【品读与感悟】

理学家朱熹的《家礼》主要记载"冠""婚""丧""祭"诸礼，大抵自《仪礼》《礼记》节录诠释，按类系事，多引古事证礼，以申法度，警示后人。张履祥推崇《家礼》，重视礼仪，同时指出礼法虽然讲究物品、程序，但心中的诚心敬意才是最重要的。

【原文】

输赋应役，勉力从事，义所当然。即不能先人，必不可后时。非特安分守谊，亦所以远罪也。

【品读与感悟】

做什么事情都该勉力从事，尽心尽力，并非只用心于缴纳赋税、服受劳役。

【原文】

钱谷输之朝廷为天禄，出之民间为脂膏。居官罔上浚下，以资中饱；居乡挟诈欺愚，以病里俗，鲜有不受天殃者。慎戒哉！

【品读与感悟】

古代官员能从朝廷领取薪水，这被称作天禄，像《孟子·万章下》云："弗与共天位也，弗与治天职也，弗与食天禄也。"官员为君主分忧，为国家办事，自然有权利领取俸禄，可要是搜刮民脂民膏，那就是盘剥百姓、中饱私囊，这是从古到今都不能被人接受的事情。

【原文】

人心不仁之机日长一日，世上不仁之事代多一代，富不如贫，贵不如贱，非激论也。子孙苟能耕田读书，识义理，免饥寒，使家风不替，可谓善述矣。仕禄非所当急，嗜进恣求，独不念家族乎？

【品读与感悟】

张履祥屡次强调富贵不如贫穷、高贵不如低贱，而重要的是德行的端良、家风的永继。德行培养了，家族兴旺了，这才是长久之计，至于什么仕禄功名，有什么作用呢？

【原文】

子孙朴钝者不足忧，惟聪慧者可忧耳。自古败亡之人，愚钝者十二三，才智者十七八。盖钝者多是安分小心，敬畏不敢妄作，所以鲜败。若小有才智，举动剽轻，百事无恒，放心肆己，而克有终者鲜矣。

【品读与感悟】

聪明的子弟如果不安分守己可能会导致败家亡身。因为他们好用心术，使尽机关，脑袋瓜转得太快，最终连自己也被转进去了。

【原文】

风俗嚣陵，人情险薄，非理之加恒自意外。其在宗族亲戚，但可消弭，切勿与竞，以酿萧墙之祸。若乡党邻里，苟能平心降气以处之，曲直是非自有公论，亦不必与之争也。古人有言："可以理遣，或以情恕。"率此行之，庶乎少事矣。

【品读与感悟】

人际矛盾，不外乎理、情二字，或用人情宽恕对方，或者讲求事理以平息争端。张履祥倡行情、理，希望乡邻和睦，天下太平，劝勉子弟不要滋惹事端，平心静气以处诸事。

7.恂恂笃行，是贤子孙；佻薄险巧，侮慢虚夸，是不肖子孙

【原文】

所谓故家旧族者，非簪缨世禄之谓也。贤士大夫固为门户之光，若寡廉鲜耻，败坏名检，适为家门之累。况偶至之荣，比之浮云朝露，当其得之不足恃以为常，及其失之并与先世俱尽。所以家之兴替，全不系乎富贵贫贱，存乎人之贤不肖耳！贫贱而好修饬行，兴隆之道；富贵而纵恣背理，败亡之辙也。吕东莱先生曰："大凡人资质各有利钝，规模各有大小，此难以一律齐。要须常不失故家气味，所向者正，所存者实，信其所当信，耻其所当耻，持身廉逊而不敢虚骄，遇事审慎而不敢容易。如此，则虽所到或远或近，要是君子路上人也。"子孙苟能佩服此训，君子路上人多培植得几辈，家世安得不绵长，门户宁别有光大乎？《正蒙》云："子孙贤，族将大。"未有子孙不贤，家族不至倾覆者。

【品读与感悟】

家门之幸并不在于高官厚禄，而是在于家庭内部品德高尚、行为严谨。这就像一座富丽堂皇的屋舍，要是堂柱朽烂，椽檩残破，纵使外面美丽，又有什么用处？一旦遇到狂风暴雨，很可能一声巨响，房屋坍塌，只落得一地灰尘。巩固屋

柱，加强内部建设，这才是关键，才能保护房子。世间道理，大多都像这样，家门传承何尝不是如此呢？

【原文】

人家得富贵子孙，未必非不幸，得贤子孙，乃为幸事。子孙苟贤，富贵固可以振起家世，即使终身贫贱，亦能固守家风，延及苗裔。若不贤者，贫贱既易辱及祖先，一旦富贵，骄淫嫉狠，举宗均受其败，可为寒心也。吾见亦众矣，不忍举而为鉴耳。

【品读与感悟】

按照常理而论，子孙要是富贵，整个家族跟着沾光，正所谓“一人得道，鸡犬升天”，人们大多认为这会光耀门楣。可张履祥却提出：“得富贵子孙，未必非不幸”，等于说这未必是好事，这自然不是出自辩证思维。原来他强调道德问题，认为有道德、有才识的后代才能昌兴家门，却担心得富贵者容易骄奢淫逸、败坏德行，最终导致家门衰微。

【原文】

子孙以忠信谨慎为先，切戒狷薄，不可顾目前之利而忘他日之害，不可因一时之势而贻数世之忧。

【品读与感悟】

人无远虑，必有近忧，做事要是只贪图眼前利益，不考虑长远利益，恐怕日后会遇到更大的麻烦。张履祥寄言子嗣，做事要三思而后行，谨慎行事，莫孟浪轻浮，遗留后患。

【原文】

高忠宪公有言：“子弟能知稼穑之艰难，诗书之滋味，名节之提防者，可谓贤子弟矣。”归安沈司空戒子孙曰：“故家之子，切戒者三字，曰臭、曰滑、曰硬，时俗憎恶，呼为粪浸石卵。子孙类此，宁不痛心？”予谓忠宪举其贤者以为劝，司空指其不肖以为戒，语虽不同，其指一也。欲免司空所戒，当佩服忠宪公之言，知诗书滋味乃免于臭，知稼穑艰难乃免于硬，知名节提防乃免于滑。

【品读与感悟】

臭、滑、硬，是世人对一些膏粱子弟的称呼。一身臭脾气，不懂得折节读书，浑身庸俗不堪便是臭；品行不端，倔强执拗，把奢侈成为习惯，就类似硬；华而不实，轻浮成性，不知道坚守名节，这就是滑。要想摆脱世家风气，就得知书达理、勤于劳作、谨守名节。

【原文】

凡人小有成就，幼稚之日必见奋起之志。若举动无恒，苟且颓惰，即将来无一济矣。人家方欲兴起，内外大小必有勃如之情；使心力不一，塌冗废弛，即不及再世矣。观其气象，约略可知。《记》曰："天降时雨，山川出云。"其理一也。

【品读与感悟】

年少时立下远大志向，一定要有恒心，努力去实现，否则会成为泡影。如果连志向也没有，浑浑噩噩，姑且度日，恐怕只能沉沦堕落了。

【原文】

子弟童稚之年，父母师傅严者，异日多贤，宽者多至不肖。其严者岂必事事皆当，宽者岂必事事皆非？然贤不肖之分，恒于此。严则督责笞挞之下，有以柔服其血气，收束其身心，诸凡举动知所顾忌而不敢肆；宽则姑息放纵长傲恣情，百端过恶皆从此生也。观此，则家长执家法以御群众，严君之职不可一日虚矣。

【品读与感悟】

爱护子女不等于宠爱宽纵，这样是不利于他们成长的。现代社会不需要棍棒相加，但也得严格要求子女，告诉他们什么该做、什么不该做，培养他们成为知书达理之人，要是放任不管，等于放弃子女而不知关爱。

【原文】

士农工商无一业，酒色财气有一好，亡家丧身有余矣。其原未有不始于游滋闲，成于比匪。

【品读与感悟】

人当做好自己的本职工作，不能游手好闲，无所事事。在杨园先生看来，什么也不干，只能是沦落匪类的前端。

8.要以守身为本，继述为大

【原文】

人家不论大小，总看此身起。此身正，贫贱也成个人家，富贵也成个人家，即不能太好也站立得住。若是此身不正，贫贱固不成人家，富贵越不成人家，无论悖常逆理，祸败立至，即幸而未败，种种丑恶为人，羞耻不可言矣。所以修身为急，教子孙为最重，然未有不能修身而能教其子孙者也。

【品读与感悟】

教育子孙要先从教育他们做人开始，如果只是传授知识而不注重品德修养，就不能教育好子孙。张履祥多次强调家长的潜移默化作用，少年郎的思想、性格和习惯，会受家庭因素的影响而产生变化，如北齐颜之推《颜氏家训·慕贤》："人在少年，神情未定，所与款狎，熏渍陶染，言笑举动，无心于学，潜移暗化，自然似之。"故而他强调家庭长辈应以身作则，教养子孙。

【原文】

遇有穷达之异，身只是此身，穷亦当自爱，达亦当自爱。穷时爱身，当如女子处室，乃能不污其行；达时爱身，当如圭璧出椟，乃能不丧其宝。

【品读与感悟】

无论是身处困厄还是身处通达之时，我们都应该自爱。孟子有句名言"穷则独善其身，达则兼济天下"，不得志时就洁身自好提升个人修行，得志显达时就要造福天下苍生，这成为无数士人信奉的理念。但张履祥更强调修身自爱，无论是困厄还是显达，人都应该做好自己，修身养性，不是说显达了就可以忽视保全名节,反而更该洁身自好。

【原文】

名节不可不自爱,一日失足,孝子慈孙犹将羞之。况当人之身,何能觍然视息于天地之间?真所恶有甚于死矣。行止语默,辞受取与,去就出处,生死存亡,无大小一裁乎义,而无所游移瞻顾,斯为自爱之实。义即命也,不知命,不知义,枉为小人而已。

【品读与感悟】

人不知耻,不知其可!《诗经·相鼠》有句话:“人而无仪,不死何为?”出语尖锐,指斥不遵礼仪者。读书人更应该珍惜羽毛,自重其身,从点滴小事做起,这不仅是一个人遵守礼法的体现,也是其心态、才能、处事态度的展示。

【原文】

语默量其可,动止酌其宜,亲疏审其人,取舍求其当,出处去就观其世。谨身饬行,内不犯乎义,外不犯乎刑,可谓不亏其体,不辱其身者矣。世人恶闻亡命之詈,不知声色嗜欲一有沉溺,即以其身行殆若行险,侥幸决性命之情以饕富贵,其为亡命不益甚乎?

【品读与感悟】

一言一行,都当谨慎,这类似于儒家的慎独之说,如《礼记·大学》载:“此谓诚于中,形于外,故君子必慎其独也。”在独处中谨慎不苟。其根本是强调修身,调养身心,提高个人的道德修养。

【原文】

俗言人家微显盛衰,只目前之见耳。普天率土之人,总是厥初生民相传至今,微而显,显而微,盛而衰,衰而盛,更阅多少,正如昼夜寒暑一般,开辟以来如此。目前之微,安知非昔日之显?目前之盛,安知非昔日之衰?但要此身修德履道,如孟子所谓“创业垂统为可继”而已。若扳援贵势,遗弃寒微,亲其所疏,疏其所亲,均为不孝之大。

【品读与感悟】

守身之道，该怎么去做，张履祥指出当“修德履道”。这就要求践履道德，事事以德行要求自己，无非是要合乎儒家行为规范。像趋炎附势、嫌弃贫贱，为求某种利益而抛弃亲友的行为，真是全无好处。

【原文】

祖宗大德显功，载在史策，固为邦家之光，传之家乘，足为后人法式。然亦惟子孙敬守，乃能久而弗替。予师友家，山阴刘氏，皆刘孝子（名谨）之后。孝子之父，洪武间，戍云南。孝子七岁思其父，即望南而拜。迨长，往返云南者三，终得归其父。嘉兴施氏，当永乐初年，以让皇帝蒙尘，从杨公任起义，戍贵州。其后，兄弟子侄更相为戍，每十年一代，几二百年，未有卒于戍所者。屠氏康僖公嘉靖年，拜《恤刑疏》，国家遂为定制，每五年，分遣部使者钦恤天下冤狱。其孙侍御公，请释建文忠义亲属子孙尚在编戍者，朝廷允其奏，放还千有余家。海盐钱氏太常公，嘉靖间，昌言本邑利害，如清里甲以均田役，革运艘以备戍守，乡邦德之。诸家子姓繁多，先后俱有贤德。如念台刘先生，世兄伯绳，吾友施易修，钱商隐，屠子高、子威，皆所称永世克孝者也，其余未及殚述。人莫不为人子、人孙，子孙之世，复为祖宗。诗云：“高山仰止，景行行止。虽不能至，心向往之。”予未即死，犹顾与若曹共勉，无负师友以忝所生也。

【品读与感悟】

人以群分，物以类聚。张履祥所结交之人，都是品行端达、极富孝心之人。像他的朋友施博、钱汝霖、屠安道、屠安世，其德行修为皆名扬一时。屠安世和张履祥都曾拜师刘宗周，志趣相投，屠安世以奉道为己任，曾说：“苟不闻道，虚生何为！”明季倾覆，刘宗周绝食而亡。屠氏兄弟偕隐乡里，他们反躬责己，无时懈怠。屠安世尝曰：“朝闻夕死，何敢不勉！”以道义相勉，时刻严苛要求自己，这正是无数士人的群体性格。

【原文】

先世存心极厚，子孙不能及，可惧也。予逮事王考，见王考所存，无非成人之美、不成人恶之心。每闻亲党中作一善事，辄叹曰：“美事，宜助成之。”闻一不善事，咨嗟不已，蹙然曰：“劝其不做便好。”亦非独王考为然，当时长老与往还者，多有之。予是以幼孤得不陷于非僻，今不可得见矣。予兄弟已远不如前人，然犹不免见嗤乡里，目为迂腐。人心风俗，日甚不同，安得不戒慎以守之乎？

【品读与感悟】

张履祥年方九岁，其父便猝然辞世，他和哥哥在祖父抚养下长大成人。祖父通过自己的言行影响张氏兄弟，让他们受益匪浅，使他们明晓成人之美的道理，这就是君子成人之美，不成人之恶。而这种美好风俗却逐渐衰微，不得不令人感叹。

【原文】

祖父用心果能终身不忘，先世家法苟能遵守弗失，传之久远，遂成家风，子孙便易得好，好则又能及其后人矣。古称"爰及苗裔"，固由天道，亦人事克修也，全要培得根本不薄，立得基业牢固。有基弗坏，斯有肯堂肯构之望；根本深固，则有枝叶扶苏之理，事在敬勉而已。

【品读与感悟】

《尚书·大诰》："若考作室，既厎法，厥子乃弗肯堂，矧肯构？"意谓父亲要盖房子，并已确定房子的盖法，而儿子却不肯去筑堂基、盖房子，后来人们常以"肯构肯堂"比喻子孙能继承祖先的遗业。而张履祥引用此语，重在教导子弟承继家风，这就好像盖房子先得打好根基，根基稳固是事情成功的关键，只有家室稳定发展了，优良的家风才可以惠及子孙后代。

【原文】

大要是正伦理、笃恩谊、远邪慝、重世业，而以守身为本，继述为大。

【品读与感悟】

这句话应是本文宗旨，全篇文字无非是在讲守身、继述，希望子嗣能正伦理、笃恩谊、远邪慝、重世业。张履祥的《训子语》总结个人的处世经验，他将此授予子嗣，教化后代。从中能够看出他平日品行大端，主要是讲求修身养德。梁启超先生在《中国近三百年学术史》一书中将张杨园等人归为程朱学派及其依附者："杨园因为是清儒中辟王学的第一个人，后来朱学家极推尊他，认为道学正统。

依我看，杨园品格方严，践履笃实，固属可敬，但对于学术上并没有什么新发明、新开拓，不过是一位独善其身的君子罢了。”[①]尽管他的确并未仕进，未能施展兼济天下的抱负，但以独善为任，确立了一个道德典范。

①梁启超：《中国近三百年学术史》，北京：中国社会科学出版社，2008 年版，第 101 页。

第四章

薪火传承与《训门人语》

《训门人语》由张履祥的门人张嘉玲、姚瑚、姚琏所记，是记录张履祥言语片段的重要著作。《张履祥全集》中的《训门人语》三卷分别为三人的记录，记事基本上以时间为线索：张嘉玲记事从癸丑年(1673)正月到甲寅年(1674)七月末，历时一年八个月；姚瑚记事从辛亥年(1671)到甲寅年(1674)七月末，历时三年多；姚琏记事从己酉年(1669)中秋至甲寅年(1674)七月末，历时近五年。他们追忆自己与张履祥相处的点点滴滴，通过不同的观察视角还原了一位饱学儒士的真实生活情景，具有了解张履祥言谈举止的重要价值。

《训门人语》语言平实、亲切在耳，记述张履祥的日常言行，尤其是先生晚年的为学言论与行为举止。张履祥面对那些家庭贫困的子弟，有感自己的坎坷经历，决定尽全力教导他们，不但授之以知识，也想办法解决他们生活上的困苦。他在生命的最后几年岁月里可谓倾其心血，将自己关于读书、做人和生活的经验毫不保留地传给门人，尽到了优秀教师的职责。张履祥并不在乎名利，不重虚名，晚年德望益隆，却依然素洁高雅，保持平淡的高尚之风。

第一节　教育启示与人生导引

《训门人语》中，既有对学生弟子的嘱咐关心，也有对为师者的要求与叮咛。张履祥为人师表，处处严格要求自己，他常反思自身经历，并以亲身体验告诫弟子，起到了很好的教化功效。先生出身贫寒，九岁丧父，他的母亲靠着纺织换钱请老师去教育他们兄弟二人。母亲经常告诫他：孔子、孟子也是自幼丧父，只是因为他们立志于学，发奋努力，才成为圣贤。张履祥牢记母亲的教诲，勤奋学习，在为学方面取得了巨大成就，成为一位乡间巨儒。这样一位具有坎坷经历的学者，他的教育理念丰富而真切，饱含个人的无限情感。

一、以攻读经典为学习目标的为学之道

张履祥是一个资深的教育家，他从青年时就致力于教育，授徒开馆，直至终老，先后设馆十余处，从教四十年。更重要的是，他还是一位黾勉于道的儒家学者，这影响了他授徒传道之宗旨方向。作为一个学者，张履祥将自己一生为学的经验都传给门人。针对如何读书、如何为学，他总结自己经验，恳切地将自身的成败得失告诉门人。

张履祥最初也把科举考试当作自己学习的志向，然终无所得，于是幡然醒悟。清康熙九年（1670），《答丁子式》曾说："祥幼而孤蹇，又生下邑，既无父兄师友之教，初以举业分其志。家贫，弱冠授蒙，复以课读妨其功。"先生自述早年学习举业，这分散了他的心志，并未真正学有所得，流露出他对科举的反思。

后来，先生学习了良知之说，才觉渐入佳境。《答丁子式》记其"二十四、五闻

‘良知’之说而喜之，夙夜从事。时气高志锐，自以圣贤之域，举足可至，由是信其所知，以出日常接物，动多过失，甚至得罪名教，犹以心之所安，不知愧耻。天牖厥衷，寻复自疑，适得《小学》《近思录》读之，渐觉有所持循，因而进求濂、洛、关、闽诸书，由绎数年，心渐虚，理亦渐显。始悔昔者所为，皇皇以求，率皆悬空想象，有同系风，枉费心力而无实益者也。非特无益而已，长傲遂非殆莫甚焉。”这段文字记录了他为学的转变轨迹，是从心学转向正统理学的。他多次告诫弟子，扬弃心学，以理学典籍为根本，定位于传统儒学。在读书为学方面，他认为一定要先重视《小学》《近思录》，进而深读理学不同流派的书籍。世上的书籍很多，可有用的并不多，这需要认真选择。这就好比当下读物泛滥，人们读书往往是流行什么就看什么，以至于出现许多畅销书，而这些畅销书无法像经典那样有长久魄力，很快就会被时间淹没。张履祥三十四岁谒拜刘宗周，成为其受业弟子，此后便专事著述讲学。张履祥在为学方面一向推崇理学，而先生自身也终成理学大家。这个读书理念在《训子语》中也有体现：“某平生用力，《小学》《近思录》为最多，稍有得益，亦在于此。故有志问学者，必举此二书相勉也。”如果说《小学》类似于基本的文字语言知识，那么《近思录》则是教化人培养心性、明晓义理的著作。张履祥还曾赞扬《朱子文集》，他告诉姚琏：“朱子之文，至大至博，至纯至粹，盖上阐经籍之精微，下集百家之英华，而为一大成也”，劝告弟子学习《朱子文集》，显然关注的是此书中至大至博的深邃义理。

既然他强调和儒家相关的义理，那么便很容易轻视和义理无关的文辞、制业，这体现在张履祥对八股取士制度的有力抨击上。做学问不是心系名利，不是用心于八股，八股学到的只是僵化的形式，这与张履祥心中的为学之道不可同日而语。他曾教导弟子“取士之用乡举里选，而不可用举业”，希望恢复汉代察举制度，彻底否定八股取士的陋习，这显然是在经历科考失败与反思科举弊病之后的深切思维。但他并非绝对反对文辞之说，对读诵经书而兼通文辞持认同态度，面对姚琏为保存馆师职位而通八股的疑问，他解释说：“今人固未有不由经书即造举业者，亦未见经馆之必不同于举业者”，劝慰弟子不必纠结两者非此即彼的关系，接受馆业与制业并存的情形。不过透过他的只言片语，依然是把经书学业放在首位，所以说：“何必舍自己切要功夫，而轻徇时俗所尚耶。”

他不仅介绍学习什么书籍，还讲如何读书，探讨了为学之道的具体方法步骤。他在《初学备忘》中即言明："读书须立准课程，如古人朝经暮史，与夫半日读书半日静坐之类。量其力之所及而遵行之，朝考夕省，勿使一日虚度。人生少壮，要不多时，人事间之，读书之日有几？"应当抓紧时间，珍惜光阴，认真读书，勤于思考。

张履祥认为，做学问一定要虚心努力，持之以恒。先生训导姚瑚兄弟："一日不学，则此身即一日陷于不肖。亏体辱亲，即在乎是。敢不黾勉！"如果不学习就会使自身陷入不肖之中，也会使亲人受辱。先生用此语时时警示自己和门人。他曾举日月、四时的变化来说明："久于其道，而天下化成也"，天地日月都有恒常性，那么为学也应有恒心。"学问之事，贵于有恒，最忌轻躁"，此语足堪警戒！现在我们读书往往是讲究速成，三天打鱼、两天晒网，甚是浮躁，没有恒长之心，读书学习讲究功利性，学了一阵未见有明显效果便放弃一边，这就像先生所指出的"以为无益而舍之，或求速效而至于躐等，终于无益而已矣"。

二、以约行克己为做人原则的处事之道

如何做人一直是张履祥重要的教育理念，为学先要学会为人，要是连人都做不好，学习还有什么用处呢。关于如何做人，先生强调要按照《中庸》之法，要"至诚至性，率性而为，行乎当行，止乎当止"，这也是先生一直践行的原则。张履祥告诫门人要"素位而行"，安于现在所处的地位，做好现在应当做的事情。先生要求门人用礼来约束自己，这样犯错误的人就少了。张履祥认为："以约失之者鲜"，这句话对于任何事情都是有道理的。通过《训门人语》语录体的记载，我们能更切实了解张履祥关于做人的原则及其生活中的典范事迹。如《训门人语》记载，五月甲戌，张嘉玲到半逻去见先生。先生当时正患有非常严重的脾病，接见弟子时整个晚上仍然静坐，举止安详，没有歪斜。身为门人的张嘉玲反因为有病而不能端庄静坐。在与门人对比中，更能突显张履祥的人格魄力。

张履祥教导门人如何为人处事，待人接物。比如怎么去做人子女，先生就告诫门人要体察父母心意，时刻为父母着想。姚琏因为家境贫困而缺乏能力侍养母亲，他的母亲为此事担忧不已，姚琏不知道如何处理此事。张履祥知道这事后

便教导姚琏:唐代的曹成王李皋因诬陷而被审问时,担心年老的母亲受到惊吓,每次出去时就穿上囚服接受审问，回家时就拿着笏板泰然自若。等到他被贬到潮州，却以升迁为由来向母亲报喜。张履祥以这个事例来教育做子女的人应该时时替父母着想，站在为人父母的立场考虑他们的喜与忧，通过儒家孝道理论规诫门人行为。

处事包含多种要素,是一种复杂的行为规范,张履祥认真考虑处事细节,而其考虑多建立在儒家礼仪的基础之上。张履祥曾告诫弟子：做人要学会观察人的形态气象，如在日常的徐行疾走中就可以观察他的心态，这实际是以外在行为去审察人内心深处对礼仪规范的接受程度和深度。张履祥本人一直讲究礼义,提倡尊师重教,他经常通过言传身教影响弟子。张履祥在谈论日常的事情时,一定会说“请教”,他在生活中的礼让谦逊由此可见一斑。他的弟子姚瑚曾担任塾师教导先生之子,虽然姚瑚是自己的门人,但因为他同时还是儿子的老师,所以先生便以尊礼对待姚瑚，在礼法上对弟子表示尊敬。这涉及了尊师重教的传统美德,体现了张履祥对礼法的高度重视。理学家历代关注尊师重教,如广为流传的“程门立雪”故事就是出自理学门派。北宋的杨时先是师从理学家程颢,后来程颢不幸去世,他悲痛万分,设灵位祭奠。为了继续深造,他又拜程颐为师。有一天,杨时约他的朋友游酢前去向程颐请教,刚好天降大雪,到程家时正好碰到程颐休息。杨时怕打扰先生休息,悄悄立于门外等候。程颐醒来时,门外的雪已有一尺多厚,杨时与游酢已成了雪人。二人尊敬师长、诚心求学,成为后世尊师重道的楷模。

在处理乡邻关系上,也体现了张履祥一贯的处事策略。乡邻人心不古,有意窃取桑秧,张履祥自言“吾于桑秧,岁必倍压,他自拔,我自压”,只在自己身上下功夫,不去计较他人的问题。先生希望他人能反躬自省,曾讲述一个故事:“昔人见每岁侵地界者,一日书其地曰:‘一年一寸,十年一尺,我做一丈着尔也,不活一百。’侵者愧服。”由此事考量其做人准则,基本还是严己宽人,希望对方能自省知愧,这是对“约己”信念的扩大化。

张履祥曾教诲姚琏如何在乱世之中处身立世,“义以为质,必须礼行孙出”,基本出发点就是以义为根本,遵行礼、逊之道。遵行礼法,会进一步约束自己心性,规范自发的情感,所以他解释古人怒不发柬:“盖怒时辞气不能和平,出之于口，犹且伤人，况形之笔墨，有此形迹耶？”这便涉及了心性的讨论，他认为不能任凭心意随意而为，因为他不相信良知说，故云：“推其极，即弑父与君，无所不至，亦可为也。何也？盖吾心固无不是也。”

约行克己，甚至连内心中的名利之念也要被克制住，这是张履祥在乱世中寻求生存的策略。他曾对姚氏兄弟说：“士君子固宜以好名为戒，若居乱世，尤不可早获名誉。”为什么反对博取虚名呢，因为他觉得虚名易拖累人，这表面上有些类似韬光养晦。张履祥提及“刚则取祸，柔则取辱”，过刚过柔，都会自取祸辱，他特意举了张士信与倪瓒的故事说明这个道理，究其根本，仍是中庸之道，不要过于张扬，也不要过于隐晦，成为他的处世标准。

三、以尊礼奉儒为人生导引的生活之道

张履祥谆谆教导子弟，在立志、用功、存心、立身等方面都为子弟指明方向。正如其给姚瑚的《答姚攻玉》书中所言：“吾人立志则愿希圣、希天，而用功则一循下学之序，存心则宜以一夫不被泽为己忧，立身则以箪豆不受于人为有耻。其取人之善也不当遗于细微，其攻己之恶也则无间于幽显。”[①]教导他人的都是为圣为贤的大学问，探讨的都是为善避恶的大道理，并以用功为实现理想的保障。张履祥在日常生活中时时起到表率作用，他极为重视礼义，处处以礼行事，也以自己的行动教导他人。《训门人语》记载：张履祥乘舟时一定是身子端正恭敬地站着，路过先父坟墓时，便在舟中深深地作揖，体现他尊礼守制及对先人的哀思。日常在家时，他也是端庄有礼。《训门人语》记载：“先生家居，虽盛暑，必衣冠危坐。”日用衣冠、行为处处合乎礼义，尤其重视祭祀礼仪。按照礼仪规制，张履祥坚持为亡婿穿了三个月丧服，还亲自去其家脱去丧服，完成礼制。先生更是极重视丧礼，他虔心祭拜逝者，强调吊丧最重要的就是心诚，而且一定要符合礼义、道义。

日常生活中，先生强调个体应遵行礼法规范，不做违背礼仪之行。《训门人

①张履祥：《答姚攻玉》，《杨园先生全集》（卷12），北京：中华书局，2002年版，第353页。

语》曾记载先生与门人间颇有意趣的情节：门人姚瑚常跟随先生到半逻，看到先生在百里远的路程里一直端坐，丝毫不动。门人观察到了这一细节，也有点不相信，于是就每次悄悄地验证，结果先生必定是丝毫未动。张嘉玲也说过：与先生一起睡觉，他整个晚上都不曾翻转身体。虽然这些都是生活的细枝末节，但是由此也可看出先生的心性及其遵礼的意识。无论是私室独处，还是出现在集体场合，他都表里如一，力行慎独。慎独就是在独处中谨慎不苟，《大学》言："此谓诚于中，形于外，故君子必慎其独也。"张履祥极为称许《大学》等书，对其慎独理念知之甚详。他掌握了慎独的概念和精髓，并且在生活中做到这一点，这是儒家修行的一种较高境界。有些人善于伪装自己，被人们称作假道学，这种人最为张履祥所轻视。张履祥认为，人们的内心与外表往往是一致的，内心的想法会流露在行为之中，这就像他看见有人疾走于庭间，于是训诫姚琏曰："凡少年轻佻者，即一举足间，而气象已尽露矣。此庭不过几步，徐行疾走，所争几何？而必作此争遽态耶？"照他看来，此人行为轻佻，正是内心缺失规范的体现，正需要慎独，增强个人修养。

张履祥在生活方面不仅处处发挥表率作用，还注重启发学生自己去思考和探求。他教导学生，尤其是针对身处困境如何为人、如何生活。他强调："境之困苦，士之常事，贫穷患难，岂有独我受不得之理？"他曾举陈白沙自幼孤苦的事例，鼓励门人忍受困苦，要像陈白沙一样在孤立无援的困境中不断拼搏，最终显亲扬名。这样的事迹，再加上张履祥的现身说法，激励门人醒悟如何在困境中求得生存。他又曾列举自己在清军入关之后，流转迁徙，艰难困苦的数件事情："不知不觉，绝处逢生，苟延性命至今日，夫岂意料所及哉？"告诫门人在困境中千万不要放弃希望，忍辱含垢，努力向前。

张履祥生活俭朴，这对门人起到很好的教育作用。《训子语》记载："先生家居，每坐务本堂东北隅一室，纵横方丈，室中一几一榻，几上朱集一本，笔、砚各一，无他物焉。书亦未见有杂陈也。看书或倦，则拱手默坐，或徐步课农桑，及蔬果花叶之类，皆手经理之。"在生活中简朴清静，从其居室布置可以看出张履祥淡然宁静的日常风范，当然这里也处处体现先生耕读兼重的风格。

尽管张履祥家境条件很有限，但并不影响他关怀门人的生活。张履祥常常设身处地地关怀门人的疾苦，每当看到门人生活的艰辛与不易，就心生忧虑，不仅为门人指明一些可以治生的道路，也时时施以援手，为他们创造更多的治生门路。自此看来，他不是把关爱学生放在嘴边，而是努力想为学生做些什么。姚瑚、姚琏兄弟家境贫寒，早年失学，张履祥听到他们的经历后为之叹息不已。他整宿思索，第二天告知学生应自食其力，耕读并重。可怎么做到这一点呢？他决定筹办一个经济互助会，帮姚氏兄弟置买几亩农田桑地，让他们能边生活边读书，这种情谊让姚氏兄弟感动不已，也让后人更能体会这位儒者的眷眷深情。

第二节　坐馆授学与桃李天下

古代的私塾教育与官方教育相结合，形成了相辅相成的教育模式。古代私塾，有的是塾师自己在家中设立的学馆，有的是殷实人家聘请老师设立的家学私塾，还有就是宗族祠堂用宗族地租收入所设立的学馆。若就其教学内容而言，又可分为“蒙馆”与“经馆”。张履祥说：“世之读书而贫者，资其直以给衣食，约有二种，一曰经学，则治科举之业者；一曰训蒙，则教蒙童记诵者也。”[①]这种私塾教育在明代可谓发展到鼎盛，推动了当时教育的发展，而张履祥及《训门人语》的三位记录者都曾担任塾师，故其与私塾教育密切相关。

既然主要人物都和私塾有关，因此有必要介绍一下这种教育制度。古代学生一般要经过蒙学与经学两个阶段，宋代儒者朱熹在《大学章句序》言：“人生八岁……皆入小学，而教之以洒扫、应对、进退之节，礼乐、射御、书数之文。及其十有五年……皆入大学，而教之以穷理、正心、修己、治人之道。”[②]蒙学属于启蒙教育，相当于现在的幼儿园、小学教育，主要培养儿童认字、读书的能力，使其掌握基本的文化知识、生活知识，培养其良好的生活习惯和道德品质。蒙学阶段主要学习的书籍是“三百千千”及《弟子规》(《三字经》《百家姓》《千字文》《千家诗》《弟子规》)，在蒙学阶段也会接触“四书”(《大学》《中庸》《论语》《孟子》)。朱熹的《朱子童蒙须知》列出儿童应当掌握的几项内容：“夫童蒙之学，始于衣服冠履，次及言语步趋，次及洒扫涓洁，次及读书写文字，及有杂细事宜。皆所当知。”经学阶段进一步学习经典，是专教学生科学之业。《训门人语》的三位记录者，他们教授子弟经过了蒙学和经学两阶段，张履祥曾说：“课蒙授经，无不可处”，希望弟子兼顾蒙学、经学。坐馆授徒，表面风光，但明清时期塾师的实际生活极为清苦，一年的收入也就白银 20 两左右。清代著有《聊斋志异》的蒲松龄先生就长期

---

①张履祥：《处馆说》，《杨园先生全集》(卷 18)，北京：中华书局，2002 年版，第 545 页。
②朱熹：《大学章句序》，《四书章句集注》，北京：中华书局，1983 年版，第 1 页。

从事塾师职业，家境极为贫困，直到 70 多岁才撤馆归家。这种生活境况，决定了张履祥和私塾记录者的心态与思想，他们是清寒塾师的代表，围绕他们的多是教师和学生的庞大交际网络，涉及内容也多与教育相关。

张履祥长期坐馆授徒，他对私塾教育有着深切认识和亲身体悟。他曾著有《处馆说》一文，通过自问自答的形式，深入探讨明清之际塾师的生存状态、职业选择、职业精神、宾主关系等问题，例如："然则孰为可教？""忠信者可教，智诈者不可教；幼者可教，长者不可教。"张履祥在《处馆说》中阐明其一生数十年的处馆生涯："予也为此，盖二十有余年，几为羞之恶之，思欲去之，则已童而习之，唯此一技，犹能守其师之传。辗转去就之际，终不得不岁从事于馆穀。"[①]可见张履祥由于自身生存处境所迫，他的为师之路更多的是一种被动选择而非主动追求，他的教育之路并非是要借此以明道救世。正如学者对明代塾师的研究："明代塾师以'儒学生员'为主体的这一特性本身，就在很大程度上决定了明代塾师的职业选择以'资生'为主，而非以自我生存价值实现为目的的主要特征所在。毕竟对于'生员'阶层来说，其主要的社会义务与出路，便在于'求仕'"而非'传道'。"[②]虽然张履祥的塾师之路并非其人生目标，但是在漫长的坐馆之路上，张履祥认真思索为师之道，始终坚持师者应当树德，对学生尽心尽责，成为优秀的塾师典范。

张履祥曾在吕留良家坐馆。黄宗羲离开吕留良家塾之后，吕留良盛情邀请张履祥，甚至空着塾师之位等待了他两年。张履祥与吕留良的哥哥本就交好，他在吕家的再三邀请下，最终答应前往坐馆，教授吕留良的长子吕葆中读书。《张杨园先生年谱》记载："（康熙）八年己酉，先生年五十九岁，馆语水。馆主人请自甲辰之冬，屡请屡辞。主人虚席待二年，今始就焉。训门人曰：'学问固重践履，然必自致知格物始。'先生馆语水数年，劝友人门人刻《二程遗书》《朱子遗书》《语类》及诸先生儒书数十种，且同商略。迄今能得见诸书之全者，先生力也。"[③]在这段时间里，他不仅教授学子，还刻书传道，功绩卓著。

---

①张履祥：《处馆说》，《杨园先生全集》（卷 18），北京：中华书局，2002 年版，第 545 页。
②刘晓东：《明代的塾师与基层社会》，北京：商务印书馆，2010 年版，第 173 页。
③苏惇元：《张杨园先生年谱》，《杨园先生全集》，北京：中华书局，2002 年版，第 1511 页。

张履祥信奉朱熹理学，他和吕留良在学业上相互鼓励，具有相同目的。[①]张履祥在给吕留良的侄子吕仁左的书信（《与吕仁左书》）中记载了这段坐馆经历："不佞栖息语溪之日，足下未生也。尊君年方少，而志行有高于人，时宾客满堂，而于不佞殊不落落。故仆亦雅爱重之。至壬辰之岁，携家以归，而尊君亦已下世矣。"[②]他与吕氏兄弟交好，颇有惺惺相惜之意，借助馆塾他们进一步加强交流。

张履祥是理学大家，在他周围形成了兴盛的杨园学派。"此派之学大要以仁为本，以修己为务，以中庸为归。该派认为儒者起脚第一步是仁以为己任，然后精之以义，文之以礼乐，才能德成行立。"[③]重要人物有张嘉玲、姚瑚、姚琏、颜孝嘉、吕葆中、吕仁左等。

张履祥坐馆授徒，桃李天下，故杨园学派成员多是其弟子。其中有石门姚夏，秀水俞周炜，吴江张嘉玲，吴江张嘉瑾，吕留良长子吕葆中，吴江姚瑚，吴江姚琏，桐乡颜鼎受、鼎孚、鼎爱、鼎爵四兄弟，海盐吴曰夔，桐乡钱本卓，嘉兴徐煜，海盐钱汝中，崇德姚斯行，桐乡张言雅，吕留良次子吕主忠，吕留良子吕志忠，海盐吴晞渊，桐乡陆幼坚，石门董载臣、张俟之，桐乡张元光。[④]

如前所述，张嘉玲、姚瑚、姚琏便是《训门人语》的记录者。

张嘉玲，字佩葱，号安孝先生，《桐乡县志》有传，《清史列传》有传。张嘉玲曾辑《周礼说略》，还著有《安孝先生遗稿》。《清儒学案》卷五将其列为杨园弟子。"少有才藻，与兄进士嘉琛齐名。执父丧一遵古礼。嘉琛卒，并先世八丧，力营葬。杨园过乌镇，闻而韪之，介凌渝安来谒。以丧礼十六事相质，请为弟子。杨园尝称其'进德刚而求志敏，后来所至未可量'，期以担荷斯道。先生性刚，赴乡试，见士子入闱搜检之严，曰：'吾不能受此辱。'遂去，终身不应试。"[⑤]可见其性格刚烈，不愿受人羞辱，虽富才学，可惜三十四岁时便仓促辞世。

姚瑚，字攻玉，号蜇庵，吴江人，著有《闲学录》。张履祥在《答姚攻玉》书中曾

---

①容肇祖：《容肇祖集》，济南：齐鲁书社，1989 年版，第 567 页。
②张履祥：《杨园先生全集》（卷 14），北京：中华书局，2002 年版，第 422 页。
③刘晓东：《明代的塾师与基层社会》，北京：商务印书馆，2010 年版，第 173 页
④吴枫、宋一夫主编：《中华儒学通典》，海口：南海出版公司，1992 年版，第 1505 页。
⑤徐世昌：《清儒学案》，北京：中华书局，2008 年版，第 254 页。

评姚瑚志道精专。其弟姚琏，字四夏，亦为杨园学派成员，两人所学相近，旨在使人知天命之大原，而约之以诚敬。张履祥生前，曾帮助整理《朱子文集》《朱子语类》；张履祥去世后，他们曾纂辑遗书。

张履祥弟子众多，交游也很广泛。其交游的友人中多是理学推崇者，如吕留良、王锡阐、祝渊、陈确、吴蕃昌、何商隐、凌渝安、吴之振等。张天杰的《张履祥与清初学术》中有“张履祥友人、弟子考”一节，其中提到的学侣有：海宁陈确、海宁祝渊、山阴刘汋、桐乡钱寅、仁和沈昀、海盐吴蕃昌、山阴周之璿等人，同调有：海宁朱一是、桐乡邱云、海盐何汝霖、德清沈中阶、桐乡张园真、嘉兴屠爌、海宁计甗、德清麻溪王锡阐、石门吕留良、海盐吴谦牧、嘉兴沈廷劢、石门朱天麒、吕留良姊丈朱洪彝、嘉善沈元、乌程严文挺等，还有私淑等多人。①

张履祥在与弟子相处时，极为尊重对方，并不因自己先学者的身份而轻视对方，这有助于建立良好的师生关系。《训门人语》中记载先生之子默斯（名维恭）欲拜张嘉玲为师，先生亲自带儿子前去拜师，并要行叩拜之礼。张嘉玲推辞不受，先生深明大义，言：“为小儿叩拜，一人之私也，仍然有公义在。”此举颇有古人之风范，古人听到善言就叩拜，张履祥认为张嘉玲辞掉远馆而教子弟，诚然是善行，应当叩拜。先生同时也重视教师之责，其在《备忘一》中言“子弟教不率从，必是教之不尽其道，为父兄师长者但当反已自求，未可全责子弟也。”他没有把责任推到弟子身上，而是反思教师职责之失，这正是他尊重学生的一贯思维。

张履祥作为一位伟大的教育家，孜孜不倦地教诲后学。《训门人语》中曾记载先生所言：“课督诸生，用一分心力，即有一分功效；失一时栽培，便见一时荒落。诚不可不慎也。”张履祥教导学生时颇有紧迫感与责任感，他为教育可谓付出毕生的心血，直到生命的最后一刻。暮年的张履祥久病体衰，非常瘦弱，即使在逝世前数日，仍然诚恳地以学问之道勉励弟子，坐至深夜，仍端正严肃，没有一点点倦怠歪斜。这就是所说的“只要尚存有一口气，不能有稍微松懈”的意思，其教育精神及为师的风范令人钦佩。

张履祥在教学中体味人生，充实自我。他在给姚瑚的书信中，对姚瑚担当教

①张天杰：《张履祥与清初学术》，杭州：浙江古籍出版社，2011 年版。

子之责予以重托："古人课程，不独朝暮经史，厌饫优游，虽至诗文词赋，皆藉为游艺之资，以涵泳其情性，陶淑其耳目。知思未有孤行一意，使读书之日生趣索如也。至如教课诵习，似不可分为人、为己之心，因与弟子讲解而己益明，因与弟子诵数而己益熟，时切检点，不敢慢忽，即为主於敬。长其所善，救其过失，与之迁改，总己分内事也。"[①]多年的从教经历，使他形成一套完整的理念，培养了尽职尽责的心态。"因与弟子讲解而己益明，因与弟子诵数而己益熟"接近于教学相长的认知，教师与学生本来就是相辅相成的关系，这成为张履祥学术思维日益圆熟的一种方式，换句话说，张履祥的学术观点就是在教学实践中不断完善的。

在坐馆的教学经历中，张履祥极为重视馆规塾约，将其作为学童所应遵循的守则。他在吕留良家坐馆时制定了《东庄约语》。在檄浦吴仲木家坐馆时，制定了《檄湖塾约》。在海盐半逻何商隐家时，他作《遗安堂日课格》，这些学规和塾约明确了学习目的，指明了学习方法，并对每日的功课做了相应的安排，为其展开教学提供了便利。

张履祥一生读书授学，得到了友人及后人的极高赞誉。何商隐曰："先生懿德醇诣，一生授学，默默以忠信笃敬孚于人，绝不事口耳占毕，言论旨趣之见于笔墨者，一一从身心日用间体验天理民彝，以为立身应事自淑淑人之准，非辞章训诂家所能窥见其一二者。"陈榕门曰："张履祥学术纯正，践履笃实，伏处衡茅，系怀民物，立论不尚过高，唯以近里著己为主，敦伦理，存心地，亲师友，崇礼让，一篇之中，三致意焉。读其遗集，不能不想慕其人，而叹其未见诸施行也。"[②]从这些评论中可以看出张履祥品德之高尚，学业之精专，待人之忠信，心怀民生万物，践履笃实。

①张天杰：《张履祥与清初学术》，杭州：浙江古籍出版社，2011年版。

②张履祥：《答姚攻玉》，《杨园先生全集》(卷2)，北京：中华书局，2002年版，第353页。

第三节　平易简约的语录风格

《训门人语》采用的是语录体书写形式。语录体常用来记录门人弟子所回忆的导师言行，有时也用于佛门的传教记录。语录体的特点是不讲究长篇大论，不讲究篇章结构，笔墨用于记载师生之间的只言片语，形象隽永，言近旨远。

《论语》是最早的语录体经典，是记载孔子及其弟子言行的语录体典范。杨园先生推崇的《二程遗书》也是一部语录体的经典。程颢，字伯淳，人称明道先生。程颐，字正叔，人称伊川先生。《二程遗书》是他们的弟子记载程颢、程颐二先生平时的言行，其中言论居多，在日常言论中凸显一代宗师的学术个性，体现出宋代书院教育与理学一体化。

《训门人语》采用语录体的形式，用一则则质朴自然、简洁平实的短篇对话语录记录张履祥的一言一行，记录先生的日常起居、读书耕种、访友待客、教育子弟的情况。《训门人语》记录了张履祥在各种情境中与弟子们对话的日常点滴。这种对话浅近简约，我们能直接感受到其最为现实、最为真实的生活与思想，从而引发进一步的思考。比如先生与弟子在堂前站立，这时有人急行而过，先生由此而对弟子说："此庭不过几步，徐行疾走，所争几何？而必作此争遽态耶？"从气象来教导弟子，既有生活气息又寓意深刻。在《训门人语》中，我们感受到不同情境中先生的种种状态及诲人不倦的师者风范。先生善于利用生活的每一个场景，抓住身边的每一个事物，时时用学生最为熟知、最为熟悉的事物来教导弟子，使他们能够在生活中学习，同时亦能学以致用。在这些对话中有对弟子立志的指导，有对弟子读书求学的点拨，也有对弟子生活的关心。

通过《训门人语》我们可以看到：在田间地头除草，先生告诫弟子"唯无近功，所以可长久"；在舟车旅途中，先生告诫弟子"所以人要虚心"；友人逝去，先生引发“天爵之贵，踰于人爵”之叹；先生病重之时，仍然“夜坐凝然，无欹侧”，令弟子惭愧；居家之时，“虽盛暑，必衣冠危坐，未尝稍有怠肆之容”；临终之时，“祈子为我致之，如予亲致一般”。让我们无时不走近这位教育家，体会这位师者的情怀，探究这位学者的思想，感受他言传身教的力量。

《训门人语》采用“先生云”之短章小语形式，极为亲切、生动，让我们更加近距离、更为亲切地去感受这位教育家的日常言行与思想理念。《训门人语》有助于我们深入了解张履祥，而且这种语录体形式也有助于阐发先生对子弟门人的教育形式、教育思想及其深入的教育理念。语录体的叙述更为真实生动，洋溢着生命活力，闪耀着智慧火花。

第四节　《训门人语》品读

一、《训门人语》一（节选）

【原文】

癸丑正月二十八日，先生率子默斯来。先生云："今年以子相累，当叩首。"辞。又云："为小儿叩首，一人之私也，尚有公义在。古人云'闻善言则拜'，况见善行乎？佩葱辞远馆而教子弟，诚善行也，当拜。"玲答曰："玲之归，实以续娶之故。且家贫，不能延师教子侄故耳，何敢言善乎？"先生之命，盖有所试之意，敢不勉承。竟辞拜。先生作四揖而别。

【品读与感悟】

张履祥请弟子张嘉玲教授他的儿子，对张嘉玲欲行叩拜礼，显示出张履祥对师道尊严的推崇。先生曾先后找姚瑚、张嘉玲担任其子的师傅，对自己的弟子礼敬有加，他时刻都在贯彻儒家信条，用行动诠释和践履儒家理念。

【原文】

二月丁卯，同先生、攻玉至震泽。先生有云："《中庸》言素位而行。吾辈今日素位，则夷狄、患难、贫贱自是正命，若妄想富贵，便是桎梏，便非正命。"

【品读与感悟】

安于所处地位，才能努力做好应做的事情。心生妄想，不安现状，如同自设思想枷锁。

【原文】

又云："温节孝言：'穷则思通，富则思通。'甚佳。"

【品读与感悟】

《周易·系辞下》云:“穷则变,变则通,通则久。”此意即是事物发展到了极点,就要发生变化。发生变化,才会使事物的发展不受阻塞,事物才能不断发展。变通、通达也可作为我们处事的一种态度。

【原文】

五月癸巳,先生见教云:“朝廷大政有三,曰农政,曰学政,曰军政。为人上者,不可不留意。”

【品读与感悟】

张履祥认为,农业是国家根本,首先便谈及农政,这体现了他的农本思想。

【原文】

又云:“‘以约失之者鲜。’此句凡事皆然。”

【品读与感悟】

孔子的“以约失之者鲜”这句言论,在古今中外都有着适用性,我们为人处世应当以礼而行。

【原文】

甲午,从先生于桑地中耘叶去蟥,因言农桑无近功。先生曰:“唯无近功,所以可长久。”

【品读与感悟】

张履祥善用身边所熟知的人或事来教育子弟,在生活实践中处处总结人生之哲理。

【原文】

十月己亥,玲别攻玉、肆夏,从先生道桐乡,至半逻。舟中云:“舜典称舜为‘濬哲文明’;孔子曰:‘德为圣人。’孟子曰:‘舜为法天下,可传后世。’此皆称舜之为圣人也。至其所以为圣人者,则在舍己从人,好问好察,取诸人以为善。闻一善言,见一善行,若决江河,沛然莫之能御。所以人要虚心。朱子曰‘圣人之心至虚至明'二句，最宜详玩。"

【品读与感悟】

圣人之所以为圣，在于他的虚怀若谷，在于他的谦虚好学。我们日常的学习也该如此，向着"至虚至明"努力，这样我们的学习必然会有新的收获，我们的人生亦可达到更高的境界。

【原文】

丁未，先生至语水，同饭。送先生之东寺，立语云："凡人家延师，师之衣服饮食，主人无不细心供给，而为师者不尽心教子弟，师必无后。子弟之昼夜肄业，师无不尽心思维，而主人不尽敬，其子弟必不成。"

【品读与感悟】

尊师重教的优良传统我们应当延续。古代曾有"天地君亲师"的说法，将老师列为特别尊崇的对象之一。此处张履祥指明主人、塾师要建立良好的宾主关系，这是教育培养学生的重要环节。

【原文】

甲寅三月己巳日，先生曰："近来看得'道不远人'一章，觉亲切些。'道不远人'，即'有物有则'也，故下说'其则不远'。注中'所以为人之道，各在当人之身'，如云聪明在耳目，慈孝在父子也。'改而止'，改字最说得切实。'人能弘道，非道弘人'。道非亡也，人自外于道耳。但能改其无道，即在道中矣。然道实不外乎人心，故云'忠恕违道不远'。但单说心，则异端禅学皆言心，可以假托。故下文又言子臣弟友，庸言庸行。则中庸之道，信乎其不远人，而非隐怪之所得假矣。"

【品读与感悟】

《中庸》《论语》《大学》与《孟子》并称为"四书"，其理论基础是天人合一，主张处理事情不偏不倚，认为过犹不及，形成儒家核心观念之一。《中庸》告诫我们要至诚至性，率性而为，行乎当行，止乎当止。

【原文】

又曰："古法有当守者，有当更者。当守者，如取士之用乡举里选，而不可用举业；授官，天子止择大官，而大官各举僚属，不可尽归铨政于吏部等是也。当更者，如杨炎两税法，行之已久。龙子虽云：'莫善于助，莫不善于贡。'然自今观之，则莫善于贡。助法恐难行。又郡县亦可治，不必封建是也。"又问："陆宣公有云：'赋税各当税其土之所有，如丝绵铁缟之类，不当改折金钱。'如何？"曰："近世行金钱，殊便。"

【品读与感悟】

人应当具有发展的眼光，不能因循守旧，顽固不化。对于古法，应当根据时势进行变更，当守则守，当变则变。墨守成规或锐意变革，都不一定是对的，虑及现状才是首要的。

【原文】

有一友人，方向学而遽早世。先生曰："天爵之贵，踰于人爵。方向学而遽早世，岂此兄无福邪？"

【品读与感悟】

孟子曾曰："有天爵者，有人爵者。仁义忠信，乐善不倦，此天爵也；公卿大夫，此人爵也。"孟子所强调的是修养品德，从而提高精神层面，获得所谓天赐的爵位，从而也自然地获得人授的爵位，而这也是张履祥所推崇的。

【原文】

辛丑，从张、何二先生吊查汉园。舟中，何先生云："李延平每与朱子言洒落，洒落非可求也，功夫至到，自有此境耳。"先生曰："教后学以忧勤惕厉，犹惧弗及，况敢易言洒落乎？"

【品读与感悟】

洒脱是一种境界，不是我们刻意寻求就可获得的，而是通过刻苦努力之后，自然而然能够达到的境界。洒脱是心灵充实、见识增长后的外在体现，如果一味地追求洒脱，表现出的只不过是浮浅与幼稚。

【原文】

玲偶说与门人说书，先生曰："最要是欲学者反身而自得之。"

【品读与感悟】

孔子曰："吾日三省吾身。"希腊亦有名言："最困难的事情就是认识自己。"日本名言亦云："给自己唱赞歌的人，听众只有一个。"能够自我反省，才能不断提高。

【原文】

玲问："调息养病之说如何？"先生曰："养疾也，要得时。昔一友人好静坐，每日下帷坐一柱香。"予问之曰："'使静坐时，弟子有戏于前者，兄能不管否？'总之，道理'君子而时中'最尽。"

【品读与感悟】

顺应万物时运，不需要刻意调养生息，这是张履祥教授弟子的话语，他希望弟子维系中庸之道，合于天道。

【原文】

玲问："国家兄终弟及，有三、四世，庙制当如何？"先生曰："古有兄弟共一庙为昭，或共一庙为穆者，似亦可行。"

【品读与感悟】

昭穆是古代宗法制度对宗庙或墓地的辈次排列规则和次序。二世、四世、六世，位于始祖之左方，称"昭"；三世、五世、七世，位于始祖之右方，称"穆"。

【原文】

临别又曰："大舜之所以为圣人者，只是虚受；文王所以为圣人者，只是乾乾不息。"

【品读与感悟】

虚心接受与自强不息这两点值得我们用心思考，不妨在生活中践行。

【原文】

五月甲戌，玲至半逻见先生。先生时患脾疾甚，而夜坐凝然，无欹侧。玲反以病不能庄坐。可见有德与无德之效矣。

【品读与感悟】

先生病重之时仍然能保持安然之态，这根源于其一生对礼的践行。平日严格要求自己，纵使生病时也会强烈克制自己，不肯轻易逾越礼法的界限。

【原文】

（甲寅）七月二十七日己丑，至杨园。先生病甚，召玲至寝榻前片时，少顷复入。先生曰："予病甚，此番相晤，想成永诀矣。"玲曰："玲当明日留此一日，但玲体狼狈，急于东行，当在半逻待先生来耳。"先生曰："吾意亦欲汝早早东行为善。"又曰："予前第二子弥月，商隐赠玉玦一枚，予留之，欲待商隐生子而赠之。予六十岁时，商隐赠《二程全书》一部，予受之，欲待商隐六十而赠之。今商隐年未及六十，亦未生子，而予病如此，恐不复相见。祈子为我致之，如予亲致一般。"

【品读与感悟】

张履祥亡于公元1674年，即清康熙十三年，此年干支纪年为甲寅年。这段文字是他病重时的嘱托之语，他仍然不忘朋友赠送的礼物，嘱托弟子要以礼还之，足见他是一位诚挚君子。

【原文】

又曰："企周屡以家事相商，予以为此不必相商，直须自断之。若能出则出之，不能则终身受累，何必更烦朋友，徒乱人意。"

【品读与感悟】

张履祥指明遇事应当有决断，不能以自己未决之家事烦扰他人。

【原文】

庚寅晨，进见先生，先生曰："予精神接续不来。"玲曰："玲至半逻待。"先生曰："恐不能复东矣。"欷歔而别。（是夜戌时，先生即捐馆矣。痛哉！）

【品读与感悟】

这是张履祥临终前最后一次见弟子张嘉玲。师生情谊难舍难分，悲痛不已。张履祥对张嘉玲一生的理想追求影响深远，弟子悲伤也在情理之中。

二、《训门人语》二（节选）

【原文】

辛亥二月，瑚上书先生，约二千余言。先生语佩葱兄曰：“此兄太觉性急，故某答书致此意。”后相见时，又诲以学问之道，如天之暑往寒来，无骤运，亦无暂停。又如鸡之抱卵，不急不舍，则勉勉循循，而自有所至矣。

【品读与感悟】

读书求学没有捷径可走，应当循序渐进，努力坚持，时间久了自然能有进益，如果急功近利，只会犯揠苗助长的错误。

【原文】

三月四日，瑚同弟至语溪力行堂，候先生。先生训以为学当祖述孔、孟，宪章程、朱，谆谆数十语。瑚问：“日用工夫，非助即忘，幸先生教之。”先生曰：“要知‘必有事焉’，孟子本说‘集义’，程子兼‘居敬’说，益精密矣。吾人日用工夫居敬穷理，如是而已。若忘与助，病实相因，忘固不可，助亦不可，惟助故易忘耳。”又以鸡之伏卵为喻，反复开导，恨不能悉记云。灯下，问及瑚兄弟产几亩。瑚曰：“不过六亩，内有坟基、屋基二亩。”因言瑚兄弟自幼孤苦贫困，即以蒙馆糊口，故早年失学，一无知识。先生叹息久之。次日晨起，谓瑚兄弟曰：“处馆究非良策，吾人须自食其力为佳，汉徐孺子可法也。子产太薄，不能自食，余昨夜为子思之，可举一会，置几亩田桑，可以躬耕读书。当与王先生图之。”又有相约同居之说，殷殷不置。先生之欲扶植造就如此，痛瑚兄弟顽钝庸驽，不克仰承先德教也。

【品读与感悟】

明清一些塾师的生活极为清寒，张履祥几个弟子的生活甚是困窘。张履祥对弟子极为关心，担忧他们的日常生活，而且深谋远略，为他们考虑可持续发展，打算募捐钱财让他们置买田产，以备耕种读书，能够长久发展。在对学生的教导中，也体现了张履祥耕读并重的思想，他希望通过农耕达到自立，依靠个人劳动供给生活、读书。

【原文】

瑚于己酉秋，初见先生。后寄语王言如云：“攻玉耽于静坐，未免病在压动求静。白沙学主静者也，其诗有曰：‘廊庙山林俱有事。’吾儒隐居求志，正为时世不偶，故当退处岩谷。然守先待后，经纶素具，亦无一事可略也。若懒散厌弃，惟求闲静，设有行义之日，岂能有所为乎？”至见将别，先生又语瑚云：“隐居求志，行义达道，胡可一日忘之！”

【品读与感悟】

即使平素隐居，志节高洁，也不能消磨心力，应当时刻不忘道义，以备时机成熟时干一番经国济世的事业，这正是张履祥所希望的事情。

【原文】

时泊舟佩兄馆侧，去力行堂里许，欲携襆至舟中，而吕先生适差人至佩兄处，失附之以行。先生曰：“此不及简点，存心不密故也。”因曰：“功夫紧要，在一密字。”

【品读与感悟】

日常生活的方方面面，张履祥都能时时以学问来检验。

【原文】

仲夏望后四日，瑚同吴象六至杨园候先生。因隔墙有读书声，象六问曰：“此小令郎读书声耶？”先生曰：“非也。舍亲在此设教耳。舍亲训蒙颇善，前在某处，宾主相得，年亦甚久。去岁，主人产俱淹没，所以失馆。此间敝邻寒族，不知相恤，困苦之甚。”瑚曰：“善训蒙尚且如此，可见馆不足恃。处馆实非良策矣，奈何？”先生曰：“处馆岂为长策？但吾人目前舍此，又无别事可为。夫子固曰：‘耕也，馁在其中矣。’”

【品读与感悟】

明清时期塾师的生活是非常清苦的，张履祥是儒者的典范，他虽然认为当塾师并非自己一生的追求，但他在长期的教学中却是兢兢业业，为教育奉献终身。

【原文】

先生又言：“三代以上无论矣，自两汉以后，尊贤养士之典犹有存者，所以当时诸君子皆能有以自立，其士大夫以及草野庶民犹知尊礼之道。至于今日，诚所谓上下无交之日也。吾人生于此际，譬诸草木生于秋冬，命可知矣。设有幸以待春阳之和，命也；不幸终于严霜凛雪之惨，亦命也。若不能俟命，则小人之归已矣，安得为学问哉？”

【品读与感悟】

古代盛行命定论，认为人的命运由上天注定，人力无法改变，张履祥也坚持这种观点，他劝导学生顺乎天命，安心做学问。

【原文】

先生又历举甲申以来，流离播迁，艰难困厄数事。因言：“不知不觉，绝处逢生，苟延性命至今日，夫岂意料所及哉？某尝云命苟不应寒饿死，固未必无意外之遭也。如去年产尽淹没，即于何、吕两家贷金买米，寄友人处为御凶之计。如此处困，固已不同，此亦不足言矣。”

【品读与感悟】

“天无绝人之路”“车到山前必有路”“柳暗花明又一村”说的正是此意。在艰难困苦之时我们不能轻言放弃，而应努力前行。

【原文】

壬子岁，瑚馆先生门下，先生时以补偏救弊是修身要旨为训。一日出见，复申此意曰：“凡言修者，必有不善之处，修之之功，去其不善以归于善而已。宫室器用皆然，况于身乎？修之字义盖尽如此。”又论“依于仁”，“依”字从人，从衣，如人与衣之贴切而不可离也。

【品读与感悟】

修身、齐家、治国、平天下是儒家的政治理想，而加强自身修养则是最为基础的一步。

【原文】

先生训瑚兄弟曰：“一日不学，则此身即一日陷于不肖。亏体辱亲，即在乎是。敢不黾勉！”

【品读与感悟】

张履祥训弟子之语值得我们用来自检，不学等于后退，所以古人说“学如逆水行舟，不进则退”。

【原文】

先生曰：“白沙，孤之遗腹者也，其诗曰：‘生来只见山头土，祭讳惟闻墓下甆。’至今读之，泫然流涕也。吾师刘子，亦未生而孤，本支五服俱无亲者。而家又最贫，祖父携之育于外族。然及其长，俱能显扬其亲。又以科名未足毕显亲之志也，一受学于吴康斋而友胡敬斋，一受学于许恭简而友高忠宪，人品学术，遂为一代宗师。呜呼！夫非尽人之子欤？方其幼时，子母茕茕，出入衔恤，无论姻娅族属弗意厥孤，虽其死父冥冥荒原，嗣续之计岌其殆，而不啻一发之引千钧。乃两先生奋起南服，立身行道屹如乔岳，百世之下犹将闻之奋起，而况当我世与亲炙之者乎？”瑚曰：“必能如是，方为无忝所生矣。”

【品读与感悟】

一些人虽然出生时就失去了父亲，但是他们在孤苦无依的环境中仍然能奋发振作，终能显亲扬名。张履祥用明代著名理学家陈白沙、刘宗周的事迹激励门人，而弟子也心生羡慕，希望能“无忝所生”。

【原文】

瑚馆先生门下，瑚虽执弟子之礼，先生必以宾师礼相待，瑚固辞不获。凡家中常事，朝夕谈及，必曰“请教”，其盛德谦下如此。琏弟时有札至，先生必肃衣冠揖，然后展视。瑚固辞曰：“小子陈于先生之前，何敢当此？”先生曰：“令弟有志学问，年虽少，何可不敬畏之？”

【品读与感悟】

张履祥谦恭有德由此可见一斑，纵使面对弟子，他也力求做到谦谦有礼，这不仅体现他恪守礼节，也表现他对人的尊重，他对后辈弟子真正做到关爱有加。

【原文】

先生谓瑚曰：“士农工商，各守一业。盖天下未有无业之人。靖节云：‘虽有五男儿，总不好纸笔。’士而不好纸笔，犹农夫不好耒耜，吾未如之何也已矣。”

【品读与感悟】

张履祥重视职业，希望天下百姓安于士农工商不同行业，这样社会才能稳定。百姓各安其所，各事所业，才不会出现惹是生非的游民，社会才会安定。

【原文】

先生新构书室，庭前要买竹编篱。时瑚随至半逻，见园竹甚茂，瑚曰：“先生编篱之竹，盖于何先生处取之？”先生曰：“何先生待我过厚，何可事事有求？古人云：‘逢人即有求，所以百事非。’余时念乎斯言。”

【品读与感悟】

《论语·卫灵公》说：“君子求诸己，小人求诸人。”央求别人，还不如自己努力。人做事情得靠自己，事事求人，只会让自己解决问题的能力降低，还养成依赖别人的坏习惯，所以古话才说“逢人即有求，所以百事非”。

【原文】

先生有族弟无子，以继室随来之子为子。一日扫墓，欲与拜，先生曰：“宁可饮时来，与拜则不可。”时彼父母出怨言，族人家人多有劝先生者。先生终不许，语瑚曰：“礼教不明，而直道难行如此。”

【品读与感悟】

张履祥在祭祀之事上尤为重视礼制。古代社会里，只有具有血缘关系的人才有资格参加本族祭拜活动，像张履祥族弟家的那个孩子是后妻带来的，张履祥站在宗法制度上肯定不同意这个孩子祭拜自家祖先，这是一种根深蒂固的礼法观念。

【原文】

四月二十六日薄晚，先生收麦压桑枝归，语及耕读之事。因训瑚兄弟曰：“吾人立身，须君相有求于我，我实无求君相，方可成得人品。此古人进退所以绰绰余裕也。如诸葛武侯躬耕南阳，不求闻达，必俟先主三顾方起。及其身任天下，何欲不遂，乃言：‘子孙衣食自有余饶，不别治生以长尺寸。’此可见矣。今世一切反是，故得志则奢淫，惟日不足，失意则悲愤如不聊生；未之得也不可不得，既得之也不可复失。人品又何自立乎？唯能守耕读，能尽职分，然后隐居求志，行义达道，方可造此。”

【品读与感悟】

耕种稼穑与读书求学二者不可偏废，耕种可以达到经济上的独立，读书可以提高道德修养与文化素养，从而达到精神上的独立。坚守耕读，出可以为官，担天下之大任；退则可以隐居为乐，坚持自己的意愿。

【原文】

五月十四日，邱季心先生至斋，谈至彻晓。大旨以省察克治为先，补偏救弊为要，立心须阔大，作事当果敢。又云：“失于柔弱者，读书必求其刚毅果断而药之，如‘求也退，故进之’之类。”此皆瑚之要药也。别去，以所语质，先生曰：“邱先生刚毅处，甚不易及。”邱先生又云：“读书当四面看，不可执一。”又嘱教新儿语：“闲之以礼义，饱之以诗书。”

【品读与感悟】

邱云，字季心，是张履祥的朋友，两人志向相投，故常有宗旨相近之言。从本段话语来看，邱云主张内省反思，立心树志，将个人刚毅的性格特征转化为读书趣向，并以此鼓励后学果断勇敢。

【原文】

先生尝训曰：“学者立心，当以天下为己任。而功夫，则虽小物亦当用力。”

【品读与感悟】

志向应远大，而功夫在细小，否则就会眼高手低，一事无成。

【原文】

先生语瑚曰：“某甲申春，与钱字虎渡江，往见山阴先生。徒步山间，字虎未免有欲速意。余语之曰：‘吾脚下只有眼前一步，能以此语自持，则欲速之心不作矣。’”

【品读与感悟】

先生做任何事情都是一步一步脚踏实地，只要内心踏实，外在行动自然会端庄踏实。

【原文】

先生尝以山阴尝思：“一日所行，不愧三餐茶饭否？”二语，黏之几榻之石。

【品读与感悟】

我们是否每日也反思自己，是否做到“吾日三省吾身，为人谋而不忠乎？与朋友交而不信乎？传不习乎？”

【原文】

先生曰：“世无无职分之人，人无无职分之日。求尽职分，自不得不忧，不得不惧。知忧知惧，必使无憾而后即安。”又曰：“能尽职分，而后可以安命。程子所以亟称‘要不闷，守本分’之言也。”

【品读与感悟】

安守本分，不过分希冀，并非是鼓吹不思进取，而是把它视为一种修养标准，希望内心有所警戒，做事懂得分寸。

【原文】

癸丑三月二十八夜，先生言：“后生如方长树，日有嫩枝生发，方有长进。”

【品读与感悟】

每天都要有变化，日积月累才见成长，世上没有一蹴而就的事情。

【原文】

先生遇讳日之祭时，用墨冠、白服。佩葱兄问焉，答曰：“祭时家兄不能变服，故某亦不敢纯素耳。”

【品读与感悟】

张履祥尊敬兄长，事事以兄为先，即使是在祭祀服装的细节问题上也很注意,不愿意有违兄长。

【原文】

先生语默斯曰:“凡人行住坐卧,须要用心,心用则活,活则灵。吾看汝蚩蚩然无一事用心者。汝看门之枢,用者如新,不用则朽矣。水之动者必活,不动则臭矣。汝为人而不用心,则亦为朽臭之物而已。可不危哉!”

【品读与感悟】

“流水不腐,户枢不蠹”,宇宙间万物都是运动发展的,我们做事也应时时用心,才能有发展。张履祥善用比喻来告诫弟子用心做事。

【原文】

先生谓瑚曰:“非义之货色,吾人视之,当如洪波烈火,如鼎镬刀锯。”

【品读与感悟】

张履祥对“非义”之言行深恶痛绝,此正如孟子所言:“非礼之礼,非义之义,大人弗为。”意思就是明达之人从来不做不符合礼仪的、背离仁义标准的事情。

【原文】

先生曰:“《论语》:‘不知命,无以为君子也。’于此当反复思之。思之审,欲信之笃。若信不及,真是枉做小人。”

【品读与感悟】

中国古代哲学把天当作神,把一切未知命运归于天意。孔子曾说“五十而知天命”,到五十岁明白天命的道理,命里有的一定有,命里没有的别强求,叫作乐天知命。

【原文】

七月十三日,东庄侍坐,先生谆谆以读书相勉。又曰:“境之困苦,士之常事,贫穷患难，岂有独我受不得之理？”

【品读与感悟】

在贫穷患难中更应当坚持自己的操守，坚持求学之道。

【原文】

先生曰：“课督诸生，用一分心力，即有一分功效；失一时栽培，便见一时荒落。诚不可不慎也。”

【品读与感悟】

此为一位教育家的感受与告诫。少下些功夫，表面上看没有什么，但很可能因为少下这点功夫而前功尽弃。

【原文】

又曰：“为师者，常以因己而坏人之才为忧，则不敢惰矣。”

【品读与感悟】

做老师的人，肩负的责任重大。当今的教师，应时时思考自己有没有好好引导学生，不能糟蹋学生的好底子，更不能让学生走入歧途。

【原文】

尝从先生至半逻，百里之远，必终日危坐，坐处亦不移尺寸。每私验之，必如此。语之佩葱兄，佩兄曰：“玲与先生同寝，通夕未尝反侧。”真所谓“梦亦斋庄”也。

【品读与感悟】

孔子有“食不语，寝不言”之语，先贤日常起居，行住睡卧都依礼而行，张履祥亦依礼行事。此处我们可以品味一下陆游的诗句：“醉犹温克方成德，梦亦斋庄始见功。”借此能感受到张履祥对礼的至深追求。

【原文】

默斯未冠时，先生命暂以幅巾御寒，默斯不欲，隆冬盛寒，囚首露顶。家人患之，托瑚告之先生，瑚难其辞。一日寒甚，始致辞曰：“默斯头冻如此，恐或成疾，奈何？”先生厉辞曰：“与之幅巾，彼既不肯，此头何妨冻落！”因言：“数年前，太福小时出镇，私买一帽戴之，予见之怒甚，投之于厕。可以待子不如待仆乎？”

【品读与感悟】

明末清初的教育大家颜元先生曾提出教育学生的品德，观察弟子的言行。《颜习斋先生言行录》记载了一个学生在寒冷的冬天取薪烧火的故事：“取薪燎火，人有薪置其室近，欲取之，思之不可，而远取己薪。”颜元先生极为赞赏学生的品德与善行，次日当着学生的面赞扬其善行“充此意，可以作圣矣”。儒家认为人的一举一动，都不能轻易而为，得谨守礼法制度。

【原文】

先生一日论及科举之学，因叹曰：“余于己卯、壬午间，若论文艺亦可侥幸。但当时一为中式，则亦为祝开美矣。”

【品读与感悟】

己卯、壬午间，是崇祯末际，那时张履祥三十左右，锐意功名，长于文艺，此后便教学立说，向思想家、教育家方向转变。

【原文】

甲寅七月二十三，仝佩蕙兄候先生语溪之东庄。时先生久病，羸瘠已甚，不数日即易箦矣。犹坐至更余，庄整端肃，谆谆以学问勉瑚兄弟，未尝稍有倦怠欹侧也。所谓“一息尚存，不容少懈”如此。

【品读与感悟】

先生直到生命的最后一刻仍在教诲学生，病重时仍然庄整端肃，诲人不倦，其教育精神及为师风范令人钦佩。

三、《训门人语》三（节选）

【原文】

己酉仲秋，先生同张宣城、张企周至震泽，吊王晓庵夫人之丧。吊仪白布一端，晓庵辞谢，先生曰："某平生未尝以虚礼加友朋。"晓庵不敢却。琏见先生始此。见时，适先生将别。

【品读与感悟】

晓庵是王锡阐的字，江苏吴江市震泽镇人，他和张履祥都是在江苏讲授廉洛之学的学者，在天文历算方面尤其出色。张履祥不仅重视礼制，更重视对朋友的真情，从不表面应付朋友。

【原文】

临别，闻镇西三贤书院，遂往谒焉。见书院倾圮衰落，恻然久之。将拜，企周以尘杂又不得拜席为辞，先生曰："拜先贤，奚用席为？"即地行四拜礼。

【品读与感悟】

张履祥处处体现儒者卫道的意识，伤感书院荒废，仰慕先贤遗风，不顾尘埃便行庄重的拜礼。

【原文】

企周语及有吴江产数亩，因纳税甚远，不及早料理，遂受累无已。先生曰："此固宜责己，学者所以不可放过一事也。古人诵诗读书之日，一旦出宰百里之邑，极是常事。若平时己产数亩尚不尽心，设或异日出临一方，簿书期会，纷纷不一，又何所措手足耶？"

【品读与感悟】

学生谈的是田产问题，可张履祥却由此上升到修行问题，教导学生做什么事都不能马马虎虎，真是用心良苦。

【原文】

时佩兄设午饭，有鱼肉数簋，先生曰："荒歉如此，何以异乎昔日之馔？"佩兄对曰："攻玉兄弟初至故也。"饭后，先生出。琏问佩兄曰："先生将何往？"佩兄曰：

“先生于米盐日用之事，亦躬为料理。凡出镇，必豫访素行诚实者，方与交易，人亦不忍欺之。故交易有常处，不轻数易也。”

【品读与感悟】

张嘉玲家计非常窘迫，恰好遇到庚戌年（1670）庄稼歉收，更是捉襟见肘。再加上他平时倡行先生教导的节俭之风，即使来了客人也不准备肉食。可因为姚氏兄弟第一次登门拜访，客人初到，张家循例要准备一些不同于平时的饮食，于是便置办鱼肉招待姚氏兄弟。这一事例生动地说明，张门弟子恪守先生所教，提倡节俭，身体力行。

【原文】

先生问：“今日舟出乎？抑步至此乎？”琏对曰：“附乡人舟出，今欲步返。”问：“何故？”曰：“凡乡人舟出，必带私盐，若遇巡缉，亦为惊恐，故欲步归。”先生曰：“果如此，不可附之。此亦思患豫防之道也。吾人遭此乱世，凡出入举动，必当审慎再三，庶免于害。但今日不必步返，可留宿此。”

【品读与感悟】

先生很关心学生的日常生活，处处体现着对学生的慈爱，而先生也将教育渗透于日常的一言一行中。学生讲到自己的附舟经历，张履祥便由此小事引申到预防灾患方面，告诫学生防微杜渐，再三谨慎，避免受到伤害。

【原文】

灯下侍坐，琏问看书之法。先生曰：“书中前后稍异同处，不可不仔细玩味。”

【品读与感悟】

看书的方法，在于细读，反复阅读前后行文的异同之处，就会有所收获。

【原文】

明日告别，因假《读书录》四本。先生取幅巾，命裹好。又苦无带以缚，即向箧中取之。语琏曰:“此平日藏之,为不时之需也。”先生珍护书册,而综理细密又如此。

【品读与感悟】

从对书籍的珍惜爱护行为，可以看出张履祥对书的情感以及从书中汲汲以求知识的精神。《读书录》是明代哲学家薛瑄的重要著作,所讨论的虽是程朱理学中的问题,但对朱熹思想作了修正和发展。其提出“一气流行,一本也”的命题，为后来罗钦顺等人所发展，但在人性问题上完全接受了朱熹的思想，宣扬“后性说”。

【原文】

三月四日,同兄往力行堂候先生。语具兄录中。吕先生见赐《朱子遗书》一册,先生曰:“吕先生所刻《遗书》四种,最救时急务,有益学者。而《近思录》,某谓治经之阶梯,尤不可不熟复深造也。某平生用力,《小学》《近思录》为最多,稍有得益,亦在于此。故有志问学者,必举此二书相勉也。”

【品读与感悟】

朱熹《近思录》中“近思”二字,取自《论语》“博学而笃志,切问而近思,仁在其中矣”一句。朱熹的用意在于把《近思录》当作研读周敦颐、程颢、程颐、张载四子著作的阶梯,进而成为学习儒家经典的阶梯。

【原文】

先生于馆中,每晚必掩书册,拱手端庄默坐。见友朋至,则起而相对。家居亦如之。

【品读与感悟】

张履祥每晚必掩书册而端庄默坐,我们今人不妨也学学杨园,静思自己一天之所学所得,认真反省自己。

【原文】

先生语佩兄曰:“攻玉志行甚好,明岁欲招至舍间,以课二小儿。”后,佩兄语家兄曰:“先生之意虽切,恐力实有不能,或有便地,可姑就之。”适湖滨一席来商,遂受订焉。佩兄复于先生,先生曰:“某平生自省,未尝敢有妄语,力虽不能,教子之事乌容量力？”佩兄惭悚之甚。家兄闻之，即辞其地，而就先生之招焉。

【品读与感悟】

张履祥始终将教育子孙作为第一要事，他希望二子能接受好的教育，故延请姚瑚来教导。尽管家境一般，可为了延请教师，他依然会倾尽全力。

【原文】

壬子正月，仝兄至杨园。适先生为幼子结姻沈丹曙兄，行纳采礼。用山羊二牵，家酿二樽，无他物焉。因论及家礼，语琏曰：“《古礼》有六，《家礼》止用其三。纳采兼问名，纳币兼纳吉，请期从省而易行也。若请期可自成一礼，不必附于纳币。《古礼》有六，今有其四可也。”

【品读与感悟】

纳采、问名、纳吉、纳币、请期和亲迎，也称“六礼”，即从议婚至完婚过程中的六种礼节。这一娶亲程式在周代便已确立，最早见于《礼记·昏义》，以后各代大多沿袭周礼，但名目和内容有所更变。《朱子家礼》仅取纳采、纳币、亲迎三礼，而此处张履祥主张还应加上请期一礼，凑成四礼。

【原文】

纳采时，先生伯兄元翁主昏，执柯者吴象六。具柬必手书之，象六柬亦必象六手书，又不代为之书也。时元翁出镇未返。至夜，先生出门候归，始设酌，未至不敢先也。

【品读与感悟】

纳采是古代婚姻风俗“六礼”中的第一礼。男家派遣媒人往女家提亲，送礼求婚。初议后，如女方有意，那么男方派媒人正式向女家求婚，并携带一定礼物，纳采是全部婚姻程序的开始。张履祥在生活中处处讲究礼仪，我们从“至夜，先生出门候归”的身影中感受到张履祥的一片挚诚。

【原文】

凡与朋友或工人言及家中之事，必称伯兄之言，善则称兄。年虽高，而敬兄之心弥笃也。

【品读与感悟】

张履祥在生活中处处实践孝悌之道，对兄长张履祯毕恭毕敬。

【原文】

兄馆先生门下，佩葱兄致贺曰："兄馆不足贺，以兄之得依归先生也。"后月余，董载兄问先生曰："攻玉何似？"先生曰："清苦严毅，甚可畏也。"

【品读与感悟】

清苦严毅是张履祥所赞赏的人之品格。张履祥之师刘宗周先生就被清人黄宗羲评为："从严毅清苦之中，发为光风霁月。"[1]

【原文】

先生家居，每坐务本堂东北隅一室，纵横方丈，室中一几一榻，几上《朱集》一本，笔、砚各一，无他物焉。书亦未见有杂陈也。看书或倦，则拱手默坐，或徐步课农桑，及蔬果花叶之类，皆手经理之。

【品读与感悟】

张履祥于读书之余，享受耕种之乐，可谓劳逸结合，既可以修身养性，也可补生活之需。在平淡简朴的耕读生活中享受真性情、体味真学问。

【原文】

庭中多植梅、枣、柑、橘，以味佳可藏，为供宾祀之需。花卉必择有益于人，或易植难败者，反是，虽名花异卉不植也。为五谷桑麻之种，多方求其佳者。所有佳种，必分给亲友，远者亦函寄之。一日，植菊数茎，琏问："此种佳否？"先生曰："月令菊有黄华菊，以黄色为正，不惟可以点茶，抑可多贮作枕，最能明目。"先生家

①黄宗羲：《子刘子行状》（卷下），《黄宗羲全集》（第一册），杭州：浙江古籍出版社，2012年版，第250页。

中点茶，时取茶菊，或五加皮、枸杞叶代之。又曰："萱花汤最益脾胃，甚佳。"

【品读与感悟】

张履祥讲究耕种相兼，对花卉也颇有讲究，他种的花卉讲究实用性，注重植物对人的作用，而不是一味追寻名花异卉。张履祥多方寻求五谷佳种，却并不独自占有，都分赠亲友。既重视植物的观赏价值，亦看重其实用性，此中可见张履祥的生活态度。

【原文】

又录方，以济贫不能医药者。所录必取方之有效，或所言之人可信，又便而易行者。尝曰："一方草本，自足供一方医药，何事远求？人自不识耳。"

【品读与感悟】

张履祥虽隐居乡间，却处处留下善言善行，仁者爱人的胸怀令人感动。

【原文】

一日从桑地归，语琏兄弟曰："近处人心不良。如桑秧一事，不肯自压，专恃窃取。故吾于桑秧，岁必倍压，他自拔，我自压，毕竟较多于往岁也。"又言："昔人见每岁侵地界者，一日书其地曰：'一年一寸，十年一尺，我做一丈着尔也，不活一百。'侵者愧服。"

【品读与感悟】

先生对于农事亲力亲为，熟悉各种农事知识及操作，写有《补农书》，详细介绍了各月令中重要农事、工具和用品的置备，记载了水稻和桑树的栽培、养蚕丝织和六畜饲养的知识以及农副产品的加工和贮藏知识。

【原文】

四月望后二日，先生率琏至半逻，谒何先生。因曰："古人有负笈从师不远千里者，又有贫无以给为弟子都养者，此义今人知者鲜矣。学者不可不留意也。"琏以未尝学问，无所请正，虽见何先生，恐无所益。先生曰："已学之人，所行所习固宜就正有道。未学之人，典型在望，亦足观感兴起。《易》曰：'出门有功'。又曰：'困蒙之吝，独远实也。'"

【品读与感悟】

张履祥所说的“负笈从师不远千里者”与“贫无以给为弟子都养者”是指李固与倪宽。汉代的李固从小就有远大志向,他为了求学,曾执着鞭子赶着驴子,背着书箱不远千里去拜师求学,苦读十多年,学贯五经,终于享有大儒的名声。汉代的倪宽幼年时聪明好学,但家中贫穷,上不起学。他就在当时的郡国学校的伙房里帮助做饭,以此供养自己并获得学习的机会。这两位努力求学的榜样也值得我们今人学习。

【原文】

问:“严先生有云:‘读书不必泥定专看一部,可随兴味所在。六经亦循环理会,常常诵读几遍,意味自不穷矣。’此说如何?”先生曰:“教学者专一无适,务期精熟,犹恐有苟且涉猎之病。矧教之不必专一乎?”

【品读与感悟】

读书应该精通熟悉,不能浮浅。俗话说“贪多嚼不烂”,涉猎太多,只会蜻蜓点水,一掠而过,没有什么印象,所以专心读几本书最好。

【原文】

偶从先生步出村中,因见有门联云:“但求处处田禾熟,惟愿人人衣食丰。”顾语琏曰:“此意甚好,可作里中土祠联也。但下句可易‘家家礼让兴’五字。”琏返,述之,严先生叹先生之迩言必察,而所易五字,不惟教养道全,对法亦觉精切不易。

【品读与感悟】

张履祥在生活中处处注重风俗礼教,在乡间提倡移风易俗,推行乡约,希望乡里五谷丰登,人人倡行礼让之风。

【原文】

一夕,严先生与某友议论不合,适联榻同寝,此友忽然震怒,责骂不已。严先生高卧自如,一似不闻者。琏惧甚,私出告之先生。先生与何先生大骇,嘱琏再四。明早，严先生绝不言及，更似不知有此事者。两先生又大叹服。四方友朋闻之，无不服，严先生之犯而不较，而以此友为不可近者。后先生语琏曰："只此一事，严先生愈为人敬，而此友已大吃亏矣。可不戒哉？"

【品读与感悟】

张履祥友人之君子气度由此可见。物以类聚，人以群分，张履祥和这样有君子闲定气度的人物交往，自然深受其雅量影响，会在日常生活中严格要求自己。

【原文】

严先生从半逻至杨园。两先生相对，慨正学湮微，异说猖炽。精思明辨，整躬力行，凡有志者，不可不及时勉励也。灯下，先生谈及吕先生明敏过人，案上积书数本，不出终日已阅遍矣。严先生曰："虽是明敏过人，然看书必得仔细反复，方有意味出来。如此涉猎，不能学，亦不可学也。"先生然之。

【品读与感悟】

严先生认为读书应当体悟其中的深意，不能只是浮浅阅览，不求深入探索。

【原文】

六月晦前二日，至杨园。见先生家居，虽盛暑，必衣冠危坐，未尝稍有怠肆之容。若有劳役事，则去上服，著最粗麻布衫。至帽与袜，虽劳与酷热，未尝去之也。

【品读与感悟】

张履祥即使日常居家时也遵循礼仪，对自己服饰、姿态要求谨严。《论语》中的孔子也是一个克己复礼、一定要循礼而行之人，张履祥就是奉行先儒志行的典范。

【原文】

周山甫云："先生自春及冬，布衫常用麻布最麤者，盖痛壬午祖父之变，盗虽正法，而情事不克伸也。"又云："昔先生于馆中初闻变时，即奔走焚所，哀号痛哭，绝食数日，昼夜露处，不入家中，若不欲生者。亲友咸劝，徒死无益，不如留其身报仇。于是强进饘粥，衣墨衰，匍匐公庭。虽至馆中，必携篾条以寝。后群盗虽正法，然哀痛之情，久而不衰云。”

【品读与感悟】

张履祥对祖父张晦庵的悲哀之情真正发自内心、出于礼仪。崇祯三年（1630）先生祖父去世，一直停棺待葬，十几年后棺柩不幸被焚，隔了这么多年，但张履祥对祖父的思念之情并未磨灭。听到灵棺被焚的噩耗，张履祥悲痛欲绝，痛哭绝食，即使案情告破，他也难舒情志，决定自此后穿最粗的麻布衣服悼念祖父。

【原文】

先生遇朋友未葬其亲者，语及则忧形于色，若以谋葬来告，必奖劝谋画，使必成其事，亦惩己之痛，而广不匮之孝思也。癸巳岁，闻苹里唐灏儒先生有葬亲社，即取其法，与同志结葬亲会于清风里，先生举葬三、四十家。又作《答客记言》，以喻惑阴阳而怠缓其事者。后辛亥岁，又同佩葱兄续举会事，同事者二十人，法益美备，诚锡类之至意也。

【品读与感悟】

张履祥亲力亲为，践行着善言善行。他因为自己祖父停棺待葬十余年，不意棺柩被火焚烧，所以念及自身之痛，劝告友朋安葬亲人，不要相信阴阳邪说。为了倡行安葬亲人，他兴办义会，帮人筹办丧事，真是用心良苦。

【原文】

每从先生登舟，必正身拱立，俟过先人之墓，于舟中深揖。又远数十步，始坐。闻之自壮至老，行虽急，未尝间焉。

【品读与感悟】

张履祥处处讲礼，推崇宋代理学家所著之《朱子家礼》。他言行一致，将理念用于行动之中，为弟子们起到表率作用。

【原文】

七月二日，肆中偶见《读书录》一册，得之呈于先生。先生为之色喜，谓琏曰：

“凡遇经书与先儒文集，有不可不得者，必求获之，慎勿因循蹉过也。”即托馆仆装订，手为选定。录中脱落二十余页，即命门人代为补录。先生之敬慎典籍，无论在己与在人也。

【品读与感悟】

张履祥很看重《读书录》，上文提及他曾借给姚琏四本《读书录》，这里又提及此书。他敬惜典籍，谨慎行事，体现了对知识传播的重视。

【原文】

先友佩葱兄，颖敏诚笃，精勤严密，同学之轶伦绝群，先生称许不置。辛亥春，必欲执贽纳拜，先生不许。佩兄诚恳不已，又转求诸先生代为祈请，先生终不许。琏请其故，先生曰：“某平生糊口四方，授书之外，未尝纳拜正师弟之称。盖见近时讲学之风，始于浮滥，终于溃败。平日所深恶此，而暮年躬蹈之乎？且佩葱兄学行可畏，亦不敢当也。今后诸同志不以某衰眊无闻，有疑则质，有事则商，某自不敢不效忠告。慎勿袭此标榜之迹也。”

【品读与感悟】

先生教育弟子，不讲究虚名之礼，他平易近人，诲人不倦，将其毕生经历都用于读书、著书、教书之中。从“今后诸同志不以某衰眊无闻，有疑则质，有事则商，某自不敢不效忠告”之语中，可以看出一位教育家教导子弟的真心至情。

【原文】

八月五日，步至杨园。先生案间，惟《读书录》一册。琏曰：“夏初，何先生请批《传习录》，先生批已就否？”先生曰：“王氏之书，二十余年屏弃耳目，日前不得已为一展卷，心绪作恶，遂尔中止。近检读书录阅之，方宁快耳。学者果于先儒之书，沈潜反覆而有得焉，此种诐淫邪遁之尤者，亦何难斥而辨之哉？”

【品读与感悟】

《读书录》是明代薛瑄的著作，推崇朱熹，探讨程朱理学。《传习录》是明代王阳明的语录和论学书信，提倡“心即理”“致良知”“知行合一”，强调道德的自觉和主宰性。张履祥后来反对心学，故说读《传习录》便觉得心生厌恶，不得不停下来。

【原文】

问："友人云：'阳明遭龙山之丧，凡宾友来吊，槩不接哭。门人问焉，阳明曰：最怪人在父母面上使假，以谓哭宜平时，若因人吊而哭，则伪矣。'此说如何？"先生曰："此亦非是。平时固宜哭泣，若人来吊，尤自动其悲哀之心，接哭亦情所必至，何假之有？凡姚江之论，似是而非。其意固主直情径行，而扫弃一切如此。"

【品读与感悟】

祭祀丧礼最重要的是感情之真，这才是出于本心本性。如孔子《论语·八佾》所言："祭如在，祭神如神在。子曰：'吾不与祭，如不祭。'"意即祭祀祖先就如同祖先真在那里，祭祀神就如同神真在那里。孔子说："我如果不亲自参加祭祀，(由别人代祭)那就如同不祭祀一样。"

【原文】

又曰："姚江不务穷理，而惟心之所知即以为良。推其极，即弑父与君，无所不至，亦可为也。何也？盖吾心固无不是也。"

【品读与感悟】

王阳明因为出生在姚江之滨，加上心学的初学者多为邑中之士，故世称其学派为姚江学派或阳明学派，这段文字中的姚江指的就是他们。王阳明《传习录》中说："若鄙人所谓致知格物者，致吾心之良知於事事物物也。吾心之良知，即所谓天理也。致吾心良知之天理於事事物物，则事事物物皆得其理矣。"他认为自己的良知就是天理，就是儒家所说的人类先天具有的道德意识。这和传统儒学所说的格物致知显然不同，因此张履祥不欣赏这种说法，认为人应当顺应天理道义而不是个人内心，否则随其内心会无恶不作。

【原文】

先生又言："余自少至壮，虽习举业，应科试，然得失之心甚淡。性又喜读经义，总一岁之功计之，经史上功夫多，文字上功夫少。三十以前，凡经书当读，文史当看者，亦约略矣。丧乱以来，文字之习屏去，惟以经书及先儒文集，温绎义理。此外，如通典、通考、奏议等书，亦仔细看过。"

【品读与感悟】

张履祥在十五岁时就应童子试，考中秀才，后虽屡试举人，但皆落第，于是张履祥看淡科举，隐居乡间教书。

【原文】

冬仲，候先生，因求录所补《农书》。先生曰："此书托某人录出，已数月矣，近日叩之，尚未录起。"因言："余少壮时，凡录文字，必限几日。如此册四五十板，不过限四五日，未尝如此耽搁也。今后生辈，只欲闲荡过日，何有心力去录此种书耶？"

【品读与感悟】

做事情应有一定的计划性，应当列出时间表，不能随意而为，任意拖沓。这里所补《农书》是指《沈氏农书》，张履祥长期居于乡间，熟谙农事，通晓艺谷、栽桑、育蚕、种菜等诸行，因而对《沈氏农书》不足之处进行补充。农史学家陈恒力在《补农书研究》中评价此书是"总结明末清初农业经济与农业技术的伟大作品之一，是我国农业史上的一种最可宝贵的遗产"[1]。

【原文】

一日，先生语琏暂出，琏问："先生何往？"曰："亡婿缌服已及三月，今至彼处释之耳。"先生于卑幼之丧，不敢不勉如此，因知先生素冠服以此也。

【品读与感悟】

张履祥日用衣冠、行为处处合乎礼义，尤其是对于祭祀礼仪更是极为重视。他还从维护传统礼教的角度出发，著有《丧祭杂说》《丧葬杂录》《答客记言》等书，力图用《朱子家礼》规范丧祭礼仪。

【原文】

十月之朔，琏留杨园数日。一夕，以气昏志惰，读书不进，不胜愤恨。因问："先儒有云：'邵子之学，冬不炉，夏不扇，睡不施枕者三十年。'信乎？"先生曰：

①陈恒力：《补农书研究》，北京：中华书局，1958年版，第3页。

“何独邵子？如某，亦不就枕席者十余年。”琏闻之悚甚。先生曰：“予壮年馆甑山钱氏，徒亦众，每夜必更三、四番轮侍，而某则未尝寝也。将晓或倦，则隐几片时，或作文一首，率以为常。故某精力早衰因此。此可为鉴，而不可学。盖道理亦当早作夜息，无有如此矻矻而不少休者也。”

【品读与感悟】

张履祥以亲身经历告诫学生应当注意身体，劳逸结合。白日劳作，夜晚休息，这是人之常理，倘若经常熬夜，难免损伤身体，“无有如此矻矻而不少休者”。

【原文】

又问：“先生近年精力易衰，固因此矣。然壮时精力亦何能若此？”先生曰：“养生家导引坐七之功，某未之习。然其说有云：‘人能七七之期不近房帏，精神必有长进。’如某，则壮年旅饭，七七之期盖常倍之矣。此或精力所以能胜之故也。”

【品读与感悟】

整夜不睡，精力旺盛，针对这种现象张履祥用坐七之说解释，难免有些牵强。人的精力有限，只有休息好才能更好地工作、学习、生活。

【原文】

癸丑二月晦前三日，至杨园，留旬日返。琏问：“近来自验，进取之事固已绝意，但友人谓：‘处馆之具，非通时艺不可。子既非馆不生，似不可不留心也。’此说未决，敢质先生。”先生曰：“课蒙授经，无不可处。今人固未有不由经书即造举业者，亦未见经馆之必不同于举业者。遇之有无、丰约，何定之有？且人之小小遇合，自有定数，固非智力所能必也。亦何必舍自己切要功夫，而轻徇时俗所尚耶？是固可断之弗疑也。”

【品读与感悟】

塾师的教学内容可分为蒙训与经训，经训即为教授经义，以待学童参加科举。张履祥的弟子和他一样，都决意进取，无意科考，随其自然，不刻意顺从时俗好尚。

【原文】

琏曰："文义之习，琏实未能除去。敢问时艺之外，其道何由？"先生曰："经书典籍，文字之祖，邈不可攀矣。《左》《骚》《史》《汉》而下，诸大家虽文字卓然有不可及，然义理亦醇疵互见。今子欲通文义，固未有出于所钞《朱子文集》者也。朱子之文，至大至博，至纯至粹，盖上阐经籍之精微，下集百家之英华，而为一大成也，所谓'观于海者难为水'矣。当详玩而熟复之。"

【品读与感悟】

张履祥对朱子文章极为推崇，信奉和发扬朱子学说，他认为《朱子文集》既阐释经籍要义，又融汇文学精华，堪称极大成者，学习它就能达到文艺之道。虽然当时的八股文也能学到一些文辞，但是会束缚人的个性，形成注重形式模仿而无法超越的特征。针对八股文只注重形式的缺憾，张履祥更关心文章的实用价值，希望学习阐释经义与辞翰并重的风格。

【原文】

问："近欲从事《礼记》一书，敢问诸说孰优？"先生曰："徐注甚正，自当玩之。但微觉在近训诂气耳。"又言："《礼记大全》尤集得不佳。"又言："余于恭儿读本，其可疑处略删之，可取阅也。"

【品读与感悟】

《礼记》是古代一部重要的记录典章制度的书籍，包含了历史、文艺、历法、哲学等众多方面，体现了先秦儒家的政治、哲学、伦理思想及仁义道德。《礼记大全》是明代胡广等人奉旨编订的，是明代科举考试的范本，但其疏于考证，舛误较多，多被有识之士所批评。

【原文】

侍坐时，有友人疾走庭间。先生指谓琏曰："凡少年轻佻者，即一举足间，而气象已尽露矣。此庭不过几步，徐行疾走，所争几何？而必作此争遽态耶？"琏因问："此兄近日何为？"先生叹曰："饮食男女而已。"

【品读与感悟】

在日常生活中，先生教导弟子要学会观察人的形态气象。宋代吕本中在《童蒙训》中就指出观察人的气象的重要性："后生初学，且须理会气象。气象好时，百事是当。气象者，辞令容止，轻重疾徐，足以见之矣。不唯君子小人于此焉分。亦贵贱夭寿之所由定也。"也就是说，年轻人开始做学问时，一定要注重"气象"。气象好时，做什么事都会适合。气象在说话做事时，甚至行动轻重急缓间完全看得出来。

【原文】

六月之晦，下午，从先生至桑地芟治三叶。先生曰："此所谓桑之附枝也。"因问："桑无附枝，何以见张君循良耶？"先生曰："此歌最有意味。一可见张君之留心农事；亦可见省刑薄敛，使民得以尽力；更可见民能自尽其力，不致怠荒。即此二语，非循吏何以当之？"琏曰："汉世有此循吏，宜乎治之近古也。"先生曰："此亦有本。汉时人君，犹以民事为急，故君倡于上，臣效于下。如此循吏，何止一人？且以孝弟力田为科，可见当时子弟，家传户诵，不过讲究此等道理，亦如今日习举业一般。所以幼而学，自能壮而行。今之子弟立心，不过声名利禄，侥幸苟且，问之稼穑，菽麦不分，异日生心害政，作政害事，何疑之有？"琏曰："孝弟力田，为上者以是设科固善。若至今日，学者能以此存心，自是分内之事，何待因上所知而为之？"先生曰："以为分内当为之事，上也即有为而为之，亦不可与苟且利禄者同年语矣。"

【品读与感悟】

文中提到的《桑无附枝》歌曰："桑无附枝，麦穗两歧。张君为政，乐不可支。"是对汉代张堪为政清廉的称颂。先生以耕种为乐，在耕种之时获得丰收的喜悦。他在耕种时也未忘记教导弟子，讲述自己悟出的生活道理。"孝悌力田"也是杨园一向推崇的古制，他反对当今的科举制度，而主张采用汉代"孝悌力田"之法选拔人才。

【原文】

九月望后，至杨园。先生诲琏以处乱世、接朋友之道至悉。琏以平日所论质之先生，先生曰："子言固是，但求人道理太深，未免如《易》所谓'浚恒'，虽贞亦凶也。"又以某事细细具陈，先生曰："此事尚宜从容子细。"因举《论语》："义以为质，必须礼行孙出。今礼、孙二字，却说不去也。"又训："古人怒不发柬之义。盖怒时辞气不能和平，出之于口，犹且伤人，况形之笔墨，有此形迹耶？”又曰：“发柬不惟怒时不可，即居常与人交接，亦不宜轻发。如凌先生与余交三十余年，检其手简，仅得六、七。此亦慎言一节也，可以为法。”

【品读与感悟】

张履祥常以自己亲身经历的事情来教导门人，使他们有更为切身的体会。除了读书之外，如何生存于世、如何结交朋友、如何礼尚往来等问题也是先生教导的主要内容。就说写信吧，先生不主张随意写信，事实上是为了做到言语谨慎，不愿意把过激的情感流露到书信之中，体现慎行、慎言的思维。

【原文】

又训琏兄弟曰：“士君子固宜以好名为戒，若居乱世，尤不可早获名誉。乱世而获名誉，一旦为匪类所招，刚则取祸，柔则取辱，理固有之，无足怪者。如张士诚据苏郡时，亦采平日得声闻而笼致之。如某人，平昔矫矫，一就其招，则已取辱。如某人，不就必至取祸。倪云林，士之高洁者也，精于画。士信招之不至。一日，偶遇诸湖，痛棰几死。赖士信同舟者救之，幸免。此亦可见乱世得名之故也。吾人生此乱世，不可不知此意。慎之慎之。”

【品读与感悟】

墨子曰：“世俗之君子，贫而谓之富则怒，无义而谓之有义则喜，岂不悖哉？”[①]此意即世俗的所谓君子，如果他很贫穷而别人却说他很富有，他就会认为别人是在嘲笑他而不高兴；他本来没有仁义，如果别人说他有仁义，他却认为别人是在赞誉他而感到很高兴，这不是很荒谬吗？墨子指出人对物质的贪婪及对虚名的追求正是人性的弱点。人若一味追求虚名，就会使自己陷入困境。尤其是在乱世之中，虚名必将给自己招致祸端。

【原文】

一日，琏以贫困无以养母，来岁馆地不堪，家母闻之殊不乐，时形忧叹，奈

①王焕镳：《墨子校释》，杭州：浙江人民出版社，1984年版，第339页。

何？先生曰："昔曹成王遭诬在理，念太妃年老恐惊而戚，出则囚服就辨，入则拥笏垂鱼。及贬于潮，以迁入贺。为人子者盖不可不通此义。"

【品读与感悟】

为人子女应时时替父母着想，不要只考虑自身处境，应当站在为人父母的立场考虑他们的喜与忧。儒家提倡孝道，要贯彻孝得先照顾好自己，真正的孝心是不让父母担忧自己的生活起居，不让父母担忧自己的遭逢经历，父母年龄大了，心理承受力有限，何必要让父母为儿女的不幸而担忧难过，还不如"报喜不报忧"。张履祥以李皋的例子晓谕弟子，希望弟子不要让母亲操心，这种心思正是儒家孝道的体现，以怜恤、感恩之心去侍奉父母，才是孝道根本，也是杨园学说的一大内容。

参考文献

[1]张履祥.杨园先生全集[M].北京：中华书局，2002.

[2]王夫之.张子正蒙注[M].北京：中华书局，1975.

[3]严辰.光绪桐乡县志[M].台北：成文出版社，1970.

[4]黄宗羲.明儒学案[M].北京：中华书局，1985.

[5]王阳明.王阳明全集[M].杭州：浙江古籍出版社，2010.

[6]张载.张载集[M].北京：中华书局，1978.

[7]朱熹.晦庵先生朱文公文集[M].四部丛刊本.上海：上海涵芬楼，1911—1949.

[8]颜之推.颜氏家训集解[M].上海：上海古籍出版社，1980.

[9]纪昀.钦定四库全书总目提要[M].北京：中华书局，1997.

[10]王国轩，王秀梅，孔子家语[M].北京：中华书局，2011.

[11]朱杰人，严佐之，刘永翔.朱子全书[M].上海：上海古籍出版社，2002.

[12]杨伯峻.论语译注[M].北京：中华书局，2009.

[13]万丽华，蓝旭.孟子[M].北京：中华书局，2006.

[14]王焕镳.墨子校释[M].杭州：浙江人民出版社，1984.

[15]李隆基，邢昺.孝经注疏[M].上海：上海古籍出版社，2009.

[16]陈鼓应，赵建伟.周易今注今译[M].北京：商务印书馆，2005.

[17]陈鼓应.庄子今注今译[M].北京：中华书局，1983.

[18]黎靖德.朱子语类[M].北京：中华书局，1999.

[19]赵尔巽.清史稿[M].北京：中华书局，1976.

[20]曾国藩.曾文正公家书[M].北京：中国书店，2011.

[21]朱熹.四书章句集注[M].北京：中华书局，1983.

[22]容肇祖.容肇祖集[M].济南：齐鲁书社，1989.

[23]吴枫，宋一夫.中华儒学通典[M].海口：南海出版公司，1992.

[24]徐世昌，吴廷燮，等.清儒学案[M].北京：中华书局，2008.

[25]黄宗羲.黄宗羲全集[M].杭州：浙江古籍出版社，2012.

[26]朱自清.朱自清散文精选[M].长沙：湖南师范大学出版社，2011.

[27]梁启超.中国近三百年学术史[M].北京：中国社会科学出版社，2008.

[28]钱穆.中国思想通俗讲话[M].北京:生活·读书·新知三联书店,2002.

[29]陈鼓应,辛冠洁,葛荣晋.明清实学简史[M].北京:社会科学文献出版社,1994.

[30]徐少锦,陈延斌.中国家训史[M].西安:陕西人民出版社,2003.

[31]刘晓东.明代的塾师与基层社会[M].北京:商务印书馆,2010.

[32]张彬.浙江教育史[M].杭州:浙江教育出版社,2006.

[33]陈恒力.补农书研究[M].北京:中华书局,1958.

[34]史革新.张履祥理学思想初探[J].徐州师范大学学报,2007.